Arena-Taschenbuch
Band 1585

Ingeborg Engelhardt hat ein exzellentes Buch geschrieben. Ihre Erzählung über den großen Zug der Tataren im 13. Jahrhundert bis tief nach Europa hinein ist in zweifacher Hinsicht verdienstvoll: Zum einen entsteht hier höchst anschaulich die Wirklichkeit einer vergangenen Epoche; und zum anderen wird das Augenmerk des Lesers immer wieder auf die bedeutende Frage der Überlieferung gelenkt: Woher wissen wir Heutigen eigentlich von damals?

Süddeutsche Zeitung

Ingeborg Engelhardt

Sturmläuten über dem Abendland

Arena

CIP-Kurztitelaufnahme der Deutschen Bibliothek

Engelhardt, Ingeborg:
Sturmläuten über dem Abendland / Ingeborg Engelhardt. – 1. Aufl. – Würzburg: Arena, 1988.
(Arena-Taschenbuch; Bd. 1585)
ISBN 3-401-01585-0
NE: GT

1. Auflage als Arena-Taschenbuch 1988
Lizenzausgabe des C. Bertelsmann Verlags, München

Umschlaggestaltung: Pieter Kunstreich
Gesamtherstellung: Pfälzische Verlagsanstalt, Landau
ISSN 0518-4002
ISBN 3-401-01585-0

Für Luise und Wilhelm von Aulock

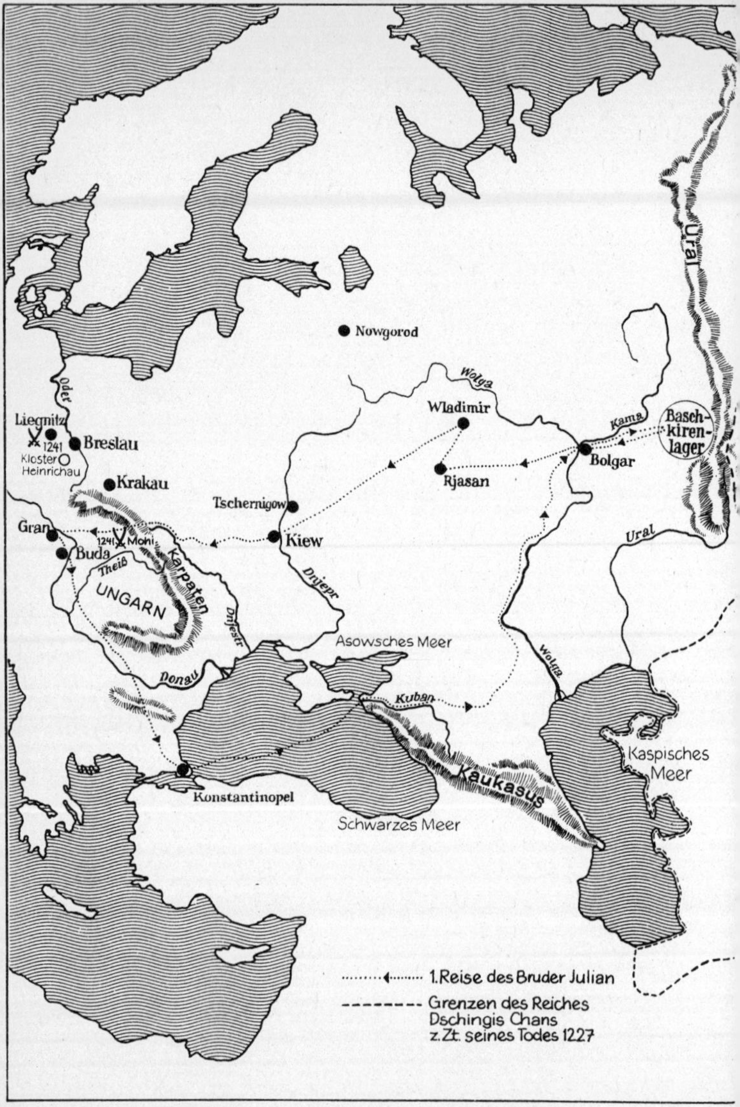

Nowgorod
Wolga
Wladimir
Kama
Basch-
kiren-
lager
Bolgar
Rjasan
Ural
Oder
Liegnitz
1241
Breslau
Kloster
Heinrichau
Krakau
Tschernigow
Gran
1241
Mohi
Kiew
Buda
Theiß
UNGARN
Karpaten
Dnjepr
Dnjestr
Ural
Asowsches Meer
Donau
Wolga
Kuban
Kaspisches
Meer
Kaukasus
Konstantinopel
Schwarzes Meer
1. Reise des Bruder Julian
Grenzen des Reiches
Dschingis Chans
z. Zt. seines Todes 1227

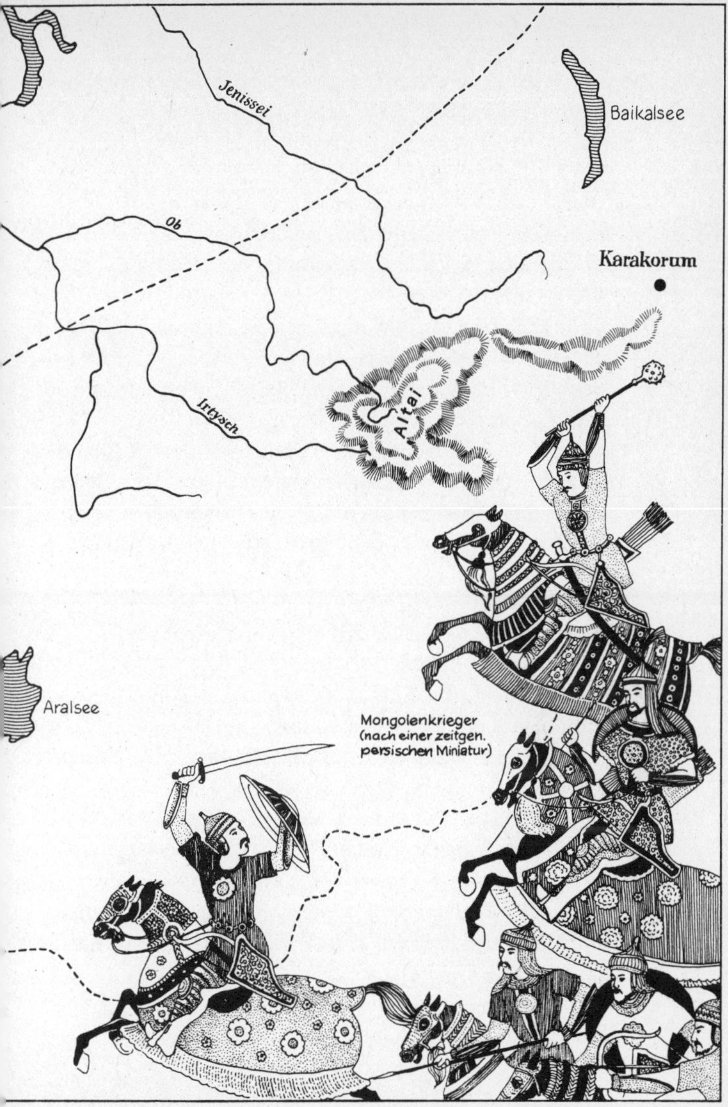
Jenissei
Baikalsee
Ob
Karakorum
Altai
Irtysch
Aralsee
Mongolenkrieger
(nach einer zeitgen.
persischen Miniatur)

Erklärung heute ungebräuchlicher Wörter und Begriffe

Albigenser	(= Katharer) Ketzerbewegung in Südfrankreich, im 13. Jahrhundert in grausamen Kriegen vernichtet
Arpaden	ungarisches Herschergeschlecht bis 1301
Baschkiren	die heutigen Baschkiren, Bewohner der Baschkirischen ASSR, sind wahrscheinlich nicht die Nachkommen des Volkes, das im 13. Jahrhundert so genannt wurde. Deren Reste leben wahrscheinlich im Volk der Tschuwaschen fort. Es ist schwer nachzuweisen, denn auch ihre Sprache hat sich geändert
Bojar	adeliger Gefolgsmann eines Fürsten im alten Rußland
Chan	(Khan) Herrschertitel asiatischer Völker, vor allem durch die Mongolen berühmt geworden. Den Titel Großchan führte nur der oberste Herrscher des Mongolenreiches
Gespan	Verwalter einer Grafschaft im alten Ungarn
Hufe	Flächeneinheit einer Neusiedlerstelle in Osteuropa (ca. 20 Hektar)
Kastellanei	Burg, Mittelpunkt eines Gerichtsbezirkes in Polen, vor Einführung des deutschen Rechts
Knappe	Gefolgsmann eines Ritters, mit der Aussicht, einmal selbst zum Ritter geschlagen zu werden. Dies traf jedoch nicht immer zu. Die meisten Knappen blieben es zeitlebens, oft in einer Vertrauensstellung zu ihrem Herrn
Komitat	Grafschaft (Verwaltungsbezirk) im alten Ungarn
Kumanen	Turkvolk aus Innerasien, Reiternomaden. Im 13. Jahrhundert in den Steppen zwischen Kuban und Don umherziehend
Kuriltai	Versammlung sämtlicher Fürsten des Mongolenreichs aus besonderen Anlässen, ähnlich den Reichs- oder Hoftagen im mittelalterlichen Europa
Lateran	ältester päpstlicher Palast in Rom

Lokator Siedlungsunternehmer, vom Landesherrn, einem Kloster oder sonst einem großen Grundherrn im Osten beauftragt, ein oder mehrere Dörfer zu gründen, auch kleine Städte, und die Siedler dafür anzuwerben

Magnat Angehöriger des Hochadels in Ungarn und Polen

Metropolit Erzbischof der Ostkirche

Ostkirche Sammelbezeichnung für verschiedene Kirchen in Osteuropa, die von Anfang an nicht dem Papst unterstanden, sondern sich selbständig entwickelten, trotz großer Übereinstimmung der Lehre und der Riten. Erst 1054 endgültiger Bruch mit Rom

Spalato das heutige Split. Die älteren Ortsnamen an der dalmatinischen Küste stammen aus der Zeit der römischen oder der späteren venezianischen Oberherrschaft. Die heute gültigen Namen sind slawischen Ursprungs

Tataren nur unter diesem Namen waren die Mongolen dem mittelalterlichen Europa bekannt. Die gelehrten Chronisten schrieben »Tartaren« wegen der angeblichen Herkunft des Volkes aus dem »Tartarus«, der Unterwelt. Die volkstümliche Abkürzung »Tatern« wurde später vor allem auch auf die Zigeuner angewandt

Trau das heutige Trogir, siehe Spalato

1235 Ein Jahr des fast vollkommenen Friedens über dem Abendland – einer Stille vor dem Sturm.

In Deutschland werden die letzten romanischen Bauten vollendet, während in Frankreich die Gotik schon in hoher Blüte steht. Epische Dichtung und Minnesang werden gepflegt, obgleich die Zeit der ganz großen Dichter schon vorbei ist. Die Musik fängt an, sich zur hohen Kunst zu entwickeln. Nach dem Muster der Sorbonne zu Paris entstehen auch anderswo Hochschulen, die einen völlig neuen, mehr weltlichen Begriff der Wissenschaft prägen.

Kaiser Friedrich II., der sizilische Staufer, besucht nach zwanzig Jahren zum erstenmal wieder seine deutschen Länder. – Er hält Gericht über seinen abtrünnigen Sohn Heinrich, den deutschen König. – Er feiert seine dritte Hochzeit mit der Schwester des Königs von England. – Er läßt im Mainzer Landfrieden zum erstenmal Gesetze in deutscher Sprache verkünden. – Er versöhnt sich mit Otto dem Welfen, einem Enkel Heinrichs des Löwen, und beendet so für alle Zeit den generationenalten Streit zwischen Welfen und Waiblingern in Deutschland. – Und er bietet den Heerbann der deutschen Fürsten auf zum Reichskrieg gegen die Lombardenstädte, von jeher Feinde der Kaisermacht und damit Vorkämpfer der päpstlichen Machtansprüche.

Im gleichen Sommer versammeln sich in der Hauptstadt Karakorum, weit jenseits des Altaigebirges, sämtliche Fürsten und Heerführer des Tatarenreichs zu einem großen Kuriltai. Der Mann, der dies Reich während eines einzigen Menschenalters aus dem Nichts, aus schweifenden Nomadenhorden, zusammengeschweißt hat, der große Temudschin, als Tschingis Chan in die Weltgeschichte eingegangen, ist seit acht Jahren tot. Aber seine Söhne und Enkel werden sein Vermächtnis erfüllen und die Erde erobern, soweit der Huf des Mongolenpferdes kommt. Vier Kriege werden auf dem großen Kuriltai dieses Jahres beschlossen: gegen Südchina, gegen Korea, gegen Vorderasien und gegen das Abendland. Für diesen vierten Krieg werden achtzehn Jahre veranschlagt, die Feldherren bestimmt, die Heere in den westlichen Steppen gesammelt und geschult.

1

Weit, weit im Osten, wo zwischen Wäldern und Steppen menschliche Behausungen sich endlich ganz verlieren, ging um Johanni ein Sommergewitter nieder. Den ganzen Tag lang hatte es als bleifarbene Wand über der weiten Ebene gedroht. Nun gegen Abend brach es los mit Sturm und peitschendem Regen, der die wogenden Gräser bis zur Erde beugte. Blitze zuckten über den ganzen Himmel hin, unaufhörlich rollte der Donner. Mitten in diesem Aufruhr bewegte sich nur ein einziges Lebewesen, winzig in der unendlichen Weite: ein Mensch, vorgebeugt in angstvoller Hast dem Wald zustrebend, dessen Umrisse ihm die Blitze immer wieder zeigten. Schutz war auch dort kaum zu finden. Aber mehr als vor der Gefahr, von einem stürzenden Baum erschlagen zu werden, graute es dem Flüchtenden vor dem Ausgeliefertsein unter diesem ungeheuren, zornerfüllten Himmel.

Keuchend erreichte er den Wald, drängte sich hinein in ein Dickicht von Gestrüpp und Farnen, rannte gegen uralte Stämme, fast blind in der noch tieferen Finsternis, die ihn plötzlich umgab. Nur die Blitze zeigten ihm für Augenblicke die pfadlose Wildnis ringsum und ließen ihn noch mehr geblendet zurück. Er tastete vorwärts, in der Hoffnung, nur einen Fußbreit freien, trockenen Bodens zu finden, auf dem er zusammengekauert die Nacht verbringen konnte. Als er stolperte und der Länge nach in eine Bodenmulde stürzte, blieb er willenlos liegen, den Kopf in Binsen und feuchtes Laub gewühlt wie in ein willkommenes Bett.

Er mußte eine Weile geschlafen haben, denn als er wieder zu sich kam, waren Nacht und tiefe Stille um ihn her. Blitz und Donner schwiegen. Noch tropfte es schwer von den Bäumen, aber das Rauschen des Regens auf das Blätterdach war verstummt. Nur der Modergeruch von Pilzen und knietief geschichtetem Fallaub vieler Jahre dampfte stärker als vorher vom Boden auf. Wenn er sich nicht zwang, aufzustehen und weiterzugehen, würde er selbst bald genug nur noch ein Teil dieser Moderschicht sein. Das begriff er dumpf. Sicher lauerten auch wilde Tiere oder, schlimmer noch, böse Geister ringsum in der Finsternis auf sein Dahinsinken.

Also auf und weiter! Aber wohin? Der sinkenden Sonne nach, dort war sein Ziel. Aber wo war sie geblieben? Wenn sie nun tagelang nicht wiederkam? Wenn er die Richtung verlor und sich verirrte in diesem unheimlichen Wald? Vielleicht war er längst ziellos im Kreise gelaufen?

Er erhob sich auf die Knie, strich sich die nassen Haarsträhnen aus dem Gesicht und lauschte. Aber das Brausen des Blutes in seinen Ohren übertönte alles, was vielleicht zu hören gewesen wäre. Sinnlos schien es ihm, taub und blind auch nur einen Schritt weiter in diese weglose Finsternis hinaus zu tun. Und er war zum Sterben müde.

Gerade als er sich wieder fallen lassen wollte, hörte er wirklich etwas oder glaubte es zu hören – so unerwartet an diesem Ort, daß er unwillkürlich ein Kreuz schlug. Es glich dem fernen Gesang von Männerstimmen – oder war es das Summen eines Bienenvolks in einem hohlen Baum? Nein – es ließ sich eine Melodie erkennen, ein feierlich getragener Klang wie der Chor der Brüder daheim in der Klosterkirche. Es mußte ein Traum sein – oder ein Blendwerk böser Geister. Der Mann betete laut. Als aber der Gesang fortdauerte, zwang es ihn hoch. Er mußte ergründen, was es damit auf sich hatte, und wenn es hundertmal Teufelswerk war.

Mühsam fing er an, dem Klange nachzugehen, stolpernd, oft in der Moderschicht versinkend, an Bäume anrennend. Ihn jagte die Angst, der Gesang könnte plötzlich verstummen und ihn wieder allein lassen in der grauenvollen Stille. Bald lichtete sich der Wald. Die Stämme traten auseinander und gaben im milchigen Licht der Sommernacht eine kleine Lichtung frei, an deren Rand sich eine Hütte erhob. Aus ihr kam der Gesang. Ein rötlicher Lichtschein, der von innen durch die Ritzen der Blockwände und der Tür drang, ließ das rohe Bauwerk wie eine seltsam geformte Laterne im Dunst schweben. Im Näherschleichen erkannte der Mann deutlich gegen den hellen Nachthimmel das Kreuz auf dem Schindelfirst. Hier mußten Christen wohnen. Die da sangen, waren seine Glaubensbrüder. Als er endlich die Tür erreichte und die Hand ausstreckte, um anzuklopfen, konnte er niederstürzend nur noch denken, daß er endlich heimgekehrt sei.

Als er wieder zu sich kam, lag er auf einer Bank in einem dunklen, niedrigen Raum. Ein Kienspan in eisernem Halter und ein qualmendes Herdfeuer gaben das einzige Licht. Ein Becher wurde ihm an die Lippen gehalten. Er schmeckte kräftige Kräuter und die Süße von Honig, fühlte sich besser und setzte sich auf. Vier Männer waren im Raum, einander zum Verwechseln ähnlich mit ihren langen Bärten und Haaren, in den gleichen grobwollenen Kitteln. Nur einer von ihnen, ein Silberhaariger von hoher Würde, unterschied sich von den andern, die ihm mit Ehrfurcht begegneten. Während sie mit allerlei Arbeiten beschäftigt waren, saß er vor einem grob gezimmerten Pult und las beim Schein des Kienspans in einem großen Buch.

Den Flüchtling berührte dies alles vertraut. Er ahnte, daß er in eine Art von Kloster geraten war, obgleich er aus seiner Heimat so kleine, so armselig ausgestattete Klöster nicht kannte. Als die Männer merkten, daß er ihre Fragen nicht verstand, trat einer zu dem Alten und redete leise mit ihm. Der blickte von seinem Buch auf und winkte kurz und herrisch. Gehorsam trat der Flüchtling näher und antwortete auf den durchdringend fragenden Blick der mächtigen dunklen Augen in seinem besten Latein: »Ehrwürdiger Vater, ich verstehe eure Sprache nicht, ich bin fremd in diesem Land.«

Ein schnelles Begreifen blitzte über das bärtige Gesicht. Nach kurzem Besinnen antwortete der Alte, auch auf latein, stockend, aber fast fehlerfrei: »Du kommst aus den Ländern des Westens, mein Sohn? Wie bist du denn hierher geraten? Schickt man bei euch schon Knaben auf so weite Reisen?«

Fast hätte der Gefragte in seiner Erleichterung darüber, endlich wieder mit einem Menschen seiner Art, seines Glaubens, reden zu können, mit der vollen Wahrheit geantwortet. Aber noch rechtzeitig hielt er sich zurück. Seine Gastgeber schienen zwar fromme Leute zu sein, Christen, vielleicht sogar Priester, wenn auch der abtrünnigen Ostkirche zugehörig. Sicher aber gebot auch hier ein weltlicher Herr, der fremde Kundschafter in seinem Land wohl kaum ohne Mißtrauen dulden konnte. Was durfte er sagen, was preisgeben, ohne seinen geheimen Auftrag zu verraten? Fast überhörte er die Frage des Alten nach seinem Namen, seiner Herkunft. Überstürzt beantwortete er sie dann. Er heiße Julian und sei durchaus kein Knabe mehr, schon fast zwanzig Jahre alt. Seine Heimat sei das Ungarland – das christliche Königreich Ungarn an der Donau. Warum er das besonders hervorhob, wurde ihm selbst kaum bewußt. Damit aber war schon fast ausgeschöpft, was er ohne Arg beantworten konnte.

Als der Alte seine erste Frage eindringlicher wiederholte, hatte er sich schon entschlossen, die halbe Wahrheit zu sagen: Schiffbrüchig an die öden Küsten des Schwarzen Meeres verschlagen, habe er froh sein müssen, in die Dienste eines sarazenischen Kaufmanns zu treten. Mit diesem sei er in die Stadt Bolgar an der Wolga gekommen und dort von seinem Herrn entlassen worden. Gezwungen, nun allein seinen Heimweg zu suchen, habe er sich unter heidnische Hirten verirrt. Die hätten ihm nichts zuleide getan, sondern ihm den Weg nach Westen gewiesen. Das Unwetter hätte ihn in die Irre geführt, und so sei er nun hier.

Wenn er geglaubt hatte, dies werde genügen, die Wißbegier eines weltabgewandten Einsiedlers zu befriedigen, so war das ein Irrtum. Sogleich fragte der Alte hellwach: »Und diese Hirten, die dich aufnahmen, was für ein Volk war das?«

»Baschkiren nannten sie sich«, erwiderte Julian – und hatte schon zuviel gesagt.

Denn der Alte grollte: »So, die Baschkiren! Du bist wohl nicht lange genug bei ihnen gewesen, um zu merken, was das für Leute sind. Zu dir mögen sie ja freundlich gewesen sein. In Wirklichkeit aber sind sie Räuber und Mordbrenner, fast so schlimm wie ihre Freunde, die Tataren, die geradewegs aus der Hölle kommen. Jahr für Jahr suchen sie die Länder an der Wolga heim und verschwinden wieder dahin, woher sie gekommen sind.«

»Ich weiß«, erwiderte Julian und sagte schon wieder zuviel. »Denn ich habe einige von diesen Tataren gesehen, dort bei den Baschkiren, und auch mit ihnen gesprochen.«

Nun war es ihm gelungen, sogar den ehrwürdigen Alten aus der Fassung zu bringen. Er blickte verdutzt, schwieg eine Weile und sagte dann: »So hast du mehr erreicht, als irgendeiner hierzulande sich rühmen kann. Sie lassen sich nicht sehen, noch weniger zu Begegnungen herbei. Was sagten sie zu dir?«

Diese Frage hätte Julian lieber nicht beantwortet. Was er dort erkundet hatte, war sein Geheimnis, die ihm auferlegte brennende Botschaft an seinen König, an das Abendland. Dann aber ergriff ihn die Einsicht, daß diese vier hier in ihrer Waldhütte der Gefahr wohl am nächsten wohnten und es verdient hatten, daß man sie warnte, schon um ihrer barmherzigen Gastfreundschaft willen. Er faßte sich kurz und berichtete das Wichtigste: »Ihr Anführer, der Bruder oder Enkel eines ihrer Fürsten, die sie Chane nennen, sagte mir, ihre Reiterheere ständen hinter den hohen Bergen dort im Osten schon bereit. *Sobald der Frost Flüsse und Sümpfe zur festen Straße für ihre Pferde machte,* würden sie kommen – hereinbrechen über das ganze Abendland. Nichts könne sie dann mehr aufhalten.«

Der Alte gab, was Julian berichtete, in seiner Sprache an die Brüder weiter, die nahe herangetreten waren. Danach war es eine Weile ganz still in der Hütte. Von draußen drang der Jubel der frühesten Vögel herein, die schon den Tag begrüßten.

Endlich sprach der Alte zu Julian: »Du hast eine schlimme Nachricht gebracht, mein Sohn. Aber dem Himmel sei Dank, daß du sie brachtest. Ruh dich aus und bleibe hier, bis du dich erholt hast. Ich will über dies alles nachdenken und dir dann sagen, was du tun sollst.«

Julian, viel zu erschöpft, um sich aufzulehnen gegen das gebieterische »was du tun sollst«, ließ den Napf voll Brei stehen, den ihm einer der Brüder brachte, warf sich auf das Heulager, das man ihm wies, und schlief, bis die Sonne sich wieder neigte, zum erstenmal nach langer Zeit tief und ohne aufzuschrecken. Danach, am folgenden Abend, winkte ihn der Alte wieder heran.

Diesmal blickte er streng unter seinen buschigen Brauen hervor. »Ich habe über deine Geschichte nachgedacht, lange und gründlich nachgedacht. Und da will es mir scheinen, mein Sohn, als hättest du mir Wichtiges verschwiegen oder aber – vor welcher Sünde Gott dich bewahren möge – sogar in einigen Punkten die Unwahrheit gesagt. Ist dem so?«

Julian wollte widersprechen, sich verteidigen. Aber unter dem Blick des Alten brachte er kein Wort heraus und schlug die Augen nieder.

»Also doch!« grollte der Silberbärtige. »Nun aber sage mir die Wahrheit, Wort für Wort. Sonst kann ich dir nichts mehr glauben und – das mußt du einsehen – auch nichts mehr für dich tun.«

Immer noch hielt Julian den Blick gesenkt. »Alles darf ich nicht sagen, ehrwürdiger Vater. Manches ist nicht mein Geheimnis allein.«

Der Alte schüttelte zornig den Kopf. »Das laß nur mich entscheiden! Wer sich in diesen Gegenden herumtreibt zwischen Christen und Heiden verschiedener Art, zwischen Frommen, Händlern und Räubern, der muß schon seine ehrlichen Absichten nachweisen, wenn er das kann. Sonst gewinnt er sich keine Freunde. Und du brauchst doch welche. Oder wie willst du allein weiterkommen?«

Das war eine sehr direkte Frage und eine klare Bedingung. Wie hatte

Julian diesen alten Mann für weltfremd und leichtgläubig halten können! »Fragt mich, ehrwürdiger Vater!« murmelte er ergeben.

»Du sagst, du bist ein Ungar, mein Sohn. Aber du sprichst das Lateinische so gut, wie es auch in euren Ländern nur ein Gelehrter oder ein Priester kann. Du bist ein Priester eurer Kirche, nicht wahr?«

»Ich bin ein Predigermönch aus dem Kloster des heiligen Dominikus zu Gran in Ungarn.«

»Wie kamst du dann zu Schiff ins Schwarze Meer, wie du sagtest, und anscheinend allein?«

»Ich war nicht allein. Wir waren vier, zuerst. Zwei kehrten vorzeitig um. Einer starb.«

»Und warum kehrtest du nicht um? Warum zogst du weiter?«

Diesmal zögerte die Antwort.

»Nun, Julian?«

»Ich hatte einen Auftrag.«

»Von wem?«

»Von meinem Orden. Wir hatten gehört, daß im Osten, jenseits der russischen Länder, noch Völker in heidnischer Blindheit lebten. Sie zu bekehren war unser Ziel.«

»So. Aber warum hättest du das verschwiegen? Das ist nicht alles, mein Sohn.«

»Nein.« Julian blickte den Frager offen an, trotzig zur Wahrheit entschlossen. »Wir zogen aus, ein ganz bestimmtes Volk zu suchen – unsere Brüder, jene Ungarnstämme, die vor mehr als dreihundert Jahren in der Steppe zurückgeblieben sind. Sie wiederzufinden und zu bekehren, das war die große Sorge unseres Königs und unser Auftrag – zuletzt meiner allein.«

»Und du hast sie gefunden?«

»Ja. Es sind die Baschkiren.«

»Was? – Wie kannst du das wissen?«

»Sie reden heute noch die gleiche Sprache wie wir. Sie verstanden mich sogleich und ich sie. Auch erinnern sie sich noch an die davongezogenen Sieben Stämme, ebenso, wie unsere alten Urkunden von ihnen wissen.«

»Na!« Der ehrwürdige Vater hatte sich von seinem ersten Schrecken erholt. Sein Gesicht drückte eher eine leise Verachtung aus, als wollte er sagen: Wahrhaftig eine vornehme Verwandtschaft für ein christliches Königreich! Mißtrauisch fragte er, ob diese bestürzende Neuigkeit wirklich alles sei, was Julian über die Baschkiren, diesen Schrecken der Wolgaländer, zu berichten habe. Julian beteuerte, mehr wisse er nicht. Sein Auftrag sei nicht weitergegangen, als dies Volk aufzuspüren und seine Bereitschaft zur Aufnahme des Christentums zu erkunden. »Aber wie die Dinge liegen, ist da nicht viel zu hoffen.«

»Und was du von diesen Tataren erzählt hast«, kam bohrend die nächste Frage, »denen du da begegnet sein willst – was davon ist wahr?«

»Alles, jedes Wort ist wahr, ehrwürdiger Vater!« rief Julian beschwörend aus. »Ich wollte euch warnen, das war mein ehrlicher, guter Wille. Verhüte Gott, daß ihr meine Worte zu leicht nehmt!«

Der Alte erwiderte bedächtig, mit leisem Zweifel im Ton: »Mich wundert nur, daß sie dich haben laufenlassen.«

»Laufenlassen? Bei Nacht bin ich ihnen entflohen, unter Lebensgefahr. Sie waren alle sehr betrunken, auch dieser Verwandte des Chans. Vielleicht hatte er mir mehr gesagt, als er wollte oder sollte. Wie durfte ich dann hoffen, mit dem Leben davonzukommen! In jener Nacht rannte ich um mein Leben, und ohne Sankt Stephan, meinen Schutzheiligen . . .«

»Die Macht der Heiligen bleibe unbezweifelt. Aber daß sie gegen diese Teufel nicht immer wirksam ist, hat schon mancher erfahren müssen. Wenn sie dich hätten einfangen wollen, so wäre ihnen das sicher gelungen. Sie sind nicht nur listig im Verfolgen von Spuren, sondern haben übermenschliche, ohne Zweifel teuflische Kenntnis von jedem Fluchtweg, auf dem ihnen einer entrinnen will. Wenn dir das gelungen ist, dann bestimmt nur darum, weil sie es so wollten. Ich bin fast sicher, sie haben dich gar nicht verfolgt, nicht im Ernst.«

Julian dachte an die würgende Angst, die ihn vorwärts gejagt hatte auf seiner Flucht, tagelang, bis in das Gewitter hinein. War sie umsonst gewesen? Er erinnerte sich, daß ihm dieser Gedanke schon einige Male gekommen war. Als eine Verlockung zu sträflicher Sorglosigkeit hatte er ihn weit von sich gewiesen.

»Warum sollten sie mich verschont haben?«

»Nicht aus Barmherzigkeit, mein Sohn. Die kennen sie nicht. Dieser

Verwandte eines Chans hat nicht im Trunk mehr geredet, als er wollte. Du solltest die Drohung hören und damit heimkehren und sie überall verbreiten. Nicht aus gutem Willen, nicht um ehrlich zu warnen wollten sie das, sondern um Schrecken zu verbreiten. Schon ihr Name soll die Feinde lähmen. Doch zeigt uns deine Warnung den einzigen Weg, wie wir uns schützen können: durch Wachsamkeit, Gebete und rechtzeitige Rüstung.«

Julian fühlte sich beschämt wegen seiner Unwissenheit. Mächte, die er nicht verstand, hatten also nur ihr Spiel mit ihm getrieben. Er selbst war gar nicht in solcher Gefahr gewesen, wie er geglaubt hatte.

»Was soll ich tun?« fragte er.

Das war die Frage, die der Alte klug hervorgelockt hatte. »Das, was sie von dir erwarten: warnen – aber anders, als sie denken. Wenn du weiter nach Westen ziehst, wirst du schon bald die Stadt Rjasan erreichen. Dem Fürsten, der dort herrscht, sollst du eine Botschaft von mir bringen.«

Julian hatte wenig Lust dazu. Was konnte das an mißtrauischen Fragen, an Aufenthalt und vielleicht an Gefahr bedeuten! Er mußte doch am Leben bleiben und heimkommen, so schnell wie möglich.

Aber der Alte redete weiter: »Du wirst einen Satz in unserer Sprache auswendig lernen und ihn jedem sagen, der dir auf deinem Weg begegnet. Dann wird dich keiner aufhalten oder dir etwas tun. Jeder wird dich gastlich aufnehmen, dir den Weg weisen und dir weiterhelfen. Der Satz heißt auf lateinisch: *Mich schickt Vater Epifanij an den Fürsten Jurij Igorewitsch von Rjasan.«*

Er sagte dann die Worte langsam in seiner eigenen Sprache, und Julian sollte sie nachsprechen. Der zögerte. War es nicht am Ende ein Zauberspruch, der wer weiß was bewirkte, ihn selbst aber der Verdammnis auslieferte?

Vater Epifanij durchschaute ihn und schnaubte verächtlich: »Sei kein Narr! Du bist unter guten Christen, und für Unfug ist nicht die Zeit.«

Julian fügte sich und sprach gehorsam die Worte nach, einmal, zweimal und dreimal.

Es dauerte Tage, bis er sie auswendig konnte und zur Zufriedenheit des Alten aussprach. Inzwischen hatte er Zeit genug, sich auszuruhen und bei der kargen, aber ausreichenden Kost sich so weit zu erholen, daß er meinte, weiterwandern zu können. Vater Epifanij gab ihm einen Brief, der auf ein doppelhandgroßes Stück Birkenrinde geritzt war. Auf Julians erstaunten Blick bemerkte er lächelnd: »Nimm ihn nur und verwahr ihn gut! Das ist unser Pergament hier in den Wäldern. Darin steht, Fürst Jurij möge dich anhören. Berichte ihm das gleiche wie mir! Es wird sich schon einer finden, der dolmetscht.«

Das alles klang Julian ein wenig unheimlich. Aber was half es? Etwas mußte er doch für den Alten tun. Wäre er nicht ohne ihn verloren gewesen in der Wildnis dieses fremden Landes?

Am nächsten Morgen brach er auf. Einer der Brüder geleitete ihn noch zwei Tage lang bis zum Rande des großen Waldes, wo der Weg hinaus in die sonnenflimmernden, von Stechmücken überschwärmten Niederungen des Stromes Oka führte. Sie hatten kein Wort miteinander reden können, denn der Bruder war kein gelehrter Mann, der Latein verstand. Aber seine freundliche Gegenwart, die Art, wie er Julian auf viele Dinge aufmerksam machte, auf reifende Beeren im Gebüsch, eine nahe Quelle, einen geeigneten Platz zur Rast, verkürzten den Weg. Die segnenden Gebärden beim Abschied waren ganz und gar ohne Worte zu verstehen. Mit Tränen erwiderte Julian sie und empfand ihren Schutz noch lange tröstend auf seiner weiteren Wanderung.

Der Weg war nicht mühsam, gemessen an dem, was Julian in den achtzehn Monaten seiner Reise schon durchgemacht hatte. Ihn stärkte das Bewußtsein, endlich wieder in einem christlichen Land zu sein, unbekannten Gefahren enthoben. Die wenigen Menschen, die er traf, Hirten und Fischer, zeigten sich gastfrei und hilfsbereit, sobald er seinen Spruch aufsagte. Sie nahmen ihn in ihre Hütten auf, bewirteten ihn und wiesen ihm bereitwillig den Weg, bis eines Tages in der hellen Morgensonne über Wiesen und Gewässern eine Stadt am Horizont aufstieg.

»Rjasan!« sagte der alte Hirt, neben dem Julian seit Tagesgrauen einhergewandert war, wies mit dem Stab hinüber und wiederholte bedeutsam: »Rjasan.« Dann blieb er zurück und blickte, auf seinen Stab gelehnt, dem Fremden lange nach.

Noch Stunden hatte Julian zu wandern. Immer mächtiger wuchs die

Stadt mit ihren Erdwällen und Palisaden, mit Türmen und Dächern vor ihm empor, ein Bollwerk der Ordnung und Gesittung, aber auch der herrschenden Gewalt inmitten gestaltloser Wildnis. Als Julian, schon gegen die tiefstehende Sonne, auf eins der Tore zuschritt, war ihm beklommen zumute. Es tröstete ihn, daß er auf einigen Türmen das Kreuz glänzen sah. Das mußten Kirchen sein, er kam zu Christen. Am Tor kreuzten die Wächter ihre Lanzen. Aber auch hier war der Name des Vaters Epifanij – oder war es der des Fürsten? – ein Zauberwort. Einer schulterte seine Lanze und machte sich auf, den Fremden zu geleiten.

2

Die Stadt mutete ihn fast heimatlich an. Holzhäuser, oft mit Schnitzwerk und Farben verziert, Zäune für Jungvieh und Hühner, sogar winzige Gärten säumten den Weg. Frauen mit langen Zöpfen oder leinenen Kopftüchern gingen mit Krügen zu den Brunnen, Männer kehrten mit allerlei Handwerkszeug von der Arbeit heim. Da drüben, wo er herkam, hatte es das alles nicht gegeben. Schon fühlte er sich fast wie zu Hause. Dann aber wurde ihm noch einmal der Atem eng, als es durch einen Torweg in den Hof eines mächtigen, aus Balken erbauten Palastes ging und eine geräumige Treppe hinauf in eine offene Vorhalle. Diener kamen gelaufen, und diesmal nahm der Torwächter Julian die Mühe ab, seinen Spruch aufzusagen. Er verstand die Namen des Fürsten und des Vaters Epifanij. Vater Epifanij! Immer wieder hörte Julian aus dem unverständlichen Stimmengewirr den Namen heraus. Er also war das Zauberwort.

Nicht lange mußte er warten, bis vor ihm die schweren, aus Bohlen gefügten Torflügel geöffnet wurden. Er sah sich in einem niedrigen, holzgetäfelten Saal dem Fürsten Jurij Igorewitsch und seinem Gefolge gegenüber. Scheinbar lässig lehnte der Fürst in seinem erhöht stehenden Sessel, ein blondbärtiger Mann mittleren Alters von wilder, kriegerischer Schönheit. Julian, in seiner Kindheit in höfischer Sitte unterwiesen, überreichte gebeugten Knies sein Stück Birkenrinde, im

Zweifel, wie ein solcher Brief wohl aufgenommen werden würde. Aber niemand schien sich zu wundern. Der Fürst winkte einem seiner Hofleute. Der las die wenigen Zeilen laut vor. Julian verstand kein Wort, aber betroffen nahm er die Wirkung wahr. Der Fürst und sein Gefolge tauschten Blicke – Fragen und Antworten. Endlich sammelten sich aller Augen auf den Überbringer der Botschaft – und es geschah, was Julian befürchtet hatte.

Fürst Jurij richtete eine Frage an ihn, wiederholte sie, schrie sie endlich heraus und schüttelte ratlos den Kopf, als Julian nur immer wieder die Achseln zuckte, die Hände ausbreitete und nichts verstand. Einer aus dem Gefolge flüsterte dem Fürsten etwas zu. Der klatschte in die Hände und gab den Dienern einen Befehl. Dann warteten sie unter einsilbigen Gesprächen. Julian blieb scheinbar unbeachtet. Er bemühte sich, seine Furcht zu bezwingen vor dem, was nun vielleicht kam. Wie, wenn sie sein Nichtverstehen nur für eine Finte hielten?

Als die Tür sich wieder öffnete, atmete er auf. Der da hereinkam, war kein Henkersknecht, nur ein kleiner, schwarzbärtiger Mann in einem Kaftan. Weiß Gott, ein Jud! dachte Julian. Trifft man die denn auch hier?

Der Jude verneigte sich tief vor dem Fürsten, hörte dessen Worte an und wandte sich dann an Julian. Offenbar sollte er als Dolmetsch dienen, denn er redete ihn in verschiedenen Sprachen an, bis er schließlich auf deutsch fragte: »Ist der junge Mensch am End ein Deutscher?«

Das verstand Julian und antwortete in der gleichen Sprache. Nein, ein Deutscher sei er nicht, sondern ein Ungar, indessen der deutschen Sprache mächtig, die in seinem Lande am Königshof und unter der Geistlichkeit, hier und da auch unter dem einfachen Volk, viel gesprochen werde.

Der Jude ging nun höflich auf die ungarische Sprache über, dann aber wieder aufs Deutsche, das er offenbar besser beherrschte.

Er sagte: »Ich heiße Elkan Beer und unterhalte in dieser Stadt ein Handelskontor, aber nur im Sommer. Für den Winter kehre ich immer nach Tschernigow zurück, wo ich zu Hause bin. Fürst Jurij bedient sich gern meiner Dienste als Dolmetsch, weil er mich als ehrlich kennt. So auch in deinem Falle, junger Mensch. Es wäre zu deinem und auch zu meinem Vorteil, wenn du alle Fragen offen und ohne Hinterhalt beantworten würdest.«

Julian hatte kaum Zeit, dies zu versprechen, als schon ein ganzer Schwarm von Fragen wie Pfeile auf ihn abgeschossen wurde. Wo hatte er den Vater Epifanij getroffen? Wo lebte der heilige Mann, der sich so plötzlich von allen weltlichen Ehren, von seinen Schülern und fürstlichen Beichtkindern zurückgezogen hatte? Woher kam ihm das Wissen von der Gefahr?

Über den Aufenthalt des ehrwürdigen Vaters gab Julian Bescheid, so gut er vermochte. Aber über die Quelle des Wissens von der Gefahr geriet er ins Stammeln.

»Sag die Wahrheit, das ist das Klügste«, raunte Elkan Beer aus seinem krausen Bart hervor.

So gestand Julian, daß er selbst es gewesen, der weit jenseits der Wolga Abgesandten des Tatarenvolks begegnet sei und die Nachricht von ihren bösen Plänen in die Einsiedelei des Vaters Epifanij getragen habe. Er spürte die brennende Spannung in all den Augenpaaren, die auf ihn gerichtet waren. Wieder kamen die Fragen so hageldicht, daß der Dolmetsch kaum zu folgen vermochte. Das war Julians Absicht nur günstig, einiges zu überhören und zu verschweigen. Zum Glück war hier keiner so scharfsinnig wie der fromme Vater Epifanij und fragte ihn, was er, ein Ungar von der Donau, bei den Heiden jenseits der Wolga gesucht habe. Um so ausführlicher berichtete er von der Begegnung mit dem tatarischen Abgesandten am Lagerfeuer der Baschkiren.

Was dieser Heide denn wörtlich gesagt hätte?

Ja, stand das denn nicht in dem Brief? Dem Vater Epifanij habe er doch alles genau erzählt.

Nein, der Brief sei kurz. In ihm stände nur, daß ein furchtbares Gottesgericht heraufzöge in Gestalt der wilden Tataren aus dem Osten. Der Bote wisse mehr darüber.

Es blieb Julian nichts übrig, als noch einmal seine Erlebnisse genau zu berichten. Heimlich betete er darum, daß er sich nicht in seinen eigenen Worten fangen und verraten möge. Sehr langsam redete er nun, Wort für Wort abwägend und jedesmal abwartend, bis Elkan den Satz gedolmetscht hatte. Der Tatar, mit dem er gesprochen, der Anführer einer Schar, sei anscheinend kein geringer Mann gewesen unter den Seinen. Den Bruder eines Chans habe man ihn genannt, und er habe erstaunlich viel gewußt. Von einem großen Hoftag aller Tatarenfürsten im letzten Frühjahr habe er berichtet, auf dem der Krieg gegen das Abendland beschlossen worden sei. Ja, gegen das ganze Abendland, und in achtzehn Jahren sollte er beendet sein. Nur fünf Tagereisen von jenem Lagerfeuer, dem Ort der Begegnung, entfernt, jenseits der hohen Berge, sollten die Heere schon bereitstehen, in die Länder der Christenheit einzufallen.

»Und wann werden sie kommen?«

»Sobald der Frost Ströme und Sümpfe zur festen Straße für ihre Pferde macht.«

»Aber in welchem Jahr?« Das wußte Julian nicht.

Wieder prasselten die Fragen. Wie viele Rosse das Tatarenheer zähle? Was seine nächsten Ziele seien? Wie die Heerführer hießen? Julian wußte es nicht. Mehr als er schon gesagt hatte, wußte er wirklich nicht und brauchte sich nicht zu verstellen. Er verschwieg auch nicht, daß er aus Entsetzen über das Gehörte noch in der gleichen Nacht heimlich geflohen war, blindlings nach Westen, in großer Angst, verfolgt und getötet zu werden, weil er vielleicht schon zuviel gehört hatte. Nach Tagen war er vor der Hütte des Vaters Epifanij niedergebrochen und war nun hier als sein Bote.

Unter dem Gefolge des Fürsten war ein aufgeregtes Gespräch im Gang. Julians letzten Worten hörte keiner mehr zu. Fürst Jurij erhob sich und beendete die Audienz mit einer gnädigen Gebärde, sichtlich mit seinen Gedanken schon anderswo. Im Gehen sagte er noch ein paar Worte zu dem Juden. Eilig drängte das Gefolge ihm nach. Plötzlich stand Julian mit Elkan allein im Saal. Der winkte ihm. »Komm mit mir! Du bist für diese Nacht mein Gast, hat er mir befohlen. Aber du sollst dich für weitere Dienste bereithalten.«

Julian unterdrückte seinen Ärger. So hatte es ja kommen müssen! Nun war seine Heimkehr wieder auf unabsehbare Zeit verzögert. Er hatte, so jung er war, doch schon einiges darüber erfahren, was Fürstendienst bedeutete. Niedergeschlagen folgte er dem Juden durch die abendlich leeren Gassen zu seinem Heim.

»Wirst es besser haben bei mir als bei den hochmütigen Hofleuten«, tröstete Elkan seinen einsilbigen Gast. »Auch ich bin neugierig auf manches, was du sicher zu erzählen haben wirst.«

Das Haus des Juden war ein riesiger, festgebauter Lagerschuppen, in dem nur ein paar Winkel zum Wohnen eingerichtet waren. Elkan lebte nicht immer hier, sondern hatte Frau und Kinder samt einer weitverzweigten Sippe in der Stadt Tschernigow. Nur im Sommer kam er nach Rjasan, um Waren aus dem Westen – Gewebe, Waffen, Metallwaren – gegen solche aus dem Osten einzutauschen, kostbare Felle vor allem, aber auch Honig, Wachs und als Kostbarstes: Nachrichten.

»Für alles haben sie eine offene Hand, die großen Kaufherren in Nowgorod und anderswo, und ein offenes Ohr. Aber davon später mehr! Erst einmal sei mein Gast!«

Er hieß seine Knechte ein heißes Bad für Julian richten, gab ihm Balsam für seine wunden Füße und gegen die Mückenstiche, die sich giftig entzündet hatten, auch ein reines Gewand und Schuhe. Die Lumpen, in denen der Gast gekommen war, ließ er verbrennen. Später lud er ihn zu einer Mahlzeit, wie Julian sie auf der ganzen Reise nicht genossen hatte – nein, eigentlich nicht mehr, seit er, ein Knabe noch, sein Elternhaus verlassen hatte: eine kräftige Brühe, Wildbret, weißes Brot und Wein – guter, schwerer Wein, vielleicht aus Ungarland. Elkan gestand lächelnd, er habe in seine besseren Warenbestände eingegriffen, die sonst nur Bojaren und höheren Popen vorbehalten waren. Aber sein Gast sei ihm diesen Aufwand wert. »Iß langsam, mein Sohn«, mahnte er väterlich, »und mit Maßen! Du siehst aus, als hättest du allzu lange gehungert.«

Julian nickte, die Augen voll Tränen, sicher zum erstenmal seit Bruder Gerhards Tod in der alanischen Steppe. »Du handelst an mir wie der barmherzige Samariter, Jude. Wie soll ich dir je danken?«

Elkan lachte listig. »Das laß dich nicht beschweren! Ich komm schon auf meine Kosten. Wenn du gesättigt bist, sollst du mir erzählen von den fremden Ländern und Völkern, die du kennengelernt hast. Das ist nicht müßige Neugier. Für mich sind solche Nachrichten bares Geld. Da will ich mich nicht besser machen, als ich bin.«

Als Julian, benommen von dem warmen Bad, von Wein und Essen, stumm blieb, fragte Elkan einstweilen nicht weiter, sondern berichtete, was er selbst von den Völkern an der Wolga wußte, den Bolgaren,

Mordwinen, Baschkiren, die allesamt zu seiner Kundschaft gehörten. »Der Handel bringt sie zusammen, Heiden und Juden und Christen. Mit allen kann man auskommen. Nur diese Tataren sind die Pest. Die wollen kein Auskommen, die wollen immer nur Krieg.« Er schlug Julian vor, mit ihm und seinem Warenzug zu reisen, der in den nächsten Tagen aufbrechen sollte, früher als sonst, aus guten Gründen. »Da zählt jede Hand und jede junge Kraft. Du hättest Kost und Quartier frei und ich einen angenehmen Reisegefährten. Nun, wie ist's?«

Ein hartes Pochen am Tor unterbrach ihn. Er horchte auf und ging, als einer seiner Knechte mit gemurmelter Meldung in der Tür erschien, eilig hinaus. Julian, schon halb im Schlaf, hörte draußen einen längeren Wortwechsel, ohne viel darüber nachzudenken. Ärgerlich kam Elkan wieder herein: »Da haben wir es! Der Fürst will, daß du morgen eine Gesandtschaft zum Großfürsten von Wladimir-Susdal begleitest. Den will er um Beistand bitten.«

Julian fuhr auf aus dem schläfrigen Behagen, dem er sich voreilig hingegeben hatte, wieder hellwach, der harte, unermüdliche Diener Gottes wie seines Königs. »Ich will aber nicht!« sagte er scharf. »Ich muß heim nach Ungarn. Man wartet dort auf die Nachrichten, die ich bringe.«

Sieh einer an! dachte Elkan Beer und bedauerte um so mehr, daß er diesen Gast so schnell verlieren sollte. Offenbar hatte der manches verschwiegen. Aber er durfte ihm nicht raten, sich zu widersetzen oder gar heimlich zu fliehen, wie Julian wollte. »Du würdest den kürzeren ziehen, mein Sohn. Sieh lieber zu, daß du eine gute Belohnung herausschlägst, vom Jurij hier und vom Großfürsten. Der heißt übrigens auch Jurij, aber bei ihm ist Vorsicht geboten.« Schon bald schickte er Julian zur Ruhe, darin wahrhaft selbstlos. Denn er begab sich damit der letzten Möglichkeit, von ihm noch irgend etwas Wissenswertes zu erfahren.

Früh am nächsten Morgen war Julian, in guter Kleidung, die ihm der Fürst gespendet, auf einem Pferd aus den fürstlichen Ställen, inmitten des Gefolges einiger prachtvoll gekleideter Bojaren, unterwegs nach Norden, nach Wladimir, der Residenz des Großfürsten Jurij Wsewolodowitsch. Von ihm sprachen alle mit einer furchtsamen Achtung, die Julian beklommen machte. Während seiner Reise im schnellen Erlernen fremder Sprachen geübt, konnte er manches aus den Gesprächen der Knappen und Diener entnehmen, in deren Mitte er ritt, mit denen er aß und das Quartier teilte. Alle hatten Furcht, spürte er. Um wieviel mehr mußte er, der Fremde, Grund dazu haben! Einen Dolmetsch gab es nicht im Gefolge, keinen, der seine Sprache verstand, mit dem er sich hätte beraten können, obgleich er freundlich behandelt wurde und an nichts Mangel litt. Ihm blieb nur mutige Fassung, die Hoffnung auf sein erprobtes Glück und auf die Gnade Gottes, die ihn bisher nicht hatte fallenlassen.

Nach wenigen Tagereisen stieg vor ihnen die Stadt Wladimir aus der Wildnis empor, die Krone des armen, wüsten Waldlandes im Norden. Julian traute seinen Augen nicht. Steinerne Kirchen leuchteten weiß über den grauen Schindeldächern. Ein ragender Palast erinnerte ihn an die Burgen seiner Heimat. Die Stadttore, die sich der Gesandtschaft aus Rjasan bereitwillig öffneten, mußten wahre Wolfsgruben sein für jeden, der etwa in böser Absicht hätte eindringen wollen, mit Fallgittern in dunklen Torgängen, Pechnasen über den Wölbungen, gewundenen Hohlwegen zwischen steilen Mauern und überall Wachen. Ein ganzes Heer von Schwerbewaffneten schien aufgeboten, diese Tore zu hüten. Niemand, der sie durchschritt, war nur einen Augenblick unbewacht.

In tiefem Schweigen ritt die Gesandtschaft ein, nachdem sie doch, Herren wie Knechte, unterwegs laut genug gewesen war. Jetzt hallte nur der Hufschlag ihrer Pferde von den Gewölben wider und ab und zu ein Ruf der Wachen. Sie hielten vor dem Palast, ließen die Pferde zurück und stiegen zwischen Reihen von Gewappneten die breiten, steinernen Stufen hinauf, nur die Bojaren selbst mit wenigen ihres Gefolges, darunter Julian. Dem schlug das Herz bis zum Hals. Hier wehte eine andere Luft als in Rjasan.

Klirrend öffneten sich die eisenbeschlagenen Pforten zum Saal. Großfürst Jurij Wsewolodowitsch saß erhöht, seine Großen, in düsterem Prunk wie er, im Halbkreis hinter ihm. Die Herren aus Rjasan verneigten sich tief – viel tiefer als vor ihrem eigenen Fürsten, fand Julian, während er ihrem Beispiel folgte.

Nach dem Austausch der Begrüßungsreden trugen die Bojaren ihre Botschaft vor und überreichten den Brief des Vaters Epifanij. Der

Großfürst warf nur einen kurzen Blick darauf und gab ihn mit zwei Fingern zurück. Er stellte eine Frage, kurz und ungnädig. Der Führer der Gesandtschaft, ein ehrwürdiger Greis, antwortete ausführlich und mit flehender Dringlichkeit.

Mit einem Male blickten alle auf Julian. Man winkte ihm, Hände schoben ihn, und dann stand er zwei Schritte vor der Gesandtschaft, im leeren Raum zwischen ihr und dem hochmütig blickenden Hof. Wieder sollten Fragen beantwortet werden, wieder gab es die gleiche Schwierigkeit wie in Rjasan. Da trat aus dem Gefolge des Großfürsten ein ernster Mann hervor, im langen, schwarzen Rock, mit der hohen Mütze, wie sie die Priester der Ostkirche trugen. Zu Anfang seiner Reise, in Bulgarien und Konstantinopel, war Julian ihnen oft genug begegnet. Das große goldene Kreuz, das dieser hier trug, deutete auf einen hohen Rang. Hochmütig erklärte er sich bereit, den Dolmetsch zu machen, sofern der Fremde des Lateinischen mächtig sei. Ach, das war kein gemütlicher Elkan Beer, der Julian augenzwinkernd gemahnt hatte, den eigenen Vorteil nicht zu vergessen. Dieser hier war ein unerbittlich strenger Frager, von dem bestenfalls eine gerechte Beurteilung zu erhoffen war, und es blieb höchst ungewiß, was er darunter verstehen werde.

Zuerst einmal mußte Julian das Kreuz küssen und bei diesem heiligen Zeichen schwören, daß er ein Christ sei und die Wahrheit sagen werde. Dann folgten die Fragen, die er schon kannte und die er ebenso beantwortete wie in Rjasan, nur noch knapper, was ihm geraten schien. Er hatte ja auch nicht viel zu berichten. Erleichtert sah er das Ende des Verhörs nahen. Der Priester blickte fragend auf den Großfürsten. Der beugte sich rasch vor und stellte in schärferem Ton als zuvor noch eine Frage. Der Priester übersetzte: »In welcher Sprache hat jener Tatar mit dir geredet?«

Julian stutzte. Es war ein Fehler gewesen, das nicht gleich zu sagen. In sieben Sprachen kannst du mich befragen, hatte der Bruder eines Chans geprahlt, und mit Julian hatte er deutsch gesprochen. Das zu sagen fiel ihm zum Glück noch ein, ehe er zuviel preisgegeben hatte. Ungarisch oder Baschkirisch – das wäre verräterisch gewesen.

»So? Du verstehst deutsch? Und bist doch von dort?« Der Priester wies nach Osten.

Julian berichtigte: Von daher komme er jetzt, aber er stamme aus dem Abendland, aus dem christlichen Königreich Ungarn.

»Wie willst du das beweisen? Und wenn es so ist, wie kamst du dann in die heidnischen Länder hinter der Wolga? Was suchtest du dort?«

Das war die gefürchtete Frage, vielleicht die tödliche Schlinge. Julian begriff, daß es ernst um ihn stand. Man hielt ihn wahrscheinlich für einen Späher, einen verkappten Boten. Von wem an wen? Er wußte es nicht. Jeder Verdacht war ebenso schwer zu entkräften wie zu beweisen. Sag die Wahrheit, es ist das Klügste, hatte ihm Elkan geraten. Aber hier konnte sie ihm nicht helfen, die volle Wahrheit nicht. Wenn er sie enthüllte, seinen geheimen Auftrag, den großen Plan seines Königs verriet, dann war er ganz und gar verloren. Er dachte mit niedergeschlagenen Augen nach, betete stumm um Erleuchtung – und sie kam.

Mutig blickte er auf, aber nicht auf den Priester, sondern auf den Großfürsten selbst, und antwortete so, als könnte der ihn verstehen. Er sah ein großes, kräftig geformtes Gesicht mit starken Brauen und schon ergrautem Bart, hochmütig, vielleicht zu Jähzorn neigend, aber nicht unedel. Von diesem Mann allein hing Tod oder Leben für ihn ab. Ihn mußte er gewinnen.

Er sprach und gab wieder ein Stück Wahrheit preis. Etwas habe er bisher verschwiegen, weil es für seinen Bericht nicht wichtig sei und auch weil er sich seiner unwürdigen und armseligen Erscheinung geschämt habe. Er sei ein Priester der römischen Kirche, ein Mönch aus dem Orden des heiligen Dominikus. Sein junger Orden habe sich die Bekehrung heidnischer Völker zum Ziel gesetzt und, da das Morgenland von solchen frommen Bestrebungen bereits übersättigt sei, nach neuen Missionsgebieten gesucht. Darum habe man ihn mit drei Ordensbrüdern im Frühjahr vergangenen Jahres über das Schwarze Meer an dessen Ostküste geschickt.

»Und zu welchen Völkern seid ihr da gekommen?«

»Zu sehr seltsamen. Ihre Namen weiß ich nicht mehr. Sie waren Heiden, taten uns aber nichts, gaben uns auch ein wenig Nahrung, so daß wir nicht verhungerten. Aber vom Evangelium wollten sie nichts hören.«

»In welcher Sprache habt ihr es ihnen denn verkündet?«

»Das ist es eben. Unsere Oberen, die uns ausgeschickt hatten, konnten sich nicht vorstellen, daß man in irgendeiner Weltgegend weder Latein noch Griechisch verstehen könnte. Es war ein ganz verfehltes Unternehmen, und die beiden Brüder hatten recht, die das beizeiten erkannten und umkehrten. Der eine, der bei mir blieb, Bruder Gerhardus, starb im Winter im Lande der Alanen. Ich aber nahm, um mein Leben zu fristen, Dienste bei einem sarazenischen Kaufmann. Mit ihm kam ich in die Stadt Bolgar an der Wolga. Von da glaubte ich leichter den Heimweg nach Ungarn zu finden. Da ist mir dann das Abenteuer mit den Tataren begegnet, das ich berichtet habe. Das ist alles«, schloß Julian herzklopfend. Er hatte die Baschkiren nicht erwähnt, gewarnt durch das strenge Urteil des Vaters Epifanij über sie. Am Ende wußte der Großfürst mehr von ihnen und hätte Schlüsse gezogen. War er überzeugt?

Es war nicht zu erraten hinter der unnahbaren Maske. Nun aber ergriff der Priester das Wort und nahm Julian in ein strenges Verhör. Seinem beruflichen Spürsinn schien es wohl kaum glaublich, daß dieser verwilderte junge Mensch ein Mönch sein sollte, wenn auch aus einem jener römischen Klöster, wo es wahrhaftig anders zuging als bei den rechtgläubigen hierzulande. Der Priester war in seinen jungen Jahren weit gereist und kannte die Westkirche aus eigener Anschauung. Er fing an, Julian zu examinieren über Fragen des Glaubens und der Ordnung seiner Kirche, insbesondere der Mönchsorden, über lauter Dinge, die ein Laie oder auch ein einfacher Mönch kaum wissen konnte. Julian stand seinen Mann. Er war einstmals der beste Schüler seines Novizenmeisters gewesen. Doch vergaß er keinen Augenblick, daß dieser Mann kein Novizenmeister, ihr Gespräch keine wohlwollende Schulprüfung war, die mit Lob oder Tadel enden mochte, sondern ein Fragespiel auf Leben und Tod. Wie lange würde er es durchhalten? Endlich langweilte den Großfürsten das Zwiegespräch, von dem er nichts verstand. Er winkte dem Priester ungeduldig, zu enden. Julian ahnte, daß er für diesmal die Prüfung bestanden hatte. Er beherrschte sein Aufatmen und zwang sich, nicht den Schweiß von der Stirn zu wischen.

Jurij Wsewolodowitsch schien ihn nicht mehr zu beachten. Er verkündete den Rjasanern seine Antwort, eine abschlägige, nach ihren Mienen zu schließen. Er nahm wohl die Warnung nicht ernst genug.

Doch war der Abschied nicht unfreundlich. Die Herren aus Wladimir mischten sich unter die Gesandtschaft, die Stimmung wurde gesellig, und alles deutete auf ein Gelage. Julian aber fing im Hinausgehen noch einen Blick des Großfürsten auf und ahnte, daß er selbst noch nicht die letzte Antwort erhalten hatte. Er beschloß, noch am gleichen Abend den Führer der Gesandtschaft um Entlassung aus seinem Dienst zu bitten. Der Fürst von Rjasan hatte ihm versprochen, er dürfe seines Weges ziehen, sobald die Botschaft in Wladimir überbracht sei.

Aber dazu kam er nicht gleich. Kaum waren sie in ihrem Quartier angekommen, als der ehrwürdige Priester-Dolmetsch erschien und keinen der Bojaren, sondern ihn, den Mönch Julian, zu sprechen verlangte. Er sagte: »Großfürst Jurij Wsewolodowitsch läßt dir dies bestellen. Du hast dir Dank verdient, denn du hast großen Mut bewiesen, und deine Nachricht wird uns nützlich sein. Aus diesem Grunde läßt der Großfürst dich aus seiner Stadt ziehen, ohne mehr zu fragen. Aber laß dir nicht einfallen, noch einmal zu kommen! Weder Boten aus deinem Land noch von deiner Kirche sind hier willkommen.«

Julian verneigte sich tief, um seine Bestürzung zu verbergen. Er war also durchschaut worden in einem Augenblick, da er sich fast sicher geglaubt hatte – und dennoch verschont geblieben. Wieviel mächtiger war Gottes Schutz als die eigene, kümmerliche Klugheit! Es gelang ihm noch, den Priester zu bewegen, daß er den Befehl des Großfürsten an Julian auch den Herren aus Rjasan vortrug und seine Entlassung aus ihren Diensten forderte. Der feierlich erteilte Segen beim Abschied blieb dem jungen Mönch als ein karges Zeichen freundlicher Gesinnung im Gedenken. Von einem der rjasanischen Knechte, mit dem er sich noch am besten verständigen konnte, erfuhr er, daß er es mit dem mächtigsten Manne der Kirche und des Großfürstentums Susdal-Wladimir zu tun gehabt habe – mit dem Metropoliten Pjotr.

Schon im Grauen des nächstens Morgens war er unterwegs nach Westen, dankbar verabschiedet von den Herren aus Rjasan. Sie gaben ihm die Geschenke ihres Fürsten mit: einen Beutel voll Silber, die Kleider, die er trug, das Pferd, das er ritt. Sie wiesen ihm auch den Weg, so gut das ohne Worte möglich war: nach Westen, aber etwas weiter links, halb südwärts auf Kiew zu – immer nach Kiew. Von da werde er schon weiterfinden.

Julian dankte ihnen, nur flüchtig und lange nicht herzlich genug, wie ihm später einfiel. Er hatte es allzu eilig. Ihn jagte die Angst, nicht vor Einbruch des Frostes am Ziel zu sein, *des Frostes, der Ströme und Sümpfe zur festen Straße machte.* Er mußte ja warnen, das war sein letztes, sein einziges Ziel. Nichts war mehr so wichtig wie dies. Wie sollte er die Schande überleben, wenn er zu spät kam!

Es ging aber nicht so schnell vorwärts, wie er gehofft hatte, sondern langsam, verzweifelt langsam. Auch sein starkes, ausdauerndes Steppenpferdchen konnte nicht fliegen, ging seinen stetigen Trott auf den schlechten Straßen hin, die oft kaum so zu nennen waren. Stunden und Tage der Rast waren nötig. So ging der Sommer hin, dann auch der Herbst. Als endlich die Kette der Karpatengipfel am Himmelsrand erschien, war sie weiß beschneit. Alle Leute in dem winzigen Bergdorf, wo er die letzte Rast vor dem Aufstieg hielt, warnten davor, den Übergang zu wagen. »Die Wölfe sind schlimm, Fremder, aber schlimmer noch die bösen Geister. Kein Christenmensch ist zur Winterszeit je hinübergekommen.«

Nun gut, einer mußte wohl der erste sein. Julian wagte es – und schaffte es. Nur sein braves Pferd blieb am Ende im hohen Schnee zurück, den Wölfen zur Beute. Zu Fuß, wie es einem wandernden Predigermönch anstand, kam Julian über die Gebirgspässe nach Ungarn hinein, er wußte selbst nicht wie. Am Abend des heiligen Johannes Evangelista, drei Tage nach Weihnachten, klopfte er an das Tor der Königsburg zu Gran und forderte, vor den König geführt zu werden.

3

Zu Gran war ein stilles Weihnachtsfest begangen worden. Dem festlichen Sommer war in Ungarn ein Herbst der Trauer gefolgt. Am 21. September war König Andreas, der lebensfrohe, freigebige, nie ganz zuverlässige, der erste Ritter auf Ungarns Thron, aus dem Leben geschieden. Drei Wochen später war sein Sohn Béla zu Stuhlweißenburg als alleiniger König gekrönt worden und hatte gleich darauf Gericht gehalten über die Ratgeber und Günstlinge seines Vaters. Sie waren der ungetreuen Verwaltung und des Hochverrats angeklagt, verbannt, ihrer Güter verlustig erklärt, geblendet worden. Es war ein Aufräumen ohne Gnade gewesen. Der junge König hatte andere Vorstellungen vom Reich und setzte sie ohne Rücksicht durch.

Nach solchen Umwälzungen und auch um der Trauersitte willen war das Fest am Hof ohne laute Freude, ohne die üblichen Gastmähler und Reigentänze gefeiert worden. Am Abend des 27. Dezember saß das Königspaar mit seinen kleinen Töchtern und wenigen nahen Vertrauten am Kaminfeuer in ruhigem Gespräch beieinander. Der König zeigte keinerlei Verwunderung, als ihm die Ankunft eines gewissen Bruders Julian gemeldet wurde. Er gab dem Diener kurzen Befehl, wohin der Angekommene zu führen sei, und zögerte noch eine Weile, ehe er sich seinen Mantel reichen ließ, den fragenden Blick der Königin rasch und bedeutsam erwiderte und dem Edelknaben folgte, der mit brennender Fackel in die Tür getreten war.

Der Weg zu dem Gemach, in dem er den späten Gast empfangen wollte, war weit, führte durch offene und geschlossene Gänge, über Treppen und Innenhöfe in den ältesten Teil der Burg. Béla zog den pelzgefütterten Mantel enger um sich in dem eisigen Zugwind, der oft die Fackel zu verlöschen drohte. Aber er beschleunigte seinen Schritt nicht, beherrschte jedes Zeichen von Ungeduld selbst vor diesem Knaben, der gewiß für nichts anderes Augen und Ohren hatte als für seine Pflicht, den König sicher durch den dunklen Palast zu geleiten.

Bélas Feinde – er hatte von ihnen fast mehr als Freunde an seinem eigenen Hof – waren der Ansicht, er habe mit den eishellen Augen seiner deutschen Mutter auch deren kalt berechnende Herrschsucht geerbt. Wer aber zu dieser Stunde, auf dem Weg durch die nächtliche Burg, sein Gesicht gesehen hätte, der hätte wohl daran gezweifelt. Begeistert und gelöst, in einer großen Erwartung, glühte es zwischen dem Zobelpelz und dem glatten schwarzen Haar. Magna Hungaria, dachte Béla, Magna Hungaria – Groß-Ungarn. Der Name stand auf keiner Weltkarte. Er war seine eigene Erfindung, sein großer Gedanke, das Ziel seines Lebens.

Er war noch ein Knabe gewesen, als ihm sein Lehrer, der gelehrte Dominikaner Riccardus, aus alten Urkunden dargelegt hatte, daß dies Königreich Ungarn, groß und glänzend gemacht durch Bélas Vorfahren, nur einen Teil des Magyarenvolks einschloß. Ein anderer Teil war vor undenklicher Zeit, vor fast vierhundert Jahren, als die Sieben Stämme nach Westen aufgebrochen waren, zurückgeblieben auf den alten Weidegründen, irgendwo weit im Osten. Wo, das wußte niemand mehr. Es waren schwere Zeiten gewesen. Nicht ohne Not war jene Trennung beschlossen worden. Neue Wohnsitze, neues Weideland galt es zu finden. Die Sieben Stämme hatten lange dazu gebraucht. Mehr als ein halbes Jahrhundert waren sie der Schrecken des ganzen Abendlandes gewesen, ehe sie nach der Niederlage auf dem Lechfeld endlich zur Ruhe kamen. Sie gründeten ihr Reich in der Donau-Theiß-Ebene, sie wurden Christen, sie paßten sich an und standen längst gleichberechtigt und hoch geachtet neben den anderen Reichen der Christenheit. Aber ihre armen, heidnischen Brüder, vor vier Jahrhunderten in der Steppe verlassen, die hatten sie längst vergessen, so völlig, daß niemand mehr wußte, wo sie zu finden waren. War es nicht Christenpflicht, hatte Bruder Riccardus den jungen Königssohn gemahnt, sie zu suchen und des wahren Heils im Glauben teilhaftig zu machen? Béla hatte den Gedanken glühend aufgegriffen: Ja, sie zu taufen und dem eigenen Reich einzugliedern! Das war ein Ziel, eines großdenkenden Königs würdig. Die ketzergläubigen russischen Fürstentümer wären dann ganz von selbst von Westen und von Osten her in das neue, größere Ungarreich gezwungen worden – in die Magna Hungaria. So lautete das schnell gefundene Zauberwort für den Traum des jungen Königssohnes.

Bald wurde es mehr als ein Traum. Béla, der schon früh als Mitregend seines Vaters den Königstitel trug, erreichte es mit zähem Eigensinn, daß der Dominikanerorden vier Mönche nach Osten aussandte, um jene vergessenen Stämme aufzuspüren und zu bekehren. Nur einer von den vieren kehrte zurück, Bruder Otto, zu Tode erschöpft und krank, ein Sterbender. In den wenigen Tagen, die er nach seiner Heimkehr noch zu leben hatte, berichtete er, daß diese heidnischen Ungarn wirklich irgendwo noch lebten, weit im Osten. Das war ihm glaubwürdig bezeugt worden, aber wo sie saßen, hatte er nicht mehr erkunden können.

Es blieb nichts übrig, als noch einmal vier Brüder auf die gleiche Reise auszuschicken. Diesmal beteiligte sich der junge König tätig an dem frommen Unternehmen, hoch gelobt von dem Dominikanerprior, der anscheinend keinerlei weltliche Hintergedanken argwöhnte. In königlichem Geleit wurden die vier Mönche nach Konstantinopel und auf ein Schiff gebracht, das sie an die Ostküste des Schwarzen Meeres, in die großen Steppengebiete bringen sollte, die Heimat so vieler reitender Hirtenvölker. Danach hatte man nichts mehr von ihnen gehört, bis ein halbes Jahr später, im vorvergangenen Herbst, zwei der Brüder zurückgekehrt waren, zwar aufs äußerste erschöpft, aber durchaus noch fähig und willens weiterzuleben. Sie hatten die überstandenen Strapazen sehr anschaulich geschildert und sich entrüstet über den jungen Bruder Julian ausgelassen, der wider alle Vernunft nicht mit ihnen umkehren, sondern die Reise hatte fortsetzen wollen – völlig ohne Sinn, da die Heidenvölker dort in der Steppe vom Evangelium gar nichts wissen wollten noch überhaupt die Sprache der Heilsboten verstanden. Leider hatte sich der sprachenkundige Gerhardus überreden lassen, den jungen Starrkopf weiter zu begleiten. Ohne Zweifel bleichten die Gebeine beider längst irgendwo in der Steppe.

Der Bericht der beiden Mönche war von Bruder Riccardus, jetzt Bibliothekar des Klosters, sofort niedergeschrieben und dem König vorgelegt worden. Er hatte nicht viel dazu sagen können. Aber als einziger fand er einen Sinn im Verhalten des Bruders Julian. Gerade auf ihn hatte er mehr Hoffnung gesetzt als auf den frommen Eifer der andern. Die klugen, lebhaften Augen des jungen Mönches hatten ihn gewonnen, so daß er darauf bestanden hatte, ihn mit auf die Reise zu schicken, obgleich der Prior davon abriet. Bruder Julian sei im Herzen leider noch allzusehr ein Weltkind, als Zwölfjähriger vom Vater zur Sühne für eine Schuld ins Kloster gezwungen. So einer gewöhne sich schwerer ein als einer, der in reiferen Jahren aus freiem Willen das Kloster wähle. Dem jungen Menschen seien zur Zeit strenge Bußübungen dienlicher als Reisen.

»Was hat denn dieser Vater begangen«, fragte Béla, »daß noch sein Sohn ein ganzes Leben lang dafür büßen soll?«

Der Prior strafte die ungebührliche Frage mit Schweigen, ließ sich dann aber doch zu einer knappen Auskunft herbei. Der Vater sei ein wenig begüterter Ritter gewesen, mit nichts als einem kleinen Grundbesitz an der oberen Theiß – übrigens längst verstorben.

König Béla fragte nicht weiter. So wichtig war ihm das gar nicht. Er war von Anfang an entschlossen gewesen, diesen Julian in seinen Dienst zu nehmen, und setzte, wie meistens, seinen Willen durch. Einzig ihm hatte er dann auch vorsichtig ein wenig von seinem großen Plan enthüllt. Einer von den vieren mußte doch eine Ahnung haben von dem, was diese Reise für das Königreich Ungarn bedeutete, sollte sie in dieser Hinsicht nicht ganz ohne Erfolg bleiben.

Was er nun erfuhr, bestärkte ihn in seinem Vertrauen. Julian behielt offenbar das Ziel unbeirrt im Auge. Seitdem aber war nun mehr als ein Jahr vergangen. Die Vorstellung bleichender Gebeine in der Steppe gewann an Wahrscheinlichkeit. Wo blieben die beiden Verschollenen?

Und nun war dieser Julian, wenigstens er, doch zurückgekehrt, kaum noch erwartet und mitten im Winter. Sicher brachte er eine wichtige Nachricht, welche auch immer, da er sich zu so ungewöhnlicher, ja ungehöriger Tagesstunde meldete. Nun doch seiner Ungeduld nachgebend, kam der König dem Edelknaben zuvor und riß die Tür zu dem schmalen, gewölbten Gelaß auf, wo er, wie früher auch sein Vater, heimliche Botschaften zu empfangen pflegte. Der Raum war kalt und dunkel, nur mit einem rasch angezündeten Kaminfeuer und ein paar Kerzen notdürftig wohnlich gemacht.

Béla schrak zurück vor der verwilderten Elendsgestalt, die sich im Halbdunkel vor ihm niederwarf und mit tonloser, vor Erschöpfung oder Erkältung heiserer Stimme flüsterte: »Herr König – König Béla, ich bringe . . .« Die Worte erstarben ihm. Es war deutlich, daß der Kniende sich nicht wieder aufzurichten vermochte.

Und es geschah das Unerhörte: Der hochmütige Béla, in dessen Gegenwart auch der ehrwürdigste seiner Magnaten sich nicht niederzusetzen, keiner einer Schwäche nachzugeben wagte, der Bettlern und Siechen nur abgewendet das schuldige Almosen zu reichen pflegte – er beugte sich nieder, legte dem Niedergesunkenen die Hand auf die Schulter und sprach ihm gütig zu: »Fasse dich, Bruder Julian! So kann ich dich ja nicht verstehen.«

Dieser Stimme, so sanft sie klang, wie einem Befehl gehorsam, richtete Julian sich taumelnd auf und setzte sich, dem Wink des Königs folgend, auf die mit Kissen belegte Steinbank seitlich der Feuerstelle.

Béla, der in einem Sessel Platz genommen hatte, beobachtete ihn. War der hier wirklich der Jüngling, den er vor zwei Jahren fast zu seinem Vertrauten gemacht, von dem er so viel erwartet hatte? Was mußte er durchgemacht haben, um so verwandelt zu sein!

Der König hatte den Edelknaben mit einer Weisung fortgeschickt, ein Diener brachte Brot und Wein. Julian aß und trank, scheu wie ein Bettler, die Gier der Entbehrung mühsam zügelnd. Der König bezähmte seine Ungeduld, bis er gesättigt schien. Dann fragte er: »Was also bringst du mir, Bruder Julian? Hast du sie gefunden?«

»Ja, König Béla, ja!« brach es aus Julian hervor. »Gefunden hab ich sie – aber zugleich etwas anderes – etwas Furchtbares, das Euch und Euer Reich und das ganze Abendland bedroht.«

Béla zog die Brauen hoch. Verworrenes war ihm zuwider. »Berichte der Reihe nach!«

Julian zwang seine Gedanken auf einen geordneten Weg. Er ahnte mehr, als daß es ihm bewußt wurde – nur äußerste Klarheit konnte dem, was er zu berichten hatte, Glauben verschaffen. Wenn ihm das nicht gelang, dann war seine ganze Reise, war all die unerhörte Mühsal dieser zwei Jahre vergeblich gewesen.

Wie war doch alles gekommen? Im vorvergangenen Sommer, schon wenige Monate nach ihrer Landung an der Mündung eines Stromes namens Kuban, hatten zwei der Brüder sich zur Heimkehr entschlossen, weil sie daran verzweifelten, das zu erreichen, was für sie das Ziel der Reise war: Menschen fürs Christentum zu gewinnen oder aber das hochwillkommene Martyrium zu erleiden.

»Das haben die beiden schon berichtet«, unterbrach ihn Béla, »sie sind gesund heimgekehrt und längst Stolz und Zierde ihres Klosters, berühmt durch ihre Erlebnisse. Von *deiner* Reise will ich hören, Bruder Julian.«

Was war da zu berichten? Es schien nicht sehr rühmenswert in der Erinnerung. Julian erzählte von der mühseligen Wanderung durch Herbststürme und Regengüsse, von dem Winter im Lande der Alanen, wo er und Bruder Gerhardus endlich im Hause eines sarazenischen Kaufmanns Unterschlupf fanden, als Bedienstete für niedrigste Arbeiten. Dort war Bruder Gerhardus, der Weise, Sprachenkundige, im zeitigen Frühjahr gestorben. Julian hatte ihn in der Steppe begraben, in ungeweihter Erde, »wenn nicht Tränen und heiße Gebete einen solchen Platz dennoch zu weihen vermögen.« Danach war er selbst, der letzten Bitte des Verstorbenen gehorsam, mit demselben Kaufmann, in dessen Diensten sie beide gestanden hatten, wolgaaufwärts gezogen nach der Stadt Bolgar – einem großen Handelsplatz, wo vielerlei Volk und Nachrichten zusammenströmten.

»Bolgar? Ja, diese Stadt ist berühmt«, erinnerte sich Béla.

»Sie ist die Hauptstadt des Reiches der Bulgaren an der Wolga, der Verwandten unserer Nachbarn, aber viel reicher und mächtiger als sie.«

»Ich weiß«, murmelte der König. Auch von diesem Reich hatte er schon gehört. Der Name Groß-Bulgarien war nicht ohne Einfluß auf seinen eigenen Plan gewesen. »Und unsere Brüder? Wo liegt ihr Reich? Wo fandest du sie?«

»Dort, in jener Stadt Bolgar, durch einen Zufall, wenn es nicht eher göttliche Fügung war. Ein Weib rief durch die Gasse nach ihrem Kind oder einem Diener oder sonstwem, und ich verstand ihre Sprache, es war die unsre. Ich redete sie an, ich wurde verstanden und willkommen geheißen wie ein lange verschollener Bruder. Ich erfuhr dies: Sie war an einen Bulgaren in der Stadt verheiratet, aber alle ihre Verwandten, das Volk, aus dem sie stammte, saßen nur ein paar Tagereisen stromaufwärts am Flusse Kama, der bei dieser Stadt Bolgar in die Wolga mündet. Sogleich brach ich auf und rastete ein paar Nächte später in der Jurte eines Hirten, der sprach wie ich und Ihr, König Béla. Er staunte sehr, als er hörte, woher ich kam, und rief alle seine Nachbarn zusammen. Sie führten mich zu ihrem Häuptling und von Jurte zu Jurte weit im Lande umher, und überall mußte ich berichten.«

»Weiter! Mehr von ihnen! Haben sie ein Reich wie die Bulgaren? Städte und Burgen?«

»Ach nein, König Béla, sie sind arm. Sie bebauen nicht das Land, treiben keinen Handel, haben weder Städte noch Burgen. Sie sind weit umhergezogen mit ihren Herden, mit wenig Glück, immer weiter nach Norden, bis in die Gebirgstäler, wo ich sie fand. Nein, ihnen ist es nicht gut ergangen – bis vor wenigen Jahren.«

»Was geschah denn da?«

Julian richtete sich auf. Seine Schwäche war überwunden, denn er war bei dem Teil seines Berichtes angekommen, der ihm der wichtigste war. Er wußte, jetzt kam es auf jedes Wort an, wollte er überzeugen.

Er sprach: »Sie haben einen mächtigen Bundesgenossen gefunden, dessen Reich ganz fern im Osten liegt. Das Volk heißt die Tataren, sein Herrscher der Große Chan. Als ich dort war, standen seine Reiterheere nur fünf Tagereisen weit entfernt in den Bergen.«

»Woher weißt du das alles so genau?«

»Sie gaben mir ein großes Fest am dritten Tag, den ich bei ihnen war. Dazu kamen auch einige von diesen Tataren. Ihr Anführer schien mir kein geringer Mann zu sein. Er wußte viel und kannte mancherlei Sprachen, auch die der Baschkiren, wie sich die Ungarn dort nennen. Er fragte mich vieles und verriet mir einen Plan, der von den Fürsten der Tataren beschlossen worden ist im vergangenen Frühjahr.«

»Auch von diesen Tataren habe ich schon gehört. Jene heidnischen Kumanen, die vor zehn Jahren über unsere Grenzen hereinkamen, um sich zu unterwerfen und Christen zu werden, die waren auf der Flucht vor einem Volk, das so hieß. Die Bojaren in Halicz wußten auch von ihnen und von einer Schlacht, in der vor Jahren die russischen Fürsten besiegt wurden. Danach aber soll dies Volk ohne Spur wieder im Osten verschwunden sein, und niemand hat mehr von ihm gehört.«

»Jetzt wird man wieder von ihnen hören. Vier Kriege sind beschlossen worden, einer davon gegen das Abendland, und der soll achtzehn Jahre dauern. *Sobald der Frost Ströme und Sümpfe zur festen Straße macht,* wollen sie aufbrechen, und dann wird es nichts mehr geben, was sie aufhalten kann. Denn sie wurden noch nie besiegt.«

Der König schwieg, das Kinn in die Hand gestützt. Es war eine bedrückende Stille unter dem niederen Gewölbe. Endlich sprach Béla: »Dieser Fremde hat dir merkwürdig viel anvertraut. Was hast du ihm denn als Gegengabe verraten? Was von deiner Mission? Du sagtest selbst, er fragte dich viel.«

Julian senkte den Kopf. Wenn er das nur noch genau wüßte! Wenn er ahnte, was der listige Tatar aus seinen vorsichtigen Antworten herausgelesen hatte!

»Du hast dich also ausfragen lassen wie ein Narr!« mutmaßte der König.

»O nein, König Béla, das war nicht mehr nötig. Er wußte das Wichtigste schon von Vajk, dem Häuptling der Baschkiren. Dem hatte ich Eure Botschaft ausgerichtet, das Angebot von Freundschaft und Bündnis. Vom Taufen sagte ich vorerst nichts. Er schien erfreut und geehrt, redete mir aber viel von seinen Freunden, den Tataren, und ließ sie wohl heimlich herbeirufen. Dieser Bruder des Chans wußte Bescheid, das zeigten seine Fragen.«

So habe ich schon einen mächtigen Feind dort, dachte Béla. Das große Reich im Osten gründen am Ende andere als ich, und es wird kein christliches sein. Aber was von alledem ist Wahrheit? Was haben sie diesem unerfahrenen Kundschafter etwa vorgeredet, um ihn einzuschüchtern?

»Hast du denn etwas davon nachprüfen können? Was sonst hast du ergründet?«

Das war die Frage, die Julian am meisten gefürchtet hatte. Er brauchte seinen ganzen Mut zu der Antwort: »Sonst nichts, König Béla. In der Nacht darauf, als alle schliefen, bin ich heimlich geflohen – westwärts, zu Christen, zu Menschen.«

»Geflohen?« Julian spürte die Verachtung, das empörte Nichtverstehen. Er selbst hätte genauso gefragt, genauso empfunden. »Du hattest Angst, Bruder Julian?«

Mit verzweifelter Offenheit antwortete er: »Ja, König Béla, ich hatte große Angst. Vielleicht hatte der Mann mir im Trunk mehr gesagt, als er wollte oder durfte. Dann hätte er mich, wieder nüchtern, nicht lebend entkommen lassen, und wer hätte dann diese Nachrichten vor Euer Ohr gebracht und Euch gewarnt, König Béla – Euch und das Abendland?«

Er verschwieg, was Vater Epifanij ihm glaubhaft gemacht hatte, daß die Tataren ihn absichtlich hätten fliehen lassen. Es war doch nur eine Vermutung und änderte nichts daran, daß er Grund genug gehabt hatte zu fliehen.

»Ja, ja, gewarnt hast du, und das ist gut. Aber noch besser wäre es, mehr zu wissen über diese Tataren und Baschkiren, über das, was dir dieser Mann da erzählt hat. Es fällt schwer, alles zu glauben.«

»Ihr müßt es glauben, Herr König! Wenn Ihr diese Männer mit

eigenen Augen gesehen, mit eigenen Ohren gehört hättet, dann wüßtet Ihr, daß es ihnen blutiger Ernst war und keine leere Drohung.«

König Béla antwortete nicht. Seine Augen schlossen sich halb, das dunkle, scharfgeschnittene Gesicht erstarrte zu der hochmütigen Maske, die er für gewöhnlich der Welt zeigte. Julian spürte die zweifelnden Gedanken, die sich dahinter verbargen, den wachsenden Unglauben. Er verzagte am Sinn seiner Gesandtschaft. Hätte er nur mehr zu berichten gehabt! Wäre er nur ein paar Tage länger dort geblieben! Aber hatte er damals denn anders gekonnt? Auch Vajk, der wohlgesinnte Baschkirenhäuptling, hatte ihm ja zur Flucht geraten. Es war ihm nur klug und richtig erschienen, sich selbst mit der gefährlichen Nachricht in Sicherheit zu bringen. Oder war das Selbstbetrug? War es am Ende doch nur hündische Feigheit gewesen, der Verachtung wert? Das Schweigen des Königs schien ihn zu verurteilen.

Endlich öffnete Béla die Augen wieder und sprach, nicht unfreundlich, aber merklich weiter entfernt als vorher: »Wir haben dir zu danken, Bruder Julian. Du hast viel gelitten und nach deinen Kräften das Mögliche geleistet. Was an deinem Bericht noch unvollkommen ist, wird sich ergänzen lassen. Heute nacht bleibst du hier auf der Burg, denn es ist schon spät, und du bist von Kräften. Morgen kehre heim in dein Kloster und erhole dich erst einmal. Es ist möglich, daß deine Dienste noch einmal gebraucht werden.«

Das war wenig am Ende einer solchen Reise. Aber Julian fühlte sich mit einem Male so von Müdigkeit überwältigt, daß nicht einmal der leise Tadel seines »unvollkommenen Berichts« ihn noch traf. Er fühlte sich entlassen, verneigte sich und folgte dem herbeigerufenen Diener.

Bis in den folgenden Tag hinein schlief er, kehrte dann heim ins Kloster und mußte noch einmal dem Prior Rede stehen, ehe ihn die Krankenstube aufnahm zu sorglicher Pflege und langsamer Genesung von den Strapazen seiner Reise. Alle im Kloster dachten an den unglücklichen Bruder Otto, der vor Jahren von vieren, die auf die gleiche Reise ausgeschickt worden waren, nur zum Sterben heimgekehrt war. Im täglichen Gebet wurde darum gefleht, daß es Bruder Julian nicht ebenso ergehen möge. Lange blieb es ungewiß, ob dies Gebet Erhörung finden werde. Dann aber siegten die jungen Kräfte des Heimgekehrten, und er fing an, sich zu erholen.

König Béla bewahrte noch Schweigen über die Ergebnisse der Reise des Mönches Julian, besonders von der drohenden Gefahr, die hinter dem sonst so erfreulichen Erfolg wie eine Wetterwolke stand. Doch handelte er sofort klug und planvoll. Das Kloster bekam den Auftrag, Julians Reisebericht wortgetreu aufzeichnen zu lassen. Außerdem wurde der Prior ersucht, unverweilt, sobald die Jahreszeit es irgend zuließ, noch einmal vier Mönche nach Osten auszuschicken. Auf dem von Bruder Julian gefundenen kürzeren Wege durch Rußland konnten sie das Land der heidnischen Ungarn oder Baschkiren sicher schneller erreichen und erkunden, was es mit ihnen und der Tatarengefahr auf sich habe – da denn der junge Bruder in begreiflicher Verstörung es versäumt hatte, gründlicher nachzuforschen.

Dem Prior kam das königliche Ersuchen gelegen. Er fand, Bruder Julian habe, ungeachtet des bewiesenen Mutes, etwas viel Wichtigeres versäumt als seinen Forschungsauftrag: seine Missionspflicht. Mindestens ein Jahr, so wollte es die Regel, hätte er unter dem fremden Volk verweilen und Christum verkünden müssen, bei Gefahr des Märtyrertodes. Diese Pflicht hatte er nicht erfüllt, entschuldigt immerhin durch anscheinend anders lautende Weisungen des Königs. Der Orden des heiligen Dominikus aber war es sich schuldig, das Versäumte nachzuholen. Darum schickte der Prior, kaum daß die Gebirgspässe nach Halicz hinüber gangbar waren, vier besonders erprobte Brüder aus, die sich schon vor Jahren bei der Bekehrung der Kumanen in der Walachei bewährt hatten und auch diesmal sicher nicht von ihrer Pflicht weichen würden.

Die Niederschrift des Reiseberichts war dem Bibliothekar des Klosters anvertraut worden, jenem gelehrten Bruder Riccardus, der einstmals der Lehrer des jungen Béla gewesen war und in alten Urkunden die Nachricht von den vergessenen Bruderstämmen im Osten aufgespürt hatte. Schon lange vor Julians Rückkehr hatte er den Bericht der beiden vorzeitig Heimgekehrten aufgezeichnet und mit mancherlei nicht ganz verbürgten Einzelheiten ausgeschmückt. Nun war er unbändig stolz darauf, das Ergebnis seiner Forschungen in alten Pergamenten so leibhaftig durch die Wirklichkeit bestätigt zu finden. Danach geriet ihm auch sein Bericht, eine höchst gelehrte und dabei unterhaltsame Schilderung der Reise des Bruders Julian und seiner

Gefährten. Liebevoll beschrieb er ihre unendlichen Mühsale, noch liebevoller die unerhört merkwürdigen Bräuche der Heidenvölker in den südöstlichen Steppen und am Flusse Wolga. Einiges fügte er auch aus eigenem hinzu, teils aus gläubiger oder abergläubischer Überzeugung, teils um das Ordenskapitel in Rom, für das der Bericht vor allem bestimmt war, für weitere Missionsreisen zu gewinnen. Nach Bruder Riccardus konnten es nicht nur die Heiden jenseits der Wolga, diese Baschkiren, Mordwinen, Bulgaren und wie sie alle heißen mochten, sondern vor allem auch die russischen Fürsten kaum erwarten, in den Schoß der römischen Kirche aufgenommen zu werden.

Julian, der halb genesen viele Stunden mit Bruder Riccardus verbrachte, immer wieder seine Erlebnisse berichtend und um ihre wahrheitsgetreue Niederschrift kämpfend, widersprach oft heftig. So war es doch gar nicht gewesen! Immer wieder bekam er zu spüren, daß jeder aus seinem Bericht nur das heraushörte, was ihm für seine Zwecke paßte. Die Begegnung mit den Tataren wurde zwar erwähnt, ihre Drohung auch, aber bei weitem nicht so dringlich, wie Julian es für nötig hielt. Auch dies war für den gelehrten Riccardus nur eine weitere Merkwürdigkeit, den Bericht auszuschmücken. Julian ergab sich endlich darein. Hoffentlich mußten die hierzulande niemals erfahren, wie ernst die Drohung gemeint war – und hoffentlich war es dann nicht zu spät.

Im Frühsommer, als der Bericht kaum nach Rom gelangt sein konnte, widerfuhr ihm unverhoffte Genugtuung. Durch eilige Botschaft wurde er nach Rom berufen, dem Ordenskapitel Rede zu stehen über seine Reise. Hatte doch jemand zwischen den Zeilen zu lesen gewußt? Sollte seine Warnung dennoch gehört werden? Während seine vier Mitbrüder, die dessen für würdig befunden waren, längst auf seinen Spuren unterwegs gen Osten waren, machte sich Julian auf den Weg in das Land Italien.

1236

Noch dauert die Zeit der Feste an, aber nicht mehr der Friede.

Am 1. Mai werden zu Marburg die Gebeine der heiligen Landgräfin Elisabeth von Thüringen feierlich erhoben und beigesetzt, in Gegenwart des Kaisers, vieler Fürsten und kirchlicher Würdenträger aus dem ganzen Abendland. Sie war eine Königstochter, die Schwester Bélas von Ungarn, schon als Kind nach Thüringen gebracht und mit dem Landgrafen vermählt worden. Früh verwitwet, ist sie nach einem heiligmäßigen Leben vierundzwanzigjährig verstorben. Im Jahr zuvor ist ihre Grabeskirche gegründet worden, in deren künftigem Chor sie nun bestattet wird – im ersten Bau der Hochgotik in Deutschland, Sankt Elisabeth zu Marburg.

Am 29. Juli erobert König Ferdinand III. von Kastilien und Léon die Stadt Cordoba von den Arabern zurück. Die Reconquista – die Rückeroberung Spaniens von den Ungläubigen – macht erfreuliche Fortschritte. Für seine Verdienste um sie wird König Ferdinand eines Tages heiliggesprochen werden.

Im Hochsommer bricht der Kaiser mit dem Reichsheer auf zum Krieg gegen die Lombarden. Doch kehrt er, nach ersten Erfolgen, noch vor Jahresende über die Alpen zurück, um den aufsässigen Herzog Friedrich von Österreich, den letzten Babenberger, zu unterwerfen. Auf einem Hoftag zu Wien läßt er seinen neunjährigen Sohn Konrad zum deutschen König wählen, an Stelle des unwürdigen Ältesten, der in einem apulischen Kerker dahinwelkt.

1

Der König hatte den Mönch Julian seit dem Abend seiner Rückkehr nicht mehr wiedergesehen. Niemals hatte er ihn wieder zu sich befohlen und nur selten nach seinem Ergehen gefragt. Vergessen hatte er ihn nicht. Die Erfahrungen des Weitgereisten konnten wohl noch einmal nützlich werden. Aber die erste Enttäuschung saß zu tief. So schnell konnte Béla sie nicht verwinden. Wenn das Wahrheit war, was der allzu unerfahrene, furchtsame junge Kundschafter da im fernen Land erlauscht haben wollte – dann war sein kühner Plan schon im Keim erstickt, ehe er ans Licht hatte durchbrechen können. Das konnte und wollte Béla noch nicht glauben. Auch der Bericht des Bruders Riccardus gab ihm keine bessere Gewißheit mit seinen gelehrten und abenteuerlichen Schilderungen, in denen die Begegnung mit den Tataren, das unheimliche Kernstück der ganzen Reise, nur eine unter vielen

Merkwürdigkeiten war. Erst die Rückkehr der vier Mönche, die der Orden im Frühjahr noch einmal ausgeschickt hatte, konnte Gewißheit bringen. Eine unerträgliche Wartezeit! Doch sollte der Sommer nicht vergehen, ehe König Béla die Bestätigung erhielt, nach der er so lechzte. Sie kam anders, als er gedacht, und von völlig unerwarteter Seite.

Im zeitigen Frühjahr hatten Hirten, die in den Steppen am Flusse Don die unermeßlichen Herden des Kumanen-Chans Kotjan weideten, im sprossenden Gras ihren Anführer, einen uralten Roßhirten, tot aufgefunden, durchbohrt von vier Pfeilen. Sie sammelten sich um den Toten und begriffen nichts. Feinde hatte der Uralte nicht gehabt, und Viehräuber waren schon lange in der Gegend nicht aufgespürt worden. Sie zogen die Pfeile aus dem Leichnam und zeigten sie einander. Fremdartig waren Form und Befiederung. Aber wenn sie sich etwas dabei dachten, so sprachen sie es nicht aus. Ungern nennt man den Bösen bei Namen, unter Heiden wie Christen. Sie gruben den Toten da ein, wo sie ihn gefunden hatten, wickelten die vier Pfeile sorgsam in ein Fell und machten sich auf den Weg, ihrem Herrn den seltsamen Todesfall zu melden.

Kotjan Chan war oberster Herr aller Kumanenstämme, die von jeher die südlichen Steppen durchzogen, ewige Störenfriede der russischen Länder und Erzfeinde des Christentums, für das sie weder durch Versprechungen noch durch List je zu gewinnen waren. Erst Kotjan Chan, ungewöhnlich weitschauend, hatte es unternommen, daran einiges zu ändern. Zwei seiner Söhne waren Christen geworden, eine Tochter war mit einem russischen Fürsten verheiratet, eine Enkelin verlobt mit Andreas von Ungarn, einem Bruder König Bélas. Der alte Chan wußte wohl, wo für die Zukunft eher Sicherheit und Wohlstand zu finden waren als unter den schweifenden Reiternomaden. Leider hatte er nicht immer daran gedacht, aber noch war es nicht zu spät. In seinem Zelt, unter Verwandten und Gefolgsleuten, allesamt Hirten, war er immer noch das, was seine Vorväter gewesen waren: König der Herden, Despot und treusorgender Vater aller zugleich.

Als die Hirten – sie waren aus Furcht alle zusammen gekommen – ihren Bericht gestammelt hatten, war er zuerst nur sehr bereit gewesen, zu wüten und zu strafen, wie es sein gutes Recht gewesen wäre. Hielt er sich darum ein Dutzend berittener Tagediebe, damit ihm sein bester Mann hinterrücks erschossen wurde und keiner von ihnen den Mörder auch nur gesehen hatte! Da aber reichten ihm zitternde Hände vier Pfeile hin. Er nahm sie und wurde mit einem Male ganz still. Sehr genau betrachtete er sie, fast, als läse er eine Botschaft von ihnen ab. Dann ließ er alle aus seinem Zelt weisen und blieb den ganzen Tag allein darin.

Die vier Pfeile lagen vor ihm in einer Reihe auf dem Boden, und er redete in Gedanken mit ihnen, als seien sie lebendige Boten – feindselige Boten, die ihn lange verfolgt und endlich eingeholt hatten. Ja, es war soweit, sie kamen. Ihre Vorboten hatten ihn gestellt. Nicht dem armen, alten Roßhirten hatten die Pfeile gegolten, sondern ihm selbst, dem Chan. Sie sollten an einem Ort aufgefunden werden, wo sie unvermeidlich ihm zur Kenntnis und vor Augen kommen mußten. Er wußte, was sie bedeuteten: Krieg–Strafe–Vernichtung. Mächtigere Herrscher als er, größere Völker als seins, glanzvolle Reiche waren nach solcher Ankündigung der Strafe verfallen und ausgelöscht worden von der Erde. Da half kein Heldenmut, kein Bündnis mehr. Da gab es nur noch eins, die Flucht.

Flucht? Aber wohin? Nur nach Westen war noch ein Weg offen. Der Osten gehörte ihnen, die keinen andern Willen duldeten als den eigenen und die seine Vernichtung beschlossen hatten. Auch der Süden jenseits des Kaspimeeres und der hohen Berge war in ihrer Hand. Im Westen saßen die russischen Fürsten in ihren kleinen, miteinander zerstrittenen Reichen. Schon einmal hatte Kotjan Chan bei ihnen Hilfe gesucht, hatte das Wunder fertiggebracht, sie zu einigen und mit ihnen gemeinsam ein Heer aufzustellen, dreimal so stark wie das der Eindringlinge aus dem Osten. Es war am Flusse Kalka vernichtend geschlagen worden, und danach war sogleich wieder die ewige Zwietracht unter den Russen gewesen. Gelernt hatten sie nichts aus dieser blutigen Niederlage von 1223 und wollten auf keine Warnung hören. Sie waren damit zufrieden, daß der unbekannte Feind verschwunden war, und redeten sich ein, es sei für immer. Nein, auf die war kein Verlaß. Es gab nur einen, der die Macht hatte, wirklich Schutz zu gewähren, und das war der König von Ungarn. Schon einmal hatte er flüchtende

Kumanen in sein Reich aufgenommen, damals vor dreizehn Jahren, nach der Schlacht an der Kalka; ihren westlichsten Stamm, der hart an seinen Grenzen, nahe der Donaumündung, saß. Ihren Häuptling Barc hatte Kotjan dafür tief verachtet. In dieser Nacht begriff er, daß ihm selbst kein anderer Weg übrigblieb. Es war eine schwere Einsicht. Das hieß sich beugen und die Taufe empfangen, hieß einen Herrn über sich anerkennen, hieß einen Entschluß zu fassen, so bitter wie der Tod.

Im Morgengrauen war der alte Chan mit sich im reinen. Wie sonst trat er vor das Zelt hinaus und gab besonnen und mutig seine Befehle. Seine schnellsten Reiter schickte er mit geheimen Weisungen an alle Stammeshäuptlinge. In seinem eigenen Lager begann alsbald eine fieberhafte Tätigkeit aller Männer, Frauen und Kinder. Es galt die Vorbereitungen zu einer langen Wanderung.

Als der Frühling über die Steppe kam, wurde es zwischen Wolga und Dnjestr lebendig. Die Kumanen begaben sich auf die Wanderschaft, zu Roß, mit Weibern und Kindern, mit Saumtieren, Karren und Herden, unaufhaltsam nach Westen. Sie durchzogen die Weidesteppen an Dnjepr und Bug, sie grasten das fruchtbare Bessarabien leer wie ein Heuschreckenschwarm und hielten nicht Rast, bis, schon am Fuße der Karpaten, durch Kotjans schnelle Reiter erbeten, eine Botschaft des Ungarnkönigs sie erreichte. Béla war bereit, den Kumanen-Chan auf einer seiner Burgen jenseits der Pässe zu einem Gespräch zu empfangen.

Der König erwies dem Kumanen fürstliche Ehren, nicht nur darum, weil er seit kurzem über seinen Bruder mit ihm verschwägert war. Er achtete die Würde und Klugheit dieses alten Hirtenkönigs, dem es gelungen war, sogar von den russischen Fürsten als ihresgleichen, wenn auch nur widerwillig, anerkannt zu werden. Um so mehr staunte er, als er seine demütig vorgebrachte Bitte hörte. Kotjan Chan bat um nicht weniger als um Aufnahme für sich und sein ganzes Volk in das Königreich Ungarn. Dafür bot er völlige Unterwerfung an, Waffenhilfe gegen jeden Feind und sogar – dies fiel ihm am schwersten – die Annahme des Christentums für sich selbst und die zweihunderttausend Seelen seines Volks.

»Wie viele?« fragte Béla, der glaubte, nicht recht gehört zu haben. Doch der Chan wiederholte gleichmütig die Zahl und fügte hinzu, es seien an die vierzigtausend erprobte Krieger darunter. Alle lagerten schon jenseits des Gebirges, bereit zu geordnetem Einzug, sobald ihnen die Grenzen geöffnet würden.

Und wenn nicht? dachte Béla. Dies gleicht fast einem Überfall. Doch bezwang er seinen Argwohn und fragte, um eine gerechte Entscheidung bemüht, was denn den Chan zu einem solchen Verzweiflungsschritt bewogen habe. Denn so müsse man den derart überstürzten Aufbruch eines ganzen Volkes wohl nennen. Was habe sie so plötzlich von ihren angestammten Weideplätzen vertrieben?

»Vom Volk der Tataren weißt du wohl, König Béla?« fragte Kotjan düster zurück.

Der König stutzte. Wieder dieser Name, zum zweitenmal in wenigen Monaten! Wie sollte er ihn nicht kennen? »Deine Stammesbrüder, die vor dreizehn Jahren unsern Schutz suchten, die waren auf der Flucht vor diesen Tataren, nicht wahr? Auch in Halicz hörte ich von ihnen. Aber sie sollen ja nach jener Schlacht an der Kalka ohne Spur in den Steppen verschwunden sein.«

»Ja, das glauben die in Rußland und fühlen sich sicher. Aber wir in der Steppe wissen, daß sie nicht weit sind und wiederkommen werden. Ich bin dessen gewiß seit dem Frühjahr und daß ich ihrer Rache verfallen bin.«

»Warum gerade du?«

Zögernd kam die Antwort: »Weil ich ihnen als Verräter gelte.«

»Verräter kann doch nur sein, wer einmal Freund war oder Bundesgenosse. Warst du das denn je?«

Lange schwieg Kotjan Chan. Es war schwer, das einzugestehen, was er selbst in tiefer Beschämung am liebsten vergessen hätte. »Ich war es einmal, nur kurze Zeit, einen Monat lang vielleicht. Dann war ich geheilt. Das geschah, als sie zuerst über den Kaukasus kamen, vor vierzehn oder fünfzehn Jahren. Sie griffen uns Steppenvölker an. Wir sammelten uns und zogen ihnen entgegen. Aber sie, diese Teufel, beredeten mich, meine Bundesgenossen im Stich zu lassen. Ich gehöre mit den Meinen doch zu ihnen, den Filzzeltbewohnern, den bogenspannenden Völkern. Alle andern seien unsere Feinde. Ich ließ mich verleiten und griff die Alanen an, die bis dahin meine Freunde gewesen waren. Wir siegten. Als wir aber mit der Kriegsbeute abzogen, überfielen uns die

Tataren, nahmen uns alles ab und beschimpften uns als Wortbrüchige. Erst danach, König Béla, fand ich den Weg zu den russischen Fürsten und gewann sie für gemeinsame Abwehr. Aber ich hätte ahnen müssen, daß ich den Tataren seitdem als ein Abtrünniger gelte, als ein ungehorsamer Vasall. Seit dem letzten Frühling weiß ich es. Hier ist der Beweis.«

Er zog unter seinem Mantel die vier Pfeile hervor und hielt sie dem König hin. »Mit diesen Pfeilen wurde im Frühjahr einer meiner Hirten erschossen. Die Schützen hat niemand gesehen. Ich aber kenne sie an ihren Pfeilen, und ich kenne ihre Sitte, auf solche Weise Kampf anzusagen, Strafe – den Tod zu verkünden. Danach gab es für mich und mein Volk nur eine Rettung, die Flucht unter deinen Schutz, König von Ungarn.«

Béla war tief nachdenklich geworden. Der Bericht des Bruders Julian gewann an Glaubwürdigkeit. »Ist es denn möglich«, fragte er, »daß sie einen großen Krieg planen, nicht nur gegen dich, Kotjan Chan, sondern auch gegen die russischen Länder, gegen das ganze Abendland vielleicht?«

Kotjan hielt das für denkbar – eher ja als nein. »Ihr großer Tschingis Chan hat ihnen zur Pflicht gemacht, die Erde zu erobern, so weit der Huf des Mongolenpferdes kommt, und niemals Erbarmen zu üben. Sie werden kommen, früher oder später, und *ich* meine, schon bald. Diese vier Pfeile gelten nicht nur mir.« Bedeutsam hob er sie gegen den König.

Den durchfuhr der Gedanke, ob es klug sei, sich den erklärten Todfeind des unbekannten Gegners ins eigene Land zu holen. Aber er unterdrückte ihn. Solche Bedenken schienen ihm feige, unwürdig eines christlichen Herrschers gegenüber dem Schutzsuchenden. Und dann: Diesen weisen alten Mann als Ratgeber in den kommenden Gefahren zu gewinnen, dazu vierzigtausend Krieger, Steppenreiter, erfahren im Kampf gegen ihresgleichen, nur ihm, ihrem Schutzherrn, verpflichtet und treu ergeben – das dünkten ihn Vorteile, die alle Bedenken überwogen. Sein Entschluß war schon gefaßt, als er Kotjan Chan hinhaltend beschied und die Großen seines Reichs in Eile zu sich entbot, um über den außergewöhnlichen Fall zu beraten.

Wie er erwartet hatte, waren sie alle einstimmig dagegen, das ungezähmte Hirtenvolk über die Grenzen hereinzulassen. Sie waren meistens dagegen, wenn König Béla irgend etwas wollte. Diesmal aber hatte ihr Widerspruch einen Kern von Vernunft für sich. Das sei keine Bitte um Zuflucht, sondern Erpressung, berechneter, gewaltsamer Überfall. Was? Zweihunderttausend und ein Fünftel von ihnen Krieger? Ein Narr, wer da an friedliche Absichten glaubte! Die andern Kumanen, damals, vor Jahren, das waren doch nur fünfzehntausend gewesen, Anlaß zu einer ungeheuren Massentaufe und zum glänzendsten Kirchenfest des Ungarreichs seit Menschengedenken. Die Walachei, damals noch arm an Menschen, hatte sie alle aufnehmen können mit ihren Herden. Wie aber sollte man die mehr als zwölffache Menge im Lande unterbringen?

Die Geistlichkeit war anderer Meinung. Die Erzbischöfe von Gran und Kalocza begrüßten die einzigartige Gelegenheit, ein ganzes Volk von zweihunderttausend Seelen auf einmal zu taufen, besonders da es freiwillig danach verlangte. Wie durfte man gerade hier die Christenpflicht versäumen!

König Béla hörte sie alle an und entschied dann nach seinem eigenen Willen, wie er es mit den Jahren immer öfter, immer entschlossener, immer mehr vereinsamt zu tun pflegte. Die Tatarengefahr, an die auch er zuerst nicht hatte glauben wollen, war nun drohend nahe gerückt. Seine Großen aber, das wußte er wohl, lachten ganz offen darüber und verspotteten seine übertriebene Sorge. Um so weniger mochte er auf die angebotene Waffenhilfe und auf den Rat des Kotjan Chan verzichten. Kalt verkündete er seinen Entschluß, die Kumanen in das Königreich aufzunehmen.

Alsbald strömten sie von den Bergen herab in die herbstliche Theißebene, Scharen von Menschen und Vieh, über Weiden, Äcker und Dörfer – nicht in feindlicher Absicht, nur begierig nach Rast und Nahrung und ohne Kenntnis der abendländischen Begriffe von umhegtem Eigentum. Schon bald gab es blutigen Streit. Die einheimischen Grundherren taten nichts, um Frieden zu stiften, sondern griffen selbst gewaltsam ein. Endlich gelang es den Beauftragten des Königs, die Fremden in unbewohnten Gegenden anzusiedeln. Es waren nicht die fruchtbarsten Weidegründe, die waren längst vergeben, aber man hätte sich damit einrichten können. Das aber konnten und wollten die

Kumanen nicht. Sie machten sich immer wieder auf, Besseres zu suchen, wie sie es aus der Steppe gewöhnt waren. Und wieder gab es Streit. Nein, angenehme Gäste waren diese Flüchtlinge nicht, wenn sie auch immer wieder versicherten, daß sie Frieden und gute Nachbarschaft wollten. Dazu hing ihnen, was sie auch sagten und taten, heimlich der böse Verdacht an, sie seien Vorläufer der Tataren, ihre Späher vielleicht, auf jeden Fall aber Unglücksvögel, die, gewollt oder nicht, das Verderben herbeizogen.

König Béla achtete alle diese Schwierigkeiten gering und meinte, sie würden sich bei gutem Willen mit der Zeit geben – den guten Willen vorausgesetzt. Er behandelte Kotjan und seine Häuptlinge mit hoher Achtung und nahm sie in seinen engeren Rat auf. Wo es um die Tatarengefahr ging, hatten sie das erste Wort. »Im königlichen Rat werden die Kumanen den Ungarn vorgezogen«, entrüstete sich der Adel. König Béla verachtete solche Beschwerden ebenso wie den offenen Widerstand einzelner und die Unruhe im Volk. Von Jugend auf war er gewöhnt, sich gegen Feindschaft durchzusetzen, auch gegen den eigenen Vater. Er wußte, daß er wenig geliebt wurde, glaubte aber nicht, daß diese Frage von Bedeutung sei oder es jemals werden könnte.

2

Während dies in Ungarn geschah, war Julian immer noch in Rom. Er wohnte in einem Kloster seines Ordens, genoß aber viel Freiheit, weil er als Gesandter in besonderem Auftrag fast täglich unterwegs sein mußte, um bald hier, bald dort vor hohen geistlichen Herren und gelehrten Versammlungen Bericht zu erstatten von seiner Reise. Längst zählte er nicht mehr, wie oft er alles wiederholt hatte: Die mühselige Wanderung zu viert durch die kahle Steppe, die kläglichen Versuche, den verstreut dort wohnenden Heiden das Heil zu verkünden, ohne auch nur ein Wort ihrer Sprache zu verstehen. Dann der schwere Abschied von den beiden Brüdern, die den Zweck ihrer Sendung als verfehlt ansahen und heimzukehren wünschten, Bruder Gerhards elendes Sterben im Lande der Alanen und endlich das Wunder: Eine Frauenstimme, die in einer Gasse der volkreichen Stadt Bolgar etwas herausschrie in Julians Muttersprache, auf ungarisch. Danach war alles traumleicht gegangen: die zwei Tagesreisen zu den heidnischen Ungarn am Ufer der Kama, ihre gastfreundliche Begrüßung und das Staunen auf beiden Seiten, daß sie immer noch die gleiche Sprache redeten, nach fast vier Jahrhunderten der Trennung, der Mönch aus dem Kloster zu Gran und diese heidnischen Hirten, die sich Baschkiren nannten. Für Julian selbst war das immer noch das größte Wunder.

Dies alles schien aber weder die geistlichen noch die gelehrten Herren besonders zu interessieren, sie wurden immer erst aufmerksam, wenn die Rede auf die Begegnung mit dem Abgesandten der Tataren kam. Dieser Verwandte eines mächtigen Herrschers im Osten – wie viele Sprachen zu kennen hatte er sich gerühmt? Sieben? Das gab's doch gar nicht, bei so einem Halbwilden zumal. Das konnte doch nur mit dem Teufel zugehen. Und dem ganzen Abendland mit Krieg gedroht? Wirklich dem Abendland? Hatte der junge Frater das richtig gehört oder gedeutet? Nicht etwa überhört, daß dieser Krieg keinesfalls der christlichen Welt gelten sollte, sondern ihren Todfeinden, den islamischen Völkern? Wollte Bruder Julian den hochseligen Bischof von Accon Lügen strafen, der erst vor wenigen Jahren in einem Brief an den Heiligen Vater die Waffenhilfe des Priesterkönigs Johannes als nah und gewiß bezeugt hatte?

Julian schwirrte der Kopf. *Wer war denn dieser Priesterkönig Johannes?* Noch nie hatte er von ihm gehört. Den gelehrten Herren aber schien er wohlbekannt zu sein und viel wirklicher als alles, was Julian zu berichten hatte. Er spürte den Unglauben und manchmal sogar den brenzligen Hauch des Ketzereiverdachts. Erst als er endlich vor den Heiligen Vater geladen wurde, schienen ihm solche Ängste überwunden. Das Haupt der Christenheit, der überragende, erleuchtete Geist mußte doch wohl alles überschauen und mit einem Wort klären und schlichten können.

Es wurde eine Enttäuschung. Gregor IX., uralt und von ehrwürdiger Gebrechlichkeit, stellte keine Fragen und begriff wohl nicht einmal, warum dieser Bericht ihm eigens vorgetragen wurde. Er starrte den jungen Mönch nur aus dunklen, tiefliegenden Augen an und erteilte ihm am Ende der Audienz mit weiter Gebärde den Segen für sein weiteres Wirken zum Heile so entlegen wohnender Heiden. Solche Abwesenheit fand niemand verwunderlich. Jeder wußte, daß der erstaunlich rege Geist des Uralten nur noch einen einzigen Gedanken faßte, den an den großen Kampf der Kirche, der kurz vor der Entscheidung stand: gegen den Kaiser, den Staufer, den verruchten Antichristen.

Julian sah das ein. So alten Männern, durch ihr heiliges Amt dem Himmel näher verbunden als der Erde, durfte man wohl nicht zu viel an Verstehen für weltliche Dinge zumuten. Dennoch war der Heilige Vater die höchste Autorität, noch hoch über all den ehrwürdigen und gelehrten Männern, die den jungen Mönch in diesen Wochen fast erschlagen hatten mit ihrer Weisheit. Am Ende wußten sie es doch besser. Konnte es anders sein? Julian hatte nur noch wenig Hoffnung, als er eines Tages zu Messer Maurizio, dem Geographen des Heiligen Vaters, befohlen wurde. Dieser hochgelehrte Mann sollte ihm wohl den Rest geben.

An einem Tag im frühen Herbst, den schon rauhe Winde und ein feiner Regen durchkälteten, suchte Julian durch die Gänge eines abgelegenen, baufälligen Flügels des Lateran sich seinen Weg zu diesem Messer Maurizio. Ein junger Kleriker öffnete ihm und führte ihn durch mehrere Räume, in denen Schreiber und Zeichner an der Arbeit saßen, bis vor die Tür des Gelehrten, klopfte an und ließ ihn eintreten.

Julian blickte in ein schmales, braunes, nicht mehr junges Gesicht mit sehr dunklen Augen unter schweren Lidern und breiten Brauen. Ein Sarazene, dachte Julian, ein Jude vielleicht – aber in Diensten des Heiligen Vaters?

»Gott zum Gruß, Bruder Julian!« sagte der Mann in wohlklingendem Latein. »Ich habe den Bericht eures Bruders Riccardus gelesen. Für die Wissenschaft enthält er ja nicht allzuviel. Vielleicht kannst du mir mehr sagen?«

»Vielleicht«, erwiderte Julian bescheiden. »Nur bin ich kein Gelehrter.«

»Nein, mein Sohn, denn du bist mehr. Du bist einer, der Länder und Völker mit eigenen Augen gesehen hat, von denen wir nur hören. Uns bleibt nur übrig zu deuten, was du sahst.«

Messer Maurizio winkte Julian, auf einem Schemel Platz zu nehmen, nahe dem Kohlenbecken, das mehr atembeklemmende Dünste als Wärme verbreitete. Er selbst rückte seinen Stuhl herum, so daß sie nun einander gegenüber saßen, das Kohlenbecken zwischen sich, die Gesichter von der Glut seltsam angeleuchtet.

»Was du sahst«, fuhr Messer Maurizio fort, »das habe ich hier gelesen. Aber es ist wohl nicht alles. Der Bericht ist in einem Punkt besonders knapp. Gern wüßte ich mehr über dies fremde Volk und seinen Herrscher. Wie der heißt, weißt du also wirklich nicht?«

»Nein«, sagte Julian und verbarg nicht seinen Überdruß an der allzuoft gehörten Frage. »Ein Priesterkönig mit Namen Johannes war es jedenfalls nicht. Noch nie habe ich diesen Namen gehört, erst hier, als ich befragt wurde. Man scheint mir nicht zu glauben, nur weil ich diesen Priesterkönig nicht kenne. Vielleicht könntet Ihr mir endlich einmal sagen, Meister, wer das überhaupt ist.«

»Ich glaube dir ja«, erwiderte Messer Maurizio sanft, »um so mehr, weil du deine Unkenntnis eingestehst. Wenn du mir jetzt das alte Märchen aufgetischt hättest, so wäre das eher für mich ein Grund zum Zweifel gewesen.«

»Ein altes Märchen, sagt Ihr? Aber wer ist es denn?«

»Ja, wer ist – oder war dieser Priesterkönig Johannes?« Messer Maurizio hielt in Gedanken seine Hände über die wärmende Glut, edelgeformte Hände, verklammt in der feuchten Kälte dieser armseligen Gelehrtenstube. »Ein altes Märchen – so sagte ich. Aber es ist doch wohl mehr, eine Legende, fast so alt wie die Christenheit. Es heißt, daß bald nach dem Tage von Golgatha einer der Jünger des Herrn unerkannt nach Osten gezogen sei und dort ein großes christliches Reich gegründet habe. Die Legende will, es sei Johannes, der Lieblingsjünger, gewesen. Seither regiere er dort, unberührt von Alter und Tod, bis auf den heutigen Tag. Ja, viele glauben immer noch daran, auch bedeutende Männer der Kirche.«

Vergebens suchte Julian, die wilden, kriegerischen Gestalten am Lagerfeuer der Baschkiren, in Leder gekleidet, stinkend nach ranzigem Fett und nach Blut, mit einem christlichen Reich unter einem heiligen, unsterblichen Herrscher zusammenzudenken. Er schüttelte den Kopf.

Messer Maurizio nahm es mit einem Lächeln wahr. »Du hast ganz recht. Es ist schwer vorzustellen. Aber vor hundert Jahren hat dieser Priesterkönig tatsächlich von sich reden gemacht. Damals wurden weit im Osten, bei Samarkand, unsere Erzfeinde, die Moslems, von einem unbekannten Fürsten besiegt. Man will wissen, daß dieser Fürst ein Christ gewesen sei. Er soll in seiner Fahne ein schrägliegendes Kreuz geführt haben und viel weiter von Osten hergekommen sein, als irgendein Mensch im Abendland sich überhaupt vorstellen kann. Nur wenige zweifelten daran, daß dies der Priesterkönig Johannes gewesen sein müsse, jedenfalls ein mächtiger Helfer der Christenheit gegen den einzigen Feind, den sie kennt, gegen den Islam. Und dann, wieder Jahre später, kamen Briefe vom Priesterkönig selbst an die drei höchsten Herrscher im Abendland, an den Papst, den Kaiser Barbarossa und den Kaiser Manuel von Byzanz gerichtet.«

»Was schrieb er denn?«

»Nun, was so ein Märchenkönig eben schreibt. Er rühmte die Größe und die wunderbaren Schätze seines Reichs, Gold und Edelsteine natürlich, seltene Tiere vom Eisbären bis zum Elefanten *und beinahe alle unter dem Himmel lebende Tiergattungen,* Paläste, Städte, fruchtbare Äcker und daß Könige und Erzbischöfe ihm dienten, der sich selbst nur den Presbyter Johannes nenne, ein demütiger Diener des Herrn. Und daß es in seinem Reich kein Eigentum einzelner gäbe, keine Gewalt der Mächtigen, weder reich noch arm, Recht für alle, keinen Krieg, keine Furcht, außer vor Gott.«

Julian fand nicht den Atem zu einer Frage. Nichts von alledem paßte zu dem, was er auf der Reise gesehen hatte, und er glaubte doch, ziemlich weit nach Osten gekommen zu sein. Hatte er so vieles nicht beachtet? War er vielleicht den Grenzen jenes Wunderreiches ganz nahe gewesen, ohne es zu ahnen? Hätte er jenen Bruder eines Chans danach fragen können? Was hatte er versäumt?

»Dieser Brief«, fuhr der Meister fort, »oder diese Briefe, denn es waren drei, die alle den gleichen Wortlaut hatten – erregten großes Aufsehen. Sie wurden in viele Sprachen übersetzt und in allen christlichen Ländern verbreitet. Die Völker schöpften neue Hoffnung in ihrem Kampf gegen die Ungläubigen. Die beiden Kaiser hielten freilich eine Antwort für nicht der Mühe wert. Der Papst aber mußte wohl antworten, seiner Stellung nach. Er ließ dem Priesterkönig mitteilen, daß es nur einen Stellvertreter Christi auf Erden gebe und daß der demütige Presbyter Johannes klug daran täte, das anzuerkennen. Mit diesem Brief wurde der gelehrte Magister Philippus, des Papstes Leibarzt, im Jahre 1177 nach Asien geschickt. Das ist jetzt fast achtzig Jahre her. Man hat nie wieder von ihm gehört.«

Vergebens suchte Julian Frage oder Widerspruch anzubringen. Dies alles überstieg sein Fassungsvermögen. Die Erde mußte doch noch viel größer und geheimnisvoller sein, als er nach den Erfahrungen seiner Reise zu wissen glaubte.

»Lassen wir den Brief!« lächelte der Meister überlegen. »Der ihn geschrieben hat, war sicher kein König und wohl auch kein Priester. Er hat nur eine bestimmte Absicht verfolgt. Die Großen der christlichen Welt wollte er maßregeln. Denn in ihren Reichen, wer könnte das bestreiten, herrschen Haß, Zwietracht, Rechtlosigkeit und ewiger Krieg. Ihnen wollte er ein Beispiel setzen. Aber auf Erden wirst du ein solches Reich nirgends finden.« Messer Maurizio lächelte voller Schwermut und sann eine Weile vor sich hin, ehe er fortfuhr:

»Dennoch wissen wir seit langem, daß es in Asien Christengemeinden gibt, die nicht dem Heiligen Vater und auch nicht der orthodoxen Kirche untertan sind. Sie haben ihre eigenen Bischöfe und Erzbischöfe, sie verehren Christum und sein Kreuz wie wir. In Indien haben sie wirklich vorzeiten ein Reich gehabt, das der Apostel Thomas gegründet haben soll. Ganz so abwegig ist es vielleicht nicht immer gewesen, Hilfe aus dem Osten zu erwarten gegen den Erzfeind der Christenheit.«

Seltsamerweise kam es Julian immer wieder so vor, wenn der Meister von den Ungläubigen sprach, als begleite seine Worte ein heimliches, trauriges Spottlächeln. War es über die Unwissenheit anderer oder worüber sonst? Vielleicht war das aber ein Irrtum, denn schon redete er weiter: »Noch einmal flackerte diese Hoffnung auf und schien wohlbegründet. Das war, als vor fünfzehn Jahren während der Belagerung von Damiette der Bischof von Accon im Heiligen Land einen jubelnden Brief nach Rom schrieb. Fern im Osten habe wieder ein unbekannter Herrscher das Heer der Ungläubigen besiegt, stehe nur noch fünf Tagesmärsche entfernt, bereit, das Heilige Grab zu befreien und sich mit den Kreuzfahrerheeren zu vereinen. Dieser mächtige und kriegserfahrene Fürst heiße König David, das Volk aber nenne ihn den Priesterkönig Johannes.«

»Und ist er gekommen?«

»Nein, er kam nicht, und seither hörte man nichts mehr von ihm. Doch wurde ein Heer der russischen Fürsten von einem unbekannten Reitervolk aus Asien vernichtend geschlagen, ebenso ein Heer der christlichen Georgier, das den Kreuzfahrern zu Hilfe kommen wollte. Danach verschwanden die unbekannten Angreifer wieder im Osten, woher sie gekommen waren. Ob sie etwas mit dem Priesterkönig Johannes zu tun hatten, ob sie Christen oder Heiden waren, weiß bis heute niemand.«

»Glaubt Ihr denn an diesen Priesterkönig, Messer Maurizio?«

»Mein Sohn, hier gilt kein Glaube oder Nichtglaube. Bisher hat er sich nur in Träumen und Wünschen kundgetan. Wenn er aber wirklich ist, so muß er wohl ein übermächtiger Herrscher im Osten sein, ob Freund oder Feind, das soll sich erst zeigen.«

»Wie gut, daß Ihr das sagt, Messer Maurizio. Ich fürchtete schon, auch Ihr glaubtet mir nicht.«

»Ich sagte schon, daß ich dir glaube. Aber nicht alle denken wie ich. Viele gar nicht unwissende Männer hängen immer noch an der alten Legende. Darum schickten sie dich zu mir. Aber auch mein Wort wird nicht alle überzeugen. Sie wollen nun einmal ganz genau wissen, ob sie Palmenzweige zum Hosianna schneiden oder ihre Waffen schärfen sollen. Ich fürchte, mein Sohn, es wird dir nicht erspart bleiben, deine Reise noch einmal zu machen, um genauer zu erkunden, was es mit diesem fremden Volk auf sich hat.«

»Noch einmal – dorthin?«

Messer Maurizio mißdeutete den Ausruf. Er lächelte begütigend. »Das letzte Wort darüber ist noch nicht gesprochen. Noch manche Fragen sind vorher zu klären. Man wird auch das Frühjahr abwarten. Aber gewöhne dich nur an den Gedanken! Denn du bist der einzige lebende Mensch, der Männer dieses Volkes mit eigenen Augen gesehen und sogar mit ihnen gesprochen hat. Das wiegt viel.«

»Ich bin bereit«, sagte Julian demütig. Er verkrampfte die Hände in den Ärmeln seiner Kutte und schlug die Augen nieder, damit ihr Strahlen ihn nicht verriet. Wieder hinaus in Steppen und Wälder, in

Entbehrungen und Gefahren! Nach diesem einen Jahr wieder daheim im Kloster und hier in Rom schienen ihm die Monate seiner einsamen und gefährlichen Reise als eine Zeit unverdienter, wilder Freiheit. Noch einmal, oh, noch einmal! Wenn Gott das wollte!

Diese Hoffnung half ihm über den öden, unendlich langen Winter hinweg und über die zehrende Ungeduld, daß etwas geschehen möge. Würde der Feind im Osten dem Abendland Zeit lassen, noch genauer zu erforschen, was ihm drohte? Und warum noch forschen, da die Drohung doch eindeutig genug gewesen war?

Messer Maurizio tröstete Julian auf seltsame Weise: »Übe dich in Geduld, mein Sohn, und lerne, daß du durch Ungeduld nichts beschleunigen, nichts verhindern kannst. Es ist die Art weiser Männer, daß sie lieber sehenden Auges dem Untergang begegnen, als unwissend gerettet zu werden.« War das die Schicksalsergebenheit eines Christen oder wieder jener versteckte, traurige Spott, den Julian schon manchmal an dem ehrfürchtig Verehrten wahrgenommen hatte? Er erriet es nicht.

Denn Messer Maurizio gab dem jungen Gast, der in diesem Winter manche Stunde an seinem schwelenden Kohlenbecken verbrachte, immer wieder Rätsel auf. Schon seine Art zu fragen war ungewöhnlich, seine Duldsamkeit gegen alles und jedes, gegen die Bräuche fremder Völker und sogar gegen ihren Glauben, den er niemals als Teufelswerk abtat. Alles war ihm wichtig, nichts erschreckte ihn. Oft schienen seine Fragen von kindlicher Neugier. Es kam ihm überall nur auf das Wissen an, ohne Rücksicht auf Dogmen und herkömmliche Anschauungen.

So wunderte es Julian nicht sehr, als er eines Tages von dem jungen Kleriker erfuhr, Messer Maurizio sei ein Moriske, ein getaufter Sarazene aus Spanien, freilich schon von Kind auf christlich erzogen. In den Trümmern eines eroberten Maurenkastells hatten Mönche den verwaisten Säugling aufgelesen, ihn auf den Namen des heiligen Mohren Mauritius getauft und in die Obhut ihres Klosters genommen. Zum geistlichen Stande bestimmt, wie es kaum anders sein konnte, hatte sich der Knabe als so begabt erwiesen, daß man ihn studieren ließ, zuerst bei einem sehr gelehrten Ordensbruder, dann sogar in Paris, wo er schon bald ein Lehramt für Mathematik und Naturwissenschaften bekleidete. Als dann die Albigenserkriege die Geister schieden, geriet der junge Magister bald in den Verdacht der Ketzerei. Aber geistliche Gönner verwendeten sich für ihn, so daß ihn am Ende der große Innozenz, wiewohl ein Todfeind aller Ketzer, als seinen Geographen nach Rom berief. Seitdem hatte er das Amt inne, das er noch heute bekleidete: Sammler, Aufzeichner, Deuter dessen, was aus der weiten Welt ihrem geistlichen Oberhaupt zugetragen wurde an Erkundungen über fremde Völker und Länder. Seine Aufgabe war es, die einströmende Vielfalt zu prüfen, zu ordnen und einzufügen in das bunte Mosaik, zu dem die Kirche sich nach und nach das Bild der Welt ergänzte, die sie zu beherrschen strebte. Ob ihm das immer genügte? Jedenfalls war er sicher vor Verfolgung und genoß eine gewisse Freiheit des Denkens, die ihm niemand beschränkte, solange er nicht öffentlich damit hervortrat. Seine Gehilfen, der junge Kleriker und die andern, Schreiber und Zeichner, ahnten wohl einiges davon. Aber sie verehrten ihn zu sehr, um allzuviel und in gefährlicher Weise darüber nachzudenken.

Eines Winterabends, als Julian durch eisigen Wind und Schneegestöber den Weg zur Gelehrtenstube fand, traf er dort einen Besucher an. Das kam vor, wenn auch nicht allzuoft. Schulmeister, Gelehrte, versponnene Eigenbrötler unter den Dienern der Kirche suchten wohl einmal den Rat des päpstlichen Geographen. Messer Maurizio pflegte ihre Fragen lächelnd so zu beantworten, daß dem Frager immer ein Rest von Zweifel blieb, ein Ansatz zum Nachdenken, wenn er ihn zu nutzen wußte. Die meisten wußten es sicher nicht.

Dieser Gast aber war von anderer Art. Ein hochgewachsener Mann in dunkler, halb geistlicher, halb morgenländischer Kleidung wandte das bärtige Gesicht dem Eintretenden zu, als die Kerzen im Luftzug der geöffneten Tür aufflackerten. Ja, es brannten Kerzen anstatt der kümmerlichen beiden Ölflämmchen, die sonst allein der Arbeit des Gelehrten leuchteten.

Julian wollte sogleich wieder gehen, aber Messer Maurizio winkte ihn freundlich herein. »Hier«, sprach er zu seinem Gast, »ist unser junger Freund, von dem wir sprachen – Bruder Julianus.«

Julian trat näher und verneigte sich. Er sah, daß der Fremde mit seinem schwarzen Bart, seinem scharfgeschnittenen braunen Gesicht und den schwerlidrigen dunklen Augen sehr wohl ein Verwandter von Messer Maurizio hätte sein können. Sein Latein war vollkommen, und doch spürte der junge Mönch, geschult durch seine Begegnungen mit fremden Völkern, den Anhauch einer unvertrauten, nichtchristlichen Welt.

»Magister Theodorus«, sprach Maurizio weiter, »ist ein berühmter Gelehrter und auf der Durchreise durch die Winterkälte zum Verweilen hier in Rom gezwungen. Sich die Zeit zu verkürzen, beehrt er mich mit seinem Besuch.«

»Ihr setzt Euch selbst herab, Messer Maurizio«, widersprach der Fremde. »Denn Ihr wißt wohl, nicht um Zeitvertreibs willen kam ich zu Euch.«

»Das ist wahr«, erwiderte der Meister, »denn um deinetwillen kam er, Julian.«

Julian erschrak mehr, als daß er sich geehrt fühlte. Nun gab es wieder ein Verhör, das gleiche müßige Fragespiel, wie er es schon so oft erlebt hatte. »Fragt also, Herr!« sagte er rauh, ohne besondere Bereitwilligkeit zu zeigen.

Überrascht begegnete er im Gesicht des Fremden einem verstehenden Lächeln. »Ich kann den jungen Bruder wohl begreifen. Gewiß hat er seinen Bericht schon zum Überdruß oft wiederholen müssen. Darum will ich ihn nicht mit müßigen Fragen ermüden. Nur was mir wichtig scheint, diese Drohung des Tataren, gegen das Abendland Krieg zu führen, die möchte ich gern von ihm selbst und genauer hören.«

Julian strengte gehorsam sein Gedächtnis an, die Reden jenes Bruders eines Chans möglichst wortgetreu zu wiederholen. Magister Theodorus ließ ihm Zeit, die rechten Worte zu finden, und unterbrach ihn nicht. Erst zuletzt fragte er: »Und wann werden sie kommen?«

»Ein bestimmtes Jahr nannten sie nicht; aber *sobald der Frost Ströme und Sümpfe zur festen Straße macht für ihre Pferde*«, wiederholte Julian das ihm längst Geläufige und fügte hinzu: »In achtzehn Jahren wollen sie das ganze Abendland erobert haben.«

Dem Magister schien dies wenige dennoch etwas zu sagen. Er nickte, als höre er etwas längst Bekanntes. »So wurde meinem Herrn auch berichtet. Gesandte ihm befreundeter Fürsten kamen aus Kleinasien, seine Hilfe zu erflehen gegen ein barbarisches Reitervolk aus dem Osten, das Christen und Moslems zugleich mit Vernichtung bedroht.

Beide zugleich! Das sieht anders aus, als die frommen Weisen hier glauben. Es wird Zeit, Frieden zu schließen untereinander.«

Messer Maurizio verzog bitter den Mund. »Wem sagt Ihr das! Vielleicht bringt *Er* es fertig.«

»Ich will tun, was ich kann«, seufzte Magister Theodorus wenig hoffnungsvoll und schickte sich an zu gehen. Doch zögerte er noch und fragte den Meister, sich zu ihm neigend: »Und Ihr, lieber Freund? Könnt Ihr keinen Entschluß fassen? Ein Mann mit Eurem Wissen wäre hoch willkommen. Ihr hättet volle Freiheit und Umgang mit Euresgleichen, ja, mit Höheren – den Höchsten auf der Erde. Was habt Ihr dagegen hier für ein Leben?«

Messer Maurizio schüttelte leise den Kopf, den Schein eines abwehrenden Lächelns um die Lippen. »Laßt mich nur! Wäre ich jünger, ich ließe mich vielleicht verlocken. Ich bin zu alt, um noch den Herrn zu wechseln. Auch ist es nicht die Zeit für Zukunftspläne. Gott möge uns allen das Leben noch fristen!« Er schlug das Kreuz.

Magister Theodorus aber verneigte sich tief, die Hand auf der Brust, und sagte einige Worte in einer fremden Sprache. Er ist kein Christ, dachte Julian. Sein Herr, von dem er redet, ist sicher irgendein Herrscher im Morgenland.

Der junge Kleriker trat ein mit einer brennenden Lampe, den Gast über die nächtlichen Flure und Treppen hinauszugeleiten. Bescheiden folgte Julian dem tanzenden Lichtschein. In der schmalen Gasse, die sie durch einen Seitenausgang betraten, warteten ein paar bewaffnete Diener in den Farben des Hauses Frangipani mit brennenden Fackeln, den Magister Theodorus sicher durch das nächtliche Rom zu geleiten.

Der junge Kleriker lachte über Julians offenbares Staunen. »Ja, so vornehme Gäste haben wir nicht oft!« Doch schien er nicht willens, mehr zu sagen, und so fragte Julian auch nicht.

Erst am nächsten Tage, allein mit dem Meister, wagte er das. Messer Maurizio lächelte. »Hast du nichts erraten? Er steht in den Diensten des Kaisers, ist einer von den Gelehrten aller Hautfarben und Glaubensbekenntnisse, die er an seinem Hof vereinigt hat. In seinem Auftrag kam er her.«

Julian verbarg nicht seinen Schrecken. Der große Geheimnisvolle, der Verwandler der Welt, von dem die Frommen flüsternd unheimliche Dinge erzählten, er hatte nach ihm die Hand ausgestreckt.

Das Lächeln des Messer Maurizio wurde spöttisch. »Sieh da, du bist also auch nicht klüger als deine Ordensbrüder, soviel du von der Welt gesehen hast. Und du hast noch Glück gehabt. Wenn der Kaiser diesen Winter nicht in Deutschland verbrächte, er wäre imstande gewesen, dich an seinen Hof vorzuladen oder entführen zu lassen. Das ist alles schon vorgekommen. Denn auch ihm geht Wissen über alles. Es muß ein herrliches Leben sein, an seinem Hof, an seiner Akademie.« Seine Stimme war voll Wehmut, und Julian erinnerte sich an die letzten Worte, die er gestern mit seinem Gast gewechselt hatte. Wieder beschlich ihn die Ahnung, nicht nur die Erde, auch die Menschen müßten reicher an Geheimnissen sein, als er sich je hatte träumen lassen.

1237 Im Mai vereinigt sich der Deutsche Ritterorden mit dem Orden der Livländischen Schwertbrüder zu einer fast unüberwindlichen Macht, die sich anschickt, den Ostseeraum zu beherrschen. Die mächtige Handelsstadt Nowgorod erkennt die Gefahr und rüstet zur Abwehr. Auch die Schweden, von alters her Herren des Rußlandhandels, fühlen ihren Gewinn bedroht und planen, den kreuztragenden Rittern zuvorzukommen.

Im August bricht der Kaiser erneut auf zum Lombardenkrieg. Am 27. November erringt er bei Cortenuova einen entscheidenden Sieg. Doch scheitert der Friedensschluß an seinen maßlosen Forderungen, mit denen er die Besiegten in verzweifelten Widerstand treibt und sich am Ende um den Sieg bringt. Der Krieg dauert unabsehbar fort.

Im Dezember dringen die Tataren über das Eis der Wolga gegen die russischen Länder vor. Es ist ein erlesenes Heer, jahrelang in der Steppe geschult, geführt von den vornehmsten Kriegern des Weltreichs, den Enkeln des Tschingis Chan. Der oberste Feldherr heißt Batu. Als Erbe des ältesten Tschingis-Sohnes beherrscht er den Westen des Reiches. Die eroberten Länder werden ihm zufallen. Ihm zur Seite steht Subutai, der uralte, nie besiegte Feldherr des Tschingis Chan. Er ist es, der achtzehn Jahre für die Eroberung des Abendlandes veranschlagt hat. Nach seinem Plan beginnt das blutige Geschehen abzurollen.

Noch vor Jahresende, am 27. Dezember, fällt Rjasan und wird bis auf den Grund zerstört. Fürst Jurij Igorewitsch, seine Brüder und Verbündeten, alle seine Verwandten, alle Bewohner der Stadt büßen mit ihrem Leben für den tagelangen, tapferen Widerstand. »Nicht ein einziger in der Stadt Rjasan war am Leben geblieben. Alle hatten den gleichen Todesbecher getrunken und waren gemeinsam gestorben. Das alles aber ist um unserer Sünden willen geschehen«, schreibt ein frommer russischer Chronist.

Und doch ist dies erst der Anfang.

1

Endlich kam der Frühling und mit ihm die Erfüllung dessen, was Julian kaum mehr zu hoffen gewagt hatte. Es war spät geworden, der Mai schon weit fortgeschritten. Denn viele Fragen waren zu klären, ehe die kleine Gesandtschaft nach Osten aufbrechen konnte. Gegenüber dem Dominikanerorden und der Kurie hatte König Béla es durchgesetzt, daß es seine Gesandtschaft blieb, daß nur Ungarn an ihr teilnahmen. Gewiß, das Ziel war, die Wahrheit zu erfahren über die geheimnisvolle Macht im Osten. Wen aber ging es etwas an, daß es für Béla der letzte Versuch war, seinen großen Plan, den Traum von der Magna Hungaria, zu verwirklichen! Sollte es nicht immer noch möglich sein, mit den heidnischen Landsleuten eine engere Verbindung zu knüpfen, ihnen zumindest das Heil der Taufe zu bringen, als ein Band, das sie schließlich eines Tages herüberziehen konnte zu dem christlichen Königreich an der Donau? Das aber zu ergründen und mit geschickten Verhandlungen einzuleiten vermochte nur ein Ungar, einer, der Land und Leute schon kannte, vielleicht Vertrauen genoß – eben Bruder Julian.

Diesmal reiste er nicht als missionierender Bettelmönch mit drei andern Brüdern seines Ordens, wie der Brauch es eigentlich verlangte. Wie wenig das der Forschung und schnellen Nachrichtenübermittlung diente, hatte der König eben wieder mit Ärger erlebt. Von den vier Dominikanern, die vor einem Jahr auf Bruder Julians Spur nach Osten aufgebrochen waren, fehlte immer noch jede Nachricht, obgleich wenigstens einer von ihnen noch im gleichen Jahr hatte zurückkehren sollen. Diesmal mußte man sichergehen. Zuviel stand auf dem Spiel, für den Ungarnkönig, für die gesamte Christenheit.

So wurde Julian zwar nicht der Anführer, aber die Hauptperson einer Gesandtschaft von einem halben Dutzend ungarischer Ritter und Knappen, die der König unter seinen Treuesten ausgesucht hatte. Die Führung hatte der alte, im Dienst bewährte Ritter Geza. Sie reisten schnell, denn äußerste Eile war ihnen anbefohlen. Noch im gleichen Jahr mußten sie zurück sein. Doch brauchte eine Gesandtschaft des Königs von Ungarn keinen ungewollten Aufenthalt zu befürchten, noch um Hilfe zu bitten. Sie fand überall achtungsvolle Aufnahme und jeden Beistand, ihre Reise zu beschleunigen.

Julian genoß als ein Geschenk alles, was er nie wieder zu erleben geglaubt hatte: Berge, Wälder, Wiesen und Steppe, im Morgennebel, im Sonnenglast, unter Gewitterstürmen und Wolken von Stechmücken, dazu das schnelle Pferd, mit dem er bald gut Freund und so verwachsen war wie einst in fast vergessener Knabenzeit daheim mit seines Vaters Pferden. Ihn freute auch das schlichte, weltliche Gewand, das er trug, wenn es schon keine Ritterrüstung sein durfte, und die Kameradschaft mit den jungen Reitern, von denen mancher nicht älter war als er. Sie achteten ihn, weil er so viel von der Welt gesehen hatte und als einziger hier in der Fremde die Landessprache verstand und für sie alle reden konnte. Er hatte Zeit gehabt, sie zu lernen auf der langen, einsamen Reise durch dies Land vor nun fast zwei Jahren. Gemeinsam ritten sie voll Wagemut und fröhlicher Neugier in das unbekannte Land und in das lockende Abenteuer hinein.

Sie wurden stiller und weniger unternehmungslustig, als sie in das Gebiet der endlosen, sumpfigen Wälder gelangten. Hier breiteten sich, durch Tagereisen voneinander getrennt, auf knapp bemessenen Lichtungen Viehweiden und Äcker um ein Dorf, eine Stadt oder Burg. Doch waren die Wälder nicht menschenleer. Immer häufiger begegneten sie Gruppen von Bettlern und Streunern, die, Weiber und Kinder mit sich führend, äußerstes Elend zur Schau trugen, oft aber auch sich drohend gebärdeten. Julian wunderte sich. Vor zwei Jahren war ihm dergleichen nicht begegnet. Es erfüllte ihn mit noch unbestimmten, schlimmen Ahnungen.

Endlich erhob sich vor ihnen im tiefen Glanz einer Abendsonne die Stadt Wladimir mit ihren hellen Steinkirchen, ihren Palästen und vieltürmigen Mauern. Wieder war Julian von dem Anblick überwältigt. Seine Begleiter staunten. So etwas hatten sie in dieser Wildnis nicht erwartet. Sie hatten, noch bei ihrer letzten Rast, mit dem Gedanken gespielt, die Residenz zu umgehen und ungesehen abseits durch die Wälder das Land der Baschkiren zu erreichen. Denn an sie war ihre Botschaft vor allem gerichtet. Aber Julian hatte abgeraten. So unbewacht waren die Wege in diesem Land nicht, wie es schien. Ein fremder Reitertrupp konnte nicht unbemerkt bleiben, und wie Großfürst Jurij sich verhalten würde, wenn sie erwischt und vor ihn gebracht würden, das war leicht vorauszusehen. Es war schon das kleinere Übel, sich ihm zu stellen und in gebührender Form um freies Geleit für den Durchzug zu bitten. Ritter Geza gab Julian recht. Schleichwege waren unter der Würde einer königlichen Gesandtschaft. Als sie aber die Hohlwege und Gewölbe der Stadttore durchritten, packte sie alle der gleiche ehrfürchtige Schauer, den Julian schon kannte.

Er hatte nicht hoffen dürfen, unerkannt zu bleiben. Daß ihnen aber schon auf der Treppe zum Saal die hohe Gestalt des Metropoliten Pjotr begegnete, kam unerwartet. Der musterte die ungarische Gesandtschaft mit einem scharfen Blick, der zuletzt auf Julian haften blieb. Sein strenges Gesicht drückte Staunen und höchste Mißbilligung aus.

Mit einer Handbewegung hielt er die Gesandtschaft auf und trat an Julian heran. »Warum bist du wiedergekommen, Bruder Julian?« fragte er halblaut. »Das ist nicht klug. Es war dir verboten worden. Auch haben Landsleute von dir, sogar deine Ordensbrüder, wenn ich recht verstand, inzwischen hier Ärgernis erregt.«

Julian begriff, daß die vier Dominikaner gemeint sein mußten, die im vorvergangenen Frühjahr aus Ungarn nach Osten aufgebrochen waren. Was mochten sie in frommem Unverstand hier angerichtet haben? Aber es war nicht der Augenblick, nach ihnen zu fragen. Sein Auftrag ging vor. Diesmal, beschied er den Metropolit gemessen, sei er hier in Diensten seines Königs von Ungarn, nur um bescheiden eine Gunst zu erbitten. Und in der Bedrängnis des Augenblicks flehte er: »Helft mir auch jetzt, ehrwürdiger Vater!« Dem Metropoliten blieb keine Zeit zu antworten. Denn klirrend taten sich vor ihnen die Torflügel zum Saal der Audienz auf.

Die ungarische Gesandtschaft trat vor den Großfürsten von Wladimir-Susdal, Jurij Wsewolodowitsch, Julian einen halben Schritt voraus – er allein hier bekannt, vielleicht in Gefahr. Alle verneigten sich tief, am tiefsten Julian, der im Wiederaufrichten auf Schlimmes gefaßt war.

Geblendet nach dem hellen Abendlicht draußen in dem halbdunklen, nur von Fackeln an den Wänden erleuchteten Saal, sah er fast nichts. Aber er hörte die unvergessene, rauhe und herrische Stimme über sich hindröhnen: »Sieh an! Das ist doch unser kleiner Ungar von dazumal! Weiß Gott, der Junge hat Mut!« Ein grimmiges Vergnügen lag in diesen Worten, die Julian auch ohne Dolmetsch verstand. Sie waren nicht geeignet, ihn hoffnungsvoll zu stimmen. Was konnte diesem halbwilden Selbstherrscher Vergnügen bereiten an so einer Wiederbegegnung?

Julian suchte Halt an seinem Auftrag. Die Blicke seiner Begleiter gaben ihm Mut. Er straffte sich, und die Augen wie damals mitten in das hochmütige Gesicht des Großfürsten gerichtet, erhob er kühn seine junge, verwegenen Mut vortäuschende Stimme. Sein Herr, König Béla, Beherrscher des Ungarreiches, entbiete dem Großfürsten von

Wladimir-Susdal seinen brüderlichen Gruß und erbitte für seine Gesandtschaft die Erlaubnis, das Gebiet des Fürstentums zu durchqueren, um das Land der Baschkiren jenseits der Wolga zu erreichen.

Jenseits der Wolga! Gemurmel und ein kurzes Gelächter wurden unter dem Gefolge laut und verstummten schnell unter dem strafenden Blick des Großfürsten. Er behielt sich die Antwort selbst vor. Durch den Dolmetsch, Vater Pjotr, ließ er wissen: Die Durchreise sei frei, doch sei sie niemandem anzuraten. Nicht eine Maus käme ungefährdet auch nur bis zur Wolga, und dahinter sei die Hölle los. Die Völker, die da gelebt hätten, Bulgaren, Mordwinen, Baschkiren und anderes Gesindel, seien von den Tataren unterworfen, gemordet, in ihr Heer gepreßt oder so vernichtet, daß niemand ihre Spur mehr fände. »Habt ihr denn nicht die Flüchtlinge gesehen, die Bettler, die Räuber auf allen Straßen?«

Julian hatte nur einen Namen gehört. »Auch die Baschkiren?« entfuhr es seinen blassen Lippen.

Ja, die vor allem. Sie hatten immer als die Verbündeten der Tataren gegolten. Aber sie mußten sich wohl mit ihnen erzürnt haben. Denn kein Volk da drüben war so blutig geschunden, so schmählich unterjocht worden wie gerade sie. »Aber was gehen die uns an? Warum fragst du nach ihnen? Sie sind Heiden, dazu Räuber und Mordbrenner, nicht besser als die Tataren. Solange das Gesindel sich gegenseitig totschlägt, haben wir Ruhe.«

Julian hatte sich inzwischen gesammelt und schnell überlegt, was er sagen wollte und mußte. Die Frage, was eine Gesandtschaft des Ungarnkönigs bei den heidnischen Baschkiren zu suchen habe, war die gefährlichste und kaum unverfänglich zu beantworten. Sie mußte er sogleich entkräften.

»Bei den Baschkiren«, sagte er, »habe ich vor zwei Jahren einen Abgesandten des Tatarenchans getroffen und von ihm die erste Warnung erhalten. Ich hatte die Ehre, sie an Euch, Großfürst Jurij Wsewolodowitsch, weiterzugeben. Die Warnung galt aber noch für andere, für das gesamte Abendland, und dorthin habe ich sie auch getragen. Dort mehren sich die Gerüchte, es drohe ein großer Angriff von Asien her. Näheres darüber zu erfahren, bestimmte meinen König dazu, diese Gesandtschaft an die Baschkiren zu schicken. Da sie nicht mehr existieren, könnt vielleicht Ihr, o Großfürst, die Fragen meines Königs beantworten.«

»Hm!« Es lachte knurrend hinter dem schwarzgrauen Bart. »Und ob wir das hier können! Das Wichtigste hast du ja schon gehört. Die Tataren sind im Anzug. Sie haben die Völker an der Wolga schon überrannt und werden im nächsten Winter oder im übernächsten oder in dem danach, je nachdem, wie der Frost sie begünstigt, über die russischen Länder kommen, wie sie schon oft gekommen sind, sie und andere Viehräuber. Wir werden schon mit ihnen fertig werden, wie bisher, auch ohne fremde Hilfe und Anteilnahme. Dein König von Ungarn möge ruhig schlafen. Bis zu ihm wird sich kein Tatarenpfeil verirren. Dafür sorgen wir, Bollwerk der Christenheit von jeher.«

Unter den Hofleuten wurden zustimmende Rufe laut, Widerhall des wohl geläufigen Stichworts vom »Bollwerk der Christenheit«. Julian verneigte sich tief und ärgerte sich ein wenig. Er hatte genug gehört und erlebt, um zu wissen, daß die Tatarengefahr mehr war als ein Streit mit Viehräubern. Aber was half es? Er erwiderte, es werde seinen König ungemein beruhigen, das zu erfahren.

»Doch ist nicht zu verschweigen«, fuhr der Großfürst fort, und Vater Pjotr übersetzte es mit seinem ruhevollen Baß in korrektes Latein, »daß die Tataren es diesmal anscheinend besonders auf deinen König von Ungarn abgesehen haben. Meine Leute fingen zwei Gesandte ab, die nach Westen unterwegs waren mit Briefen an Kaiser und Papst und an den König von Ungarn. Es trifft sich gut, daß du diesen Brief nun bestellen kannst. Nur weil ich noch keinen Boten fand, hängen die beiden Strolche noch nicht.«

Julian wirbelte der Kopf. Ein Brief an König Béla! Warum gerade an ihn? Er war zwar ein mächtiger Herrscher, aber doch nicht der Größte im Abendland, keiner, dem solche Auszeichnung, so besondere Feindseligkeit – denn was konnte ein solcher Brief sonst bedeuten! – zukäme. Ob er die Briefe sehen, die Boten befragen dürfe, fragte er atemlos.

»Das sollst du, mein Sohn, das sollst du haben!« Der Großfürst schrie ein paar Befehle. Während Diener rannten, sie auszuführen, unterrichtete Julian seine Begleiter von dem, was er eben erfahren hatte und was bevorstände. Die Hochachtung, die sie für ihren jungen, gelehrten Schützling hegten, wuchs in diesem Augenblick noch. Sie traten näher an ihn heran, fest auf ihre Beine gestellt und bereit, auch hier wie überall für die Ehre ihres Königs wehrhaft einzustehen.

Ein schmächtiger Jüngling im geistlichen Kleid trat ein mit ein paar Pergamentrollen, von denen zerbrochene Siegel herunterhingen. Auf einen Wink seines Herrn reichte er sie Julian und bekannte schüchtern: »Ich konnte sie nicht lesen. Es sind anscheinend arabische Schriftzeichen. Aber in deinem Land gibt es gewiß gelehrte Männer, die sie entziffern können.«

Sicher gab es die. In Ungarn saßen Muselmanen sogar in hohen Ämtern, sehr zum Mißfallen der Kirche. Aber noch war eine andere Frage ungelöst. Welcher der Briefe war an König Béla gerichtet? Die Boten mußten Auskunft geben können.

Schon hörte man schwere Schritte und Kettenklirren durch den Vorplatz herankommen. Ein paar Bewaffnete stießen mit ihren Speeren zwei schwergefesselte Männer herein, die unter der Last ihrer Ketten auf die Knie stürzten.

»Befrage sie!« gebot der Großfürst.

Julian bat um einen Dolmetsch. Da sagte plötzlich einer der Gefangenen in seiner eigenen, in ungarisch-baschkirischer Sprache: »Dich kenn ich doch. Julian heißt du. Du bist einmal zu uns gekommen als Bote deines Königs.«

Julian trat einen Schritt auf ihn zu. »Du bist ein Baschkire? Wie kommst du unter die Tataren und tust Dienste für sie?«

»Töricht gefragt!« klang es höhnisch zurück. »Du weißt es ja. Wir gehören doch zu ihnen, haben durch Jahre immer an ihrer Seite gekämpft. Immer war Freundschaft zwischen uns, bis zum letzten Herbst. Da sind sie plötzlich über uns hergefallen mit Brand und Mord, warum, das weiß keiner. Nicht viele von uns sind mehr übrig außer denen, die in ihrem Heer dienen.«

Während er eintönig und bitter so redete als einer, der nichts mehr hofft oder fürchtet, stieg in Julian eine Erinnerung auf. Er beugte sich tiefer über das von strähnigem Haar und Bart und schwarz verkrustetem Blut entstellte Gesicht. »Vajk! Du?«

Die dunkle Maske bleckte grinsend die Zähne. »Hast Zeit gebraucht, mich zu erkennen!«

»Du – du warst doch der Häuptling – immer ihr Freund«, stammelte Julian. »Wie kommst du so hierher?«

»Eben!« grinste die Maske. »So straft mich ihr Haß. Ihr eigener Auftrag, diese Botschaft, erspart ihnen die Mühe, mich zu köpfen. Sie wußten, daß ich nicht weit kommen konnte.«

Julian beachtete nicht, daß um ihn her Blicke getauscht wurden und eine summende Unruhe im Saale wuchs. Noch tiefer beugte er sich zu dem Gefangenen und fragte: »Trägst du wirklich eine Botschaft an den König von Ungarn? Mir sag die Wahrheit!«

»Sie wird ihn nie erreichen«, knurrte Vajk, »denn du glaubst doch wohl nicht, daß wir hier mit dem Leben davonkommen.«

»So sag sie mir! Wenn ich heimkehre, will ich sie getreulich bestellen.«

Ein glimmender Blick streifte ihn. »Ich kenne sie nicht. Sie steht in dem Brief.«

»Hier sind die Briefe!« Julian hielt sie dem Gefangenen vor und fragte, ob er den an den Ungarnkönig herausfinden könne. Vajk, wenn er wirklich den Inhalt nicht kannte und, wie es wahrscheinlich war, auch nicht zu lesen verstand, mußte die drei Briefe wohl an äußeren Kennzeichen unterscheiden. Er prüfte sie lange mit den Augen und winkte dann mit dem Kopf: »Der da ist an den Ungarnkönig, der an den Kaiser, der an den Papst.« Gleichmütig sagte er das, so, als sei es seine tägliche Arbeit, Briefe an solche Anschriften auszutragen.

»Willst du sie mir anvertrauen zur weiteren Bestellung?« fragte Julian und erhielt ein gleichmütiges Nicken zur Antwort.

Mit tiefer Verneigung wandte er sich an den Großfürsten, wiederholte, was er mit dem Gefangenen gesprochen, und bat auch ihn um die Erlaubnis, die Briefe mitzunehmen. Von Ungarn aus seien sie leichter an ihre Empfänger zu befördern als von hier aus. Jurij Wsewolodowitsch nickte Gewährung mit einer Gebärde, als sei ihm die ganze Sache völlig gleichgültig. Es werde ja doch nichts weiter in diesen Briefen stehen als die gleiche unverschämte Forderung bedingungsloser Unterwerfung, wie sie in mündlichen Botschaften schon früher an ihn und an andere russische Fürsten gerichtet worden war. Ob Julian sonst noch Fragen an den Gefangenen habe?

O ja, erwiderte Julian ganz ohne Scheu, er habe noch viel zu fragen.

Doch wage er nicht, des Großfürsten erhabene Gegenwart länger damit zu belästigen. Man möge ihn für eine Weile mit dem Gefangenen an einem sicheren Ort einschließen, damit er ungestört mit ihm reden könne.

Mißtrauen füllte den Saal fast greifbar wie eine erstickende Rauchwolke. Ein beklemmendes Schweigen herrschte. Keiner wagte zu reden. Julian sah sich um in dem Gefühl, von allen Seiten umstellt zu sein. Er gab zu bedenken, daß sie ja alle in der Gewalt des Großfürsten seien, er selbst und die ungarischen Ritter nicht weniger als die Gefangenen. Was war da zu befürchten? Vielleicht sei es für sie alle von Nutzen, was er zu erfragen hoffe.

Mürrisch winkte der Großfürst Gewährung. Der zweite Gefangene, der ohne ein Zeichen des Verstehens die ganze Zeit stumm am Boden gehockt hatte, den Kopf zwischen den gefesselten Armen, wurde in den Kerker zurückgebracht, Vajk aber zusammen mit Julian in dem vergitterten Vorraum des Gefängnisses eingeschlossen und zwei Wachen davorgestellt.

Allein gelassen, sagte Julian dem einstigen Baschkirenhäuptling, daß er eigentlich auf dem Wege zu ihm gewesen sei mit einer Botschaft des Ungarnkönigs. Die sei nun sinnlos geworden. Wenn aber Vajk ihm um ihres gemeinsamen Blutes und ihrer freundschaftlichen Gesinnung willen ein paar Fragen beantworten wolle, so könne er sich große Verdienste um das bedrohte Abendland erwerben.

Nach einem langen, lauernden Schweigen kam die Antwort: »Versprichst du mir die Freiheit?«

Wie konnte Julian das! Er war ja selbst in diesem Augenblick kaum mehr als ein Gefangener. Aber er wolle alle seine Überredungskunst aufbieten, Vajk loszubitten. Vielleicht werde das nicht einmal allzu schwierig sein, wenn seine Auskünfte sich als nützlich erwiesen. Mehr konnte er nicht versprechen.

Der Gefangene, von seinen Ketten niedergezogen, kauerte düster brütend am Boden und schwieg lange. Endlich mochte ihm aufgehen, daß ihm hier der einzige, wenn auch fragwürdige Rettungsweg geboten wurde. »Frag also!« murmelte er dumpf.

Und Julian fragte, mehr als eine Stunde lang, alles, was er vor zwei Jahren versäumt hatte zu erkunden: Nach Herkunft und Geschichte, nach Recht und Sitten, nach Kriegsbräuchen vor allem und den Plänen der Tataren. Der Gefangene antwortete willig, fast ohne Stocken – und erstaunlich gut unterrichtet. Er war bestimmt kein geringer Partner gewesen in dem Bündnis mit dem Teufel. Julian hatte keine Schreibtafel bei sich. Er war allein auf sein Gedächtnis angewiesen, das wundergleich wortgetreue Gedächtnis von Menschen, die noch nicht durch das Überhandnehmen schriftlicher Überlieferung dieser Gabe entwöhnt worden waren. Als das Gespräch zu Ende ging, wußte er schon, daß in dem Bericht, den er Gott weiß wann niederschreiben würde für Gott weiß wen, kaum ein Wort fehlen würde.

Als er an das Gitter klopfte, um der Wache zu bedeuten, daß er hinaus wolle, fühlte er sich von einer krallenden Hand festgehalten. Das wilde, düstere Gesicht, das bei allen seinen Fragen kaum je den Ausdruck gewechselt hatte, war mit glühenden Augen zu ihm emporgewandt. Hatte er denn vergessen, daß dieser Mensch seines Blutes, seiner Sprache war?

»Sei ruhig!« sagte er, die Hand auf dem struppigen Kopf. »Ich vergesse schon nicht, daß du auch mir einmal geholfen hast. Was ich nur vermag, soll geschehen.« Noch hatte er nicht den Glauben verloren, auch hier in diesem Land am Rande der Barbarei hätten menschlich-christliche Begriffe Geltung.

Vor dem Gefängnis erwartete ihn ein Knecht mit brennender Fackel und winkte, ihm zu folgen. Julian gehorchte dumpf, zu aufgewühlt von allem, was er gehört hatte, und zu erschöpft, um noch Furcht zu empfinden. Es ging zurück in den Palast, über dunkle, jetzt menschenleere Treppen und Gänge in ein schmales, halbdunkles Gemach. Ein Kerker, dachte Julian. Dann aber sah er brennende Kerzen und den matten Goldglanz von Ikonen vor den dunklen Balkenwänden. Eine Kapelle war es nicht, wohl ein Andachtsraum, ein Ort der Besinnung mitten im gewalttätigen Leben des Wsewolodowitsch.

Erst auf den zweiten Blick erkannte er den Großfürsten, der in einem Armstuhl unter zwei hohen Kerzen nahe dem Betpult saß. Hinter ihm erhob sich, dunkel vor dem dunklen Hintergrund, die Gestalt des Metropoliten Pjotr. Julian verneigte sich und hörte sogleich die rauh zufahrende Frage: »Nun? Hast du erfahren, Mönch, was du wissen wolltest?«

Julian bejahte das und fügte, auf die Knie niedergeworfen, sogleich seine Bitte um das Leben des Gefangenen hinzu. Der, einst Häuptling der Baschkiren, sei selbst ein Opfer der Tataren, irregeleitet zuerst, dann ihnen verdächtig geworden und vorgeschickt in gefährlichem Auftrag, um ihn loszuwerden. ›Sie haben sich die Mühe gespart, mich zu köpfen, denn sie wußten, daß ich nicht weit kommen würde‹, hatte der Gefangene gesagt. »Aber er hat mir vor zwei Jahren zur Flucht verholfen. Er verdient es, daß man ihn schont.«

»Nun ja, nun ja«, knurrte der Großfürst. »Wir werden sehen.« Es klang nicht ungnädig, und Julian schöpfte Hoffnung.

Dann mußte er endlose Fragen beantworten. Was er denn erkundet habe? Wie stark die Heere der Tataren seien? Welches ihre nächsten Ziele? Wann sei ihr Angriff zu erwarten? Julian wußte zu antworten. Sein Gedächtnis hatte Namen, Zahlen, Daten gespeichert und gab sie heraus, auch wenn er selbst nicht alles verstanden hatte. Dann aber kam eine Frage, die ihn verstummen ließ, weil sie ihn ins Herz traf. Er verstand sie sofort, schon vor der gelassenen Übersetzung des Vaters Pjotr: »In welcher Sprache hat er denn mit dir geredet, dieser Tatar oder Baschkire, ganz ohne Dolmetsch?«

Julian begriff den Hinterhalt. »Auf baschkirisch«, antwortete er mit verzweifeltem Mut.

»Und woher kanntest du diese Sprache so gut?« Als Julian schwieg, lachte Jurij Wsewolodowitsch laut auf: »Da hab ich dich! Warum hast du mich von Anfang an belogen? Deine Ordensbrüder waren da ehrlicher. Als wir sie dabei erwischten, wie sie mit baschkirischen Flüchtlingen in deren eigner Sprache redeten und sie zu bekehren versuchten, da gestanden sie gleich ganz offen, daß dies Gesindel ihres Blutes und ihrer Sprache sei von alters her. Hast du das wirklich nicht gewußt, Julian? Und wenn ja, warum hast du mich belogen?«

Diese Narren! dachte Julian, in ganz unchristlicher Weise aufgebracht. Nicht einmal das haben sie begriffen, daß es hier auf Verschwiegenheit ankam, wollten sie etwas erreichen. Aber eine andere Sorge überwog. »Was ist mit ihnen geschehen, Großfürst Jurij Wsewolodowitsch?«

»Geschehen? Bei Gott, nichts, was sie zu Märtyrern gemacht hätte. Wir sind hier doch Christen. Aber konnte ich dulden, daß sie in meinem Land predigten und tauften, als wären sie unter Heiden? Ich, ein rechtgläubiger Fürst, in meinem eigenen Land? Ich habe sie nur daraus verwiesen, mehr nicht.«

»Und Ihr wißt nicht, wohin sie gegangen sind?«

»Sie ließen sich den Weg nach Rjasan zeigen. Von dort aus wollten sie es wohl noch einmal versuchen, weiter nach Osten zu kommen. Sie nahmen keinen Rat an. Nun, mein Vetter Jurij Igorewitsch von Rjasan hat ja eine Vorliebe für solcherlei Heilige, wie zum Beispiel auch für seinen hochgelobten Vater Epifanij.«

Nach Rjasan? Blitzschnell überlegte Julian. Er mußte die vier Brüder mit heimbringen oder wenigstens Nachricht von ihnen, wollte er nicht ganz und gar für treulos gelten. Ob Rjasan schon in der Hand der Tataren, ob der Weg dorthin noch frei sei? Der Großfürst zuckte die Achseln. So genau könne man das nicht wissen von einem Tag auf den anderen. Aber es scheine so, als wäre Jurij Igorewitsch noch ungestört bei seinen Kriegsvorbereitungen, die er offenbar weit über sein Vermögen hinaus betreibe. Auf Julians Frage, ob es ihm erlaubt sei, den Rückweg über Rjasan zu nehmen, erhielt er die bärbeißige Antwort: »Ach, meinethalben durch die Hölle, ihr Ungarn oder Baschkiren alle miteinander!«

Doch nach kurzer Besinnung faßte der Großfürst sich wieder und befahl in trockenem Ton: »Haltet euch morgen bei Tagesgrauen bereit! Ich gebe euch bewaffnetes Geleit bis vor die Tore von Rjasan. Sonst kommt ihr niemals durch. Das Land ist unsicher geworden.« Ehe Julian seinen Dank anbringen konnte, sah er sich verabschiedet.

Vater Pjotr geleitete ihn mit einer kleinen Blendlaterne durch den weitläufigen Palast zu dem Quartier, das der ungarischen Gesandtschaft angewiesen war. »Du hast viel Glück gehabt, junger Bruder«, murmelte er. »Nicht jeder wäre so davongekommen. Aber dein Mut hat ihm gefallen, und damit . . .« Er verstummte plötzlich und wich zurück, wie auch Julian. Vor ihnen pendelten vom Torbalken die Leichname der beiden baschkirischen Gefangenen. Fast wären sie daran gestoßen.

Selbst Vater Pjotr war einen Augenblick außer Fassung, ehe er, sich bekreuzigend, weiterging. »An dergleichen muß ein Christ sich hier gewöhnen«, sagte er entschlossen. Beim Abschied erteilte er Julian stumm den Segen. Der fand kein Wort und taumelte tief verstört in sein Quartier. Er weckte den Ritter Geza und teilte ihm mit, was er erlebt und erfahren hatte. Unter schlimmen Vorahnungen durchwachten beide die Nacht, Julian in ununterbrochenem Gebet. Wie, wenn dem Großfürsten von Wladimir-Susdal der Mut eines jungen, ungarischen Dominikaners plötzlich nicht mehr gefiel?

Noch vor Sonnenaufgang stand der Führer eines Reitertrupps vor ihnen. Er hatte den Befehl, die ungarischen Gäste nach Rjasan zu geleiten. Vor dem ehrlichen, rotbraunen Gesicht unter der ledernen Sturmkappe schwand jeder Argwohn. Der Aufbruch geschah so schnell wie kaum je auf der ganzen Reise.

2

Unter der wegkundigen Führung der wladimirischen Reiter wurde der Weg in viel kürzerer Zeit zurückgelegt als zwei Jahre zuvor im Gefolge der Bojarengesandtschaft. Aber je weiter sie kamen, desto mehr erschreckten Julian die Veränderungen, die er überall wahrnahm. Wo waren in der heiteren Wiesenlandschaft der Oka die Mäher geblieben, das weidende Vieh, die Fischer, dic in Wasserläufen und Tümpeln ihrem Fang nachgingen? Überall im Grünen ragten Zelte auf, rauchten Lagerfeuer, lagerten Bewaffnete, die ihnen mehrmals mit gefällten Speeren den Weg verlegten. Da war es denn ein Glück, daß der Führer des Geleittrupps antworten konnte: »Botschaft vom Großfürsten von Wladimir an den Fürsten Jurij Igorewitsch von Rjasan.« Dann senkten sich bereitwillig die Speere, oft unter freundlichem Zuruf. Einmal fing Julian die Worte auf: »Bringt ihr gute Nachricht, Brüder? Hat der Großfürst sich besser besonnen?« Eine Antwort hörte er nicht.

Als die Stadt Rjasan schon in der Ferne zu sehen war, hielt der Geleittrupp unvermutet an. Der Anführer wandte sich zu förmlichem Abschied an den Ritter Geza. Julian dolmetschte: »Wir haben euch so weit geleitet, wie uns befohlen war. Einlaß in die Stadt werdet ihr auch ohne uns finden.«

Julian wunderte sich und sagte das auch. Aber das ehrliche, rotbraune Gesicht unter der Sturmkappe blieb fest. Er hatte es eilig umzukehren, um mit seinen Leuten noch vor Nacht die gastliche Burg wieder zu erreichen, von der sie an diesem letzten Morgen aufgebrochen waren.

Auch vor dem Stadttor sah es anders aus, als Julian es in Erinnerung hatte. Zu beiden Seiten des Weges knieten und lagerten Bettlerscharen, meist Alte, Frauen und Kinder, zerlumpt, verhungert, sonnenverbrannt – fremdartige Gesichter, seltsame Kleidung – keine Russen. Was aber dann sonst? Worauf warteten sie hier?

Unter dem Tor begegneten sie einer vornehmen Frau mit großem Gefolge. Diener schleppten Körbe voll Brot hinterher. »Die Fürstinmutter Agrippina Rostislawna!« murmelten die Wachen am Tor und verneigten sich tief. Wenn sie alle diese Hungrigen sättigen wollte, dachte Julian, so müßte das wohl dem Wunder einer Speisung der Fünftausend gleichkommen. Aber Gott rechnete ihr sicher den guten Willen an.

Diesmal ließ man sie am Tor ohne lange Fragen ein. Die waren wohl überflüssig geworden. Denn ohnehin gab es ein ständiges Kommen und Gehen von Bewaffneten, von vornehmen Herren und ihrer Dienerschaft. Die Stadt, die Julian einst so anheimelnd erschienen war, glich einem Heerlager. Am Palast wurden sie abgewiesen. Fürst Jurij Igorewitsch halte Kriegsrat mit seinen Verwandten und andern Fürsten. Vor Mitternacht werde er keine Zeit für ausländische Gesandtschaften haben. Julian hieß seine Begleiter warten und eilte zum Haus des Elkan Beer. Er fand es verschlossen und verrammelt, mit Gras auf der Türschwelle. Die Nachbarn sagten ihm, der schlaue Hebräer sei in diesem Sommer gar nicht hierher gekommen, schon im vorigen nicht. Der wisse längst Bescheid und hüte sich beizeiten.

Es war ein schwerer Schlag für Julian. Zumindest auf den klugen Rat des hilfreichen Juden hatte er gerechnet. Nun mußten sie sich allein weiterhelfen. Mit Mühe fanden sie ein Gehöft, wo sie ihre Pferde zur Nacht wenigstens im Freien einstellen und selbst ein Strohlager bekommen konnten. Dann machte Julian sich auf den Weg, nach den verschollenen Ordensbrüdern zu forschen. Es war nicht allzu schwer, denn Landfremde fielen hier immer noch auf.

Man wies ihn zu einer elenden Hütte weit vor der Stadt. Er fand zwei abgezehrte, ganz verstörte Männer, die vor Freude weinten, als sie den jungen Ordensbruder erkannten. Sie hatten mit dem Leben abgeschlossen, als sie die Hoffnung aufgeben mußten, jemals die Heimat wiederzusehen. Nach den beiden andern Brüdern gefragt, weinten sie noch mehr. Die waren mutiger gewesen, hatten es gewagt, weiter nach Osten, sogar über die Wolga zu gehen, um dort unter einem Volk, das die Mordwinen hieß, für Christus zu zeugen. Seitdem waren sie verschollen. Diese armseligen beiden hier in ihrer Hütte hatten nicht den Mut gehabt mitzugehen. Nie würden sie aufhören, das zu bereuen.

Julian tröstete sie, so gut er konnte. Sollte er nicht das Grauen kennen vor den weiten, wüsten Ländern und den fremden Menschen! Auch er war ja damals von vieren, die ausgezogen waren, als einziger ans Ziel gelangt und wieder nach Hause – allein durch Gottes Gnade.

Er fragte weiter und erfuhr nun endlich im Zusammenhang, was drüben, jenseits der Wolga, im letzten Jahr geschehen war. Da gab es nichts mehr als die schweifenden Horden der Tataren. Zerstört war die reiche Stadt Bolgar, vernichtet die Reiche der Bulgaren und Baschkiren, zuletzt auch das der Mordwinen, die sich freiwillig den Tataren unterworfen haben sollten. Gerade in den Tagen, da dies geschah, hatten sich die beiden Dominikaner auf den Weg zu ihnen gemacht. An ihrem Schicksal konnte kein Zweifel sein nach allem, was man von drüben hörte. Unmöglich, nach jemandem zu forschen, der da verschollen war, sinnlos, auf seine Rückkehr zu warten. Die beiden waren ohne Zweifel längst in die Glorie aufgenommen – Märtyrer, wie sie es immer erstrebt hatten.

Julian betete mit den Brüdern für die Verklärten und hätte die Nacht bei ihnen verbracht, wenn nicht ein Bote des Fürsten ihn aufgespürt und in den Palast bestellt hätte. Auf irgendeine Weise mußte Jurij Igorewitsch erfahren haben, daß jener junge Mensch in der Stadt war, der damals vor zwei Jahren die erste Warnung vor den Tataren gebracht hatte. Was mochte er nun von ihm wollen? Nicht ohne Beklommenheit folgte Julian dem Boten durch die dämmernden Gassen.

Anders als vor zwei Jahren im heiteren Licht des Sommerabends erschien ihm der Palast, der dunkel aufstieg aus der wachsenden Nacht, nur hier und da von Fackeln angeleuchtet. Überall klirrte Eisen, schritten Bewaffnete umher. Aber Julians Führer kannte das Losungswort und geleitete ihn ohne Aufenthalt durch den Torweg in den Palasthof und die breite Treppe hinauf in den Saal.

Zu seinem Staunen kam Julian mitten in ein Trinkgelage hinein. Im rötlichen Lichtschein von Fackeln und Kerzen saß an langen Tischen eine Schar von stattlichen Männern in meist kostbarer Kleidung. Ihr klirrender Schmuck glänzte um die Wette mit blinkenden Trinkgeschirren. Diener gingen unermüdlich umher und füllten die Becher nach. Doch herrschte eine seltsame Ruhe, ganz ungewohnt bei Trinkgelagen unter Christen wie Heiden. Die Männer redeten miteinander, nicht besonders leise. Manchmal ertönte auch ein lauterer Zuruf. Aber ausgelassen oder betrunken gebärdete sich keiner. Es war nicht gerade wie bei einem Leichenmahl, nur ein wunderlicher, entschlossener Ernst lag über der Versammlung.

Fürst Jurij saß erhöht am andern Ende des Saales und winkte Julian zu sich heran. Wie vermißte der jetzt Elkan Beer, weniger seine Sprachkenntnisse als seinen weisen Rat! Jedenfalls gelang es ihm, einen Vorsprung zu gewinnen, als er den Fürsten in der Landessprache begrüßte.

»So redest du doch unsere Sprache?« wunderte sich Jurij.

»Ich lernte sie inzwischen, Herr.«

»Dann hast du diese zwei Jahre in unserm Lande verbracht – wohl in Wladimir?«

»O nein, mein Fürst. Ich bin in meine Heimat zurückgekehrt, nach Ungarn, und habe meinen König gewarnt vor den Tataren. Er hat mich wieder hierher geschickt, um Genaueres zu erkunden.«

»So bringst du keine neuen Nachrichten?«

»Nein, Herr, ich suchte sie hier.«

Die Enttäuschung aller, die das hörten, war spürbar. Der Fürst fragte weiter: »Aber du kommst doch von Wladimir. Reiter des Großfürsten geleiteten dich und kehrten vor der Stadt um – warum? Trugen sie keine Botschaft für mich? Hast am Ende du sie übernommen – eine Nachricht von unserm Vetter Jurij Wsewolodowitsch?« Immer dringender klang es, beschwörend zuletzt, als sollte die Nennung dieses Namens Julian an etwas erinnern, was er unbegreiflicherweise vergessen haben könnte. »Eine Nachricht aus Wladimir – wir warten auf sie!«

Aber Julian hatte keine zu überbringen. Er schüttelte den Kopf und breitete die leeren Hände aus. Nun begriff er die Fragen der Wachen unterwegs und den plötzlichen Abschied der wladimirischen Reiter, die wohl noch mehr solcher Fragen befürchtet hatten. Er begriff auch, warum der Fürst von Rjasan ihn hatte rufen lassen. Es war offensichtlich, der Großfürst von Wladimir-Susdal blieb bei seinem Nein. Er war nicht gewillt, Rjasan Waffenhilfe zu leisten gegen die Tataren, was für Gründe dafür er auch haben mochte – vielleicht nur die überhebliche Mißachtung der Gefahr, die er vor Julian zur Schau getragen hatte.

Nach einem langen Schweigen ergriff Jurij Igorewitsch wieder das Wort. »Nun gut!« rief er mit einer Munterkeit, die durchaus nicht gespielt schien, mit blitzenden Augen und lachendem Mund. »Wir haben es ja immer gewußt, ihr meine Brüder und Freunde, daß wir von keiner Seite Hilfe zu erwarten haben. Wir, die Fürsten von Rjasan, von Murom, Kolomna, Pronsk und ihr andern alle, stehen allein gegen den übermächtigen Feind. Um so größer wird der Ruhm sein, wenn wir ihn besiegen. Vertrauen wir auf unsere Verbündeten hoch über Menschenmacht: auf Gott und die Heilige Jungfrau, auf den heiligen Wundertäter Nikolai und auf unsere Verwandten, die heiligen Fürsten-Erdulder Boris und Gleb. Ihnen allen trink ich zu.«

Feierlich hob er seinen goldenen Becher, und alle taten es ihm nach. Auch Julian hielt plötzlich ein Trinkgefäß in der Hand und trank mit den andern den unbekannten Heiligen zu. Von ihnen kannte er nur Gott und die Heilige Jungfrau, und es war ihm ungewohnt, sie auf solche Weise zu ehren. Doch begriff er dunkel den Sinn dieses seltsamen Gelages. Eine Leichenfeier war es nicht, auch kein Abschied vom Leben, was diese kraftvollen, schönen Menschen hier feierten. Es war nur die Besiegelung ihres großen Kriegsrates, auf dem sie beschlossen hatten, ohne Hoffnung auf menschliche Hilfe ihr Leben und das ihrer Krieger an einen fast aussichtslosen Kampf zu wagen. Sie bewahrten sich die Zuversicht, durch Gottes Hilfe dennoch zu siegen. Aber sie gaben sich keiner Täuschung hin über das, was ihnen bevorstand. Jeder Becher, der hier geleert wurde, und besonders dieser letzte, so feierlich ausgebrachte, war Bestätigung dieser Entschlossenheit.

Danach fand Julian es an der Zeit, Abschied zu nehmen. Aber noch einmal redete der Fürst ihn an, halblaut, in nüchternem Ton. Er solle mit seinen Freunden so schnell wie möglich aufbrechen und sich auf dem Heimweg beeilen. »Sie könnten heute oder morgen hier sein, hier und auch an anderen Orten. Es wäre schlimm, wenn sie euch fingen. Denn du mußt heimkehren, deinen König warnen und alle Fürsten des Abendlandes. Für uns käme ihr Beistand zu spät. Aber sie sollen rüsten und sich verbünden, ihre Zwietracht vergessen. Sonst sind sie alle verloren. Sag ihnen das von mir!«

Julian verneigte sich stumm. Auch von diesen Worten sollte keins je vergessen werden.

An der Tür des Saales trat ihm ein junger, schöner Ritter in den Weg, Fjodor, des Fürsten einziger Sohn, und bat ihn um ein kurzes Gespräch. Er führte ihn in einen anderen Teil der Burg, in ein kleines Gemach, wo eine junge, fürstlich geschmückte Frau inmitten ihres Gefolges saß. Fürst Fjodor bat alle, ihn, die Frau und den Fremden für eine kurze Weile allein zu lassen. Dann sagte er zu Julian: »Meine Gemahlin, die Fürstin Eupraxia, wünscht dir einige Fragen zu stellen.«

Die junge Fürstin begann sogleich, lebhaft, aber mit bebender Stimme: »Ja, ich bat darum, man möge dich zu mir führen, Fremder. Du bist es, der damals die erste Nachricht von den Tataren zu uns gebracht hat. Du als einziger hast sie aus der Nähe gesehen und mit ihnen gesprochen. Sage mir, wie würden sie einem Menschen begegnen, der zu ihnen kommt, um Frieden anzubieten, mit kostbaren Geschenken, zu allem bereit, nur um Frieden und Schonung zu gewinnen für sein Land? Wie würden sie den aufnehmen?«

Wie soll ich das wissen? dachte Julian und blieb stumm.

»Natürlich kannst du es nicht genau sagen«, fuhr Eupraxia fort. »Du bist ja keiner von ihnen, sondern ein Christ wie wir. Aber soviel weißt du doch wohl: Kann man mit ihnen reden in irgendeiner christlichen Sprache? Fallen sie nicht wie reißende Tiere über jeden her, dessen sie habhaft werden? Sind sie denn überhaupt Menschen?« Ihre Stimme brach.

Fürst Fjodor legte den Arm um ihre Schultern und sprach zu Julian: »Die Fürstin ist besorgt, weil der Plan besteht . . .«

»Seiner ist es, seiner allein!« unterbrach Eupraxia heftig ihren Gatten, mit einem Blick auf ihn voller Liebe und Anklage.

»Nun ja, ich habe meinem Vater, dem Fürsten Jurij, vorgeschlagen, mich den Tataren entgegenzuschicken, als Unterhändler, mit Geschenken, mit jedem Zugeständnis. Wenn sie Menschen sind und nicht Teufel oder wilde Tiere, dann müßte man doch mit ihnen reden können.«

»Sie werden alles nehmen«, rief die Fürstin, »alles, was du bietest, Fjodor, und mehr, auch das Kostbarste, dein Leben, und sie werden dennoch über uns kommen. Ist es nicht so, Fremder?«

Julian stand in tödlicher Verwirrung. Wie konnte er hier raten? Was wußte er denn wirklich? Der Entschluß des jungen Fürsten war mutig und besonnen, ritterlichem Kriegsbrauch angemessen, ja das einzig mögliche als letzter Versuch. Was aber bedeutete das gegen diesen Feind? Ihm klang die eintönige Stimme des gefangenen Baschkiren im Ohr: »Sie töten unverzüglich alle Könige, Fürsten und Großen, die einmal Widerstand leisten könnten . . .« Und waren ihre christlichen Gegner barmherziger? Die gehängten Gefangenen vorm Palasttor zu Wladimir fielen ihm ein. Hundertmal recht hatte die Fürstin mit ihrer Sorge. Aber durfte man sie noch mehr ängstigen, da doch unvermeidlich war, was kam?

Endlich sagte er, daß er dieses unheimlich fremde Volk nach einer einzigen Begegnung doch kaum kenne, daß es aber gewiß ein gefährliches Unterfangen sei, mit ihm zu verhandeln. Er wußte selbst, wie wenig er damit sagte. Aber er konnte nicht anders antworten, wollte er bei der Wahrheit bleiben.

Das Fürstenpaar schien sie in seinen verzweifelten Augen zu lesen. Auch er wußte keinen Rat. Niemand hätte einen gewußt, denn niemand kannte diesen Feind – niemand außer einem, und der blieb die letzte Zuflucht. Denn er war nicht nur allwissend, sondern auch allmächtig.

»Wir danken dir, Fremder«, sagte nach einem Schweigen die Fürstin leise und mit Anmut. »Gott schütze deine Heimfahrt!«

»Tritt sie eilig an!« riet Fürst Fjodor wie zuvor schon sein Vater. »Und heiße die im Abendland für uns beten. Mehr können Menschen nicht mehr tun.«

Julian, sich an der Tür verneigend, sah noch einmal die beiden schönen, jungen Häupter, wie sie einander zugeneigt ihm nachblickten, blond und bärtig das eine, das andere von dunkler Lieblichkeit. Nie sollte er sie vergessen – die ersten Opfer des großen Tatarensturms.

Früh am nächsten Morgen brachen sie auf. Für die beiden Mönche hatte der Ritter Geza mit der Findigkeit des alten Kriegsmannes noch zwei Pferde zu beschaffen gewußt. In fast pausenlosen Tagereisen durchritten sie ein Land, das von Kriegsfurcht verstört, von Flüchtlingen und Räubern durchschwärmt war, durch Wälder, Sümpfe und Steppen, vorbei an Städten und Klöstern, die sich oft in furchtsamer Feindseligkeit den Fremden verschlossen. Einige Male erschreckte sie in der Nähe der Städte der Feuerschein brennender Häuser und Dörfer. Hatten die Tataren sie am Ende schon überholt? Aber Ortskundige, die sie fragten, beruhigten sie: »Die räuchern nur die Juden aus, denn die haben doch die Tataren gerufen.«

Einmal, nicht weit vor Kiew, wurde die Stadt Tschernigow genannt, deren Türme zur Rechten über Wiesen und Äckern ins Abendrot ragten. Julian dachte an Elkan Beer, der dort zu Hause war. Ob auch er mit den Seinen ein Opfer der Tatarenfurcht geworden war? Aber es war keine Zeit, sich aus dem Zug zu lösen und hinüberzureiten. Was hätte Julian auch helfen können? Es stand anderes auf dem Spiel. Möge Gott dich schützen, Elkan Beer, hilfreicher Freund!

Sie ritten schneller, mit immer kürzeren Rasten. Denn der Winter war ihnen auf den Fersen. Er kam früh und drohte hart zu werden. In tiefem Schnee überstiegen sie die Karpatenpässe und erreichten in weniger als zwei Monaten ihr Ziel, die Königsburg zu Gran, fast auf den Tag zwei Jahre nach Julians erster Heimkehr.

3

Diesmal aber war der Empfang anders. Nicht heimlich bei Nacht und allein, nicht in fiebernder Ungeduld, voll vermessener Hoffnungen empfing König Béla den Bericht seiner Gesandtschaft, sondern bei hellem Tageslicht, in voller königlicher Würde, umgeben von seinen Vasallen. Daß der alte Kumanen-Chan Kotjan unter ihnen war, wurde wie immer mit Groll wahrgenommen. Aber wann sonst wurde sein Rat gebraucht, wenn nicht hier! Seit die Kumanen im Land waren, wurde mehr als zuvor von der Gefahr im Osten geredet, wenn auch nur wenige die Sorgen des Königs ernst nahmen. Die Gesandtschaft nach Großungarn, die zweite Reise des Mönches Julian, war kein Geheimnis geblieben. Als er jetzt vortrat, um seinen Bericht zu erstatten, konnte er achtungsvoller Aufmerksamkeit sicher sein.

Er war verwandelt, war nicht mehr der schlichte, vom Entsetzen über seine Erlebnisse verstörte Mönch. Nicht nur Kleid und Haartracht bewirkten die Verwandlung. Seine Haltung, jede seiner Bewegungen waren anders geworden. Aus dem wettergebräunten Gesicht blitzten die Augen mit festem, fast verwegenem Blick. König Béla, in Erinnerung an ihre Begegnung vor zwei Jahren, sah es mit Staunen und nicht ohne Wohlgefallen. So war es doch kein Fehlgriff gewesen, dem jungen Dominikaner weiterhin diese schwierige Aufgabe anzuvertrauen.

Zuerst beantwortete Julian die Frage nach der verfrühten, kaum schon erwarteten Rückkehr der Gesandtschaft. Die Antwort war freimütig und beschönigte nichts. Da drüben jenseits der Wolga, am Ziel der Reise, gab es nichts mehr zu erkunden, nichts zu retten. Großungarn war zerstört, ehe es zustande gekommen war, die Baschkiren unterworfen, geknechtet, getötet oder in alle Winde zerstreut, die Tataren im Vormarsch auf die russischen Fürstentümer. Warum hätte man länger verweilen sollen? Ritter Geza bestätigte jedes Wort.

Dann berichtete Julian über den Verlauf der Reise. Keiner unterbrach ihn. Gespannt hörten alle diesem jungen Menschen zu, der in so entfernten Ländern, unter fremden Völkern mit Fürsten und Gefangenen in deren eigener Sprache geredet und überall Förderung, ja Freundschaft erfahren hatte. Wie wäre er sonst immer heil davongekommen und hätte so wichtige Nachrichten erkunden können! In manch nüchtern ehrlichem Kopf mochten sich Zweifel regen, ob alles wirklich so gewesen sein konnte. Aber wieder bezeugte Ritter Geza wortkarg alles. Von den Gesprächen habe er nicht viel verstanden. Aber die Ereignisse hätten immer wieder bestätigt, was Bruder Julian ihnen gesagt und gedolmetscht habe. Niemals hätten sie Grund gehabt, an seinen Worten zu zweifeln.

Zuletzt überreichte Julian den Brief des Tataren-Chans Batu, der ein Enkel des berühmten und schrecklichen Tschingis Chan sein sollte.

Béla wunderte sich. »Warum an mich? Was habe ich mit ihm zu schaffen?«

Er habe auch an Kaiser und Papst geschrieben, erwiderte Julian und überreichte auch diese Briefe, die er zu weiterer Beförderung übernommen hatte.

Arabische Schriftzeichen boten hierzulande keine Schwierigkeiten. Der König ließ den Schreiber kommen, der in seiner Kanzlei dergleichen Briefe zu übersetzen und zu beantworten hatte. Der studierte eine Weile auf dem bräunlichen, schlecht gegerbten Pergament herum und blickte endlich verwirrt auf. »Die Schrift ist leicht zu lesen, aber die Worte verstehe ich nicht. Es ist eine ganz und gar fremde Sprache. Ich kenne sie nicht.«

Erstaunt starrten alle auf das seltsame Schriftstück. Daß Buchstaben lesbar, aber der Sinn der Worte, die sie bildeten, unverständlich sein sollte, dünkte sie schwer zu begreifen. Vielleicht war sich auch Batu Chan darüber nicht im klaren gewesen, als er diesen Brief einem arabischen Schreiber fern an der Wolga diktiert hatte.

Da rührte sich plötzlich Kotjan, der alte Kumanen-Chan, der stumm, mit halbgeschlossenen Augen dabeigestanden hatte, aufmerksam jedem Wort folgend, aber seiner Unerwünschtheit in diesem Kreise wohl bewußt. Jetzt kam es unvermutet aus seinem bartverhängten Munde: »Lies mir die Worte vor, Schreiber, ob du sie verstehst oder nicht!«

Der verschüchterte Moslem gehorchte, buchstabierte tonlos die unverständlichen Silben. Kotjan nickte, ließ sich einiges wiederholen und sagte dann: »Es ist Tatarisch. Soll ich die Sprache nicht kennen, in der ich so oft bedroht worden bin! Drüben an der Wolga verstehen alle sie gut genug. Schreiber, hol dein Schreibzeug, sag mir den Brief dann Wort für Wort vor, und ich sag dir in die Feder ein, was es bedeutet.«

So tat der alte Kotjan, ahnungslos, daß dieser Freundschaftsdienst, den er seinem großmütigen Gastgeber erwies, nur den Verdacht bestärkte, in dem er für viele schon immer gestanden hatte – und der ihn eines Tages das Leben kosten sollte.

So aber lautete der Brief, den Batu Chan am Vorabend seines Aufbruchs in den Krieg gegen das Abendland an den König von Ungarn gerichtet hatte:

Ich, der Chan, Bote des himmlischen Königs, der mir die Macht über die Welt gab, niederzuwerfen, die sich erheben, und meine Gegner zu unterdrücken, wundere mich über dich, o König von Ungarn, daß du, nachdem ich dir schon dreißigmal Gesandte schickte, mir niemals eine Antwort und auch selbst nicht Boten noch Briefe sandtest. Ich weiß, daß du ein reicher und mächtiger König bist, viele Krieger unter dir hast und allein ein großes Reich regierst. Deshalb fällt es dir schwer, dich mir freiwillig zu unterwerfen. Es wäre aber besser und heilsamer für dich, du tätest es. Denn ich erfuhr, daß du meine Knechte, die Kumanen, unter deinem Schutz hältst. Deshalb befehle ich dir, daß du sie aufgibst, damit du nicht mich zum Feinde hast. Für sie ist es nämlich leichter zu entkommen als für dich, weil sie ohne feste Häuser mit ihren Zelten umherziehen und vielleicht entfliehen könnten. Du aber, der du in Häusern wohnst, Burgen und Städte hast – wie willst du meinen Händen entkommen?

Ein atemloses Schweigen folgte der Verlesung dieser unerhört anmaßenden Drohung. Auch dem Mutigsten lief es kalt über den Rücken. Solche Sprache führte nur einer, der wirklich die Macht hatte, danach zu handeln – oder ein Wahnsinniger.

Dann aber loderte der Zorn auf. Dreißigmal Gesandte geschickt? So eine plumpe Lüge! Nicht ein einziger hatte sich jemals in Ungarn sehen lassen. Aber – meine Knechte, die Kumanen? Da hatte man's! Sie waren es, die ungeliebten Gäste, die Ungarn diese teuflische Feindschaft zuzogen. Aus dem Lande jagen, zurück dahin, wo sie hergekommen waren!

Ungehört blieben die ruhigen Worte, die der alte Kotjan in den Tumult hinein sprach: »Auch das ist eine Lüge. Nie waren wir ihre Knechte. Wie hätten wir sonst entfliehen können! Aber dieser Vorwand ist ihnen immer recht. Sie haben noch jeden gestraft, der ihren Feinden auf der Flucht Asyl bot.« Er bedachte wohl nicht, wie sehr er sich selbst und den Seinen mit diesen Worten schadete. Aber zum Glück hörte niemand auf ihn.

Alle waren sich einig über die Frage, ob vom Ungarnkönig zu erwarten sei, daß er dem Befehl eines unbekannten Barbarenfürsten gehorche. Von Béla sicher noch weniger als von irgend jemandem sonst!

Man mußte es wohl darauf ankommen lassen, die Folgen seines unbesonnenen Handelns abzuwarten. Was schließlich hatte das Königreich Ungarn zu befürchten von einem Angriff ungesitteter Reiterscharen aus den östlichen Steppen!

An diesem Tag geriet Béla zum erstenmal in Sorge um seine kumanischen Schützlinge und gab Kotjan Chan verstärktes Geleit mit nach der Burg, die er ihm zum festen Wohnsitz angewiesen hatte. Der Mönch Julian aber erhielt nach gnädigem Abschied den Auftrag, so schnell wie möglich einen schriftlichen Bericht über seine zweite Reise zu verfassen – allein, ohne die Hilfe des Bruders Bibliothekar. Tatsachen wollte man erfahren, nicht gelehrte Gedankenspiele.

Julian begriff ganz und gar, was von ihm gefordert wurde. Obgleich er im Schreiben unerfahren und des gebildeten Lateins seit Jahren entwöhnt war, verzagte er nicht vor dieser neuen Aufgabe. Auch der Orden spornte ihn mit strenger Weisung an. Die Wahrheit sollte er berichten, alles, was er mit eigenen Augen gesehen, mit eigenen Ohren gehört hatte. Das schien ihm nicht allzu schwer. Die Gedanken drängten sich ihm schneller auf, als er sie in Worte fassen konnte. Manchmal wiederholte er sich oder geriet mit der zeitlichen Reihenfolge durcheinander. Dennoch wurde es ein klarer, packender Bericht, wohl geeignet, die ganze Christenheit zu warnen – soweit sie gewarnt werden wollte.

Aber ganz ohne gelehrte Gedankenspiele ging es doch nicht ab, und dieser Teil seines Berichts fiel Julian am schwersten. Wie hätte der Orden des heiligen Dominikus darauf verzichten können, die Ergebnisse einer so bedeutenden Forschungsreise, der ersten, die eines seiner Mitglieder unternahm, nicht aus der Heiligen Schrift zu begründen! Ein Volk, das in der Bibel nicht erwähnt war, hatte bekanntlich überhaupt kein Recht, in der wirklichen Welt vorhanden zu sein. Dem jungen Bruder war nachdrücklich aufgegeben worden, Herkunft und Geschichte des völlig unbekannten Volkes der Tataren in dieser Hinsicht überzeugend aufzuklären. Da mußte er gehorchen, aber an dieser Stelle ließ sein Bericht den Bezug zur Wirklichkeit peinlich vermissen. Seinen gestrengen Oberen genügte zum Glück seine Deutung. Natürlich konnten die Fremdlinge nur Ismaeliter sein, Abkömmlinge des unseligen Sohnes der Hagar, wie so manches andere heimatlose, verdammenswürdige Volk von unbekannter Herkunft. Ihre Geschichte bot in Julians Bericht einen Wirrwarr von fremdartigen Namen und blutrünstigen Begebenheiten, dessen Enträtselung noch Jahrhunderte später die Geister beschäftigen sollte.

Aber im wesentlichen war der Bericht wahrhaftig, ein Weckruf an das Abendland, das sich immer noch mit Träumen von einem friedebringenden Priesterkönig Johannes trösten wollte. Teile des Berichts wurden in Abschriften an die Kirchenfürsten des Landes versandt und von allen Kanzeln verlesen.

Was aber konnte es helfen, das geringe Volk in Angst zu versetzen vor einem Unheil, das es doch nicht abwenden konnte allein mit Gebet, solange die Mächtigen, die etwas dagegen vermocht hätten, einfach nicht daran glauben wollten! Denn das spürte Julian bald heraus bei seinen Begegnungen mit den großen Herren am Hofe, so gern sie ihn ausfragten. Neugierig waren sie auf seine Erlebnisse in den fernen Ländern. Aber was ihm das Wichtigste war, die Warnung vor der kommenden Gefahr, die nahm keiner ernst. Ja, manche ließen augenzwinkernd die Meinung durchblicken, König Béla habe wohl seine Absichten dabei, daß er einen nicht vorhandenen Feind heraufbeschwor, um eigenwillige Leute durch Furcht gefügig zu halten.

Dem jungen Mönch kam es nicht zu, solchen Vermutungen zu widersprechen. Er konnte nur eins tun, um sich Glauben zu verschaffen: Sich über diese Irrtümer hinweg an die Instanz wenden, die für ihn die höchste war, wie sie es für jeden Christen sein mußte. Sein Reisebericht war in Form eines Briefes an den päpstlichen Legaten für Ungarn gerichtet und damit an den Heiligen Vater selbst. Ihn rief Julian am Ende seines Berichtes mit eindringlichen Worten an:

Da eine solche Geißel Gottes herankommt und sich den Söhnen der Kirche, der Braut Christi, nähert, so möge die Klugheit Eurer Heiligkeit sorgsam bedenken, was hierin zu veranlassen und zu tun ist.

Mit diesen Worten scheidet der Dominikanermönch Julian aus den Annalen der Weltgeschichte. Nirgendwo findet sich sein Name später noch erwähnt. Wir wissen nichts über sein Schicksal in den kommenden Sturmzeiten. Er hat das Seine getan, den Untergang seiner Welt, des christlichen Abendlandes im 13. Jahrhundert, vorausgesagt.

Seine Warnungen vermögen nichts aufzuhalten. Ist er selbst zum Opfer geworden? Und auf welche Weise? Ist er gehorsam in seine Zelle zurückgekehrt und bei der Zerstörung des Klosters oder auf der Flucht mit den andern Brüdern umgekommen?

Oder ist es vermessen, sich vorzustellen, ein so wagemutiger junger Mensch, der auf zwei außergewöhnlichen Forschungsreisen seine besondere Begabung bewiesen hat, könnte vielleicht nicht wieder zurückgefunden haben in die Enge der Klosterzucht? Vielleicht haben sich ihm andere Wege geöffnet, seiner Sendung weiter zu dienen, im Auftrag der Kirche oder weltlicher Herren – seines Königs oder anderer. Kaum denkbar scheint es, daß seine Erlebnisse und sein schmerzvoll erworbenes Wissen ihm jemals wieder Ruhe gelassen haben. Nur eins ist sicher: In die Alltäglichkeit zurückkehren – überleben kann der Warner nicht. Alle Beispiele aus Geschichte und Mythos widerlegen eine solche Möglichkeit.

So ist es uns wohl erlaubt, darüber nachzudenken, wie es hätte kommen können, auf welche Weise das Schicksal des Bruders Julian weiterhin in das Zeitgeschehen verwoben sein und sich darin hätte erfüllen können.

1238 Der Lombardenkrieg des Kaisers geht weiter mit wechselndem Glück. Inzwischen erhält der Staufer den Brief des Tataren-Chans. Der fordert ihn, nicht anders als den Ungarnkönig, zur Unterwerfung auf. Doch ehrt er den kaiserlichen Rang durch eine besondere Vergünstigung. Falls Friedrich sich fügsam zeige, dürfe er sich ein Amt am Hofe des Chans ausbitten. Schlagfertig erwidert der Staufer, alsdann werde ihm das Amt des Falkners genehm sein. Die Antwort ist nicht für den fernen Briefschreiber bestimmt, ist nur ein Scherzwort, hingeworfen vor einem beifällig lachenden Gefolge. Der Staufer hat andere Sorgen. Einer ernsthaften Antwort hält weder er noch irgend jemand sonst die unverschämte Herausforderung für wert.

In Spanien macht die Reconquista mit der Eroberung von Valencia weitere Fortschritte. Die Könige Spaniens gewinnen die Halbinsel Schritt für Schritt der Kirche zurück – auf Kosten des geistigen Lebens, der Kultur, des natürlichen Reichtums der zurückeroberten Länder.

Am Bamberger Dom und an der Kathedrale zu Reims werden die berühmten Standbilder vollendet – Werke für die Ewigkeit, hoffen die Steinmetze fromm.

Nach und nach erfährt das Abendland, was im Winter und Frühjahr zuvor in Rußland geschehen ist: der Untergang der christlichen russischen Fürstentümer.

Dem Fall von Rjasan vorausgegangen ist der Tod des jungen Fürsten Fjodor. Mit der ganzen Gesandtschaft, die Batu Chan Frieden anbot, ist er ermordet worden. Der Chronist will wissen, der ruchlose Chan habe von ihm seine Gemahlin Eudoxia gefordert, deren Schönheit weitberühmt war. Als der Fürst dies mit Würde verweigert, wird er mit seinem Gefolge niedergemacht. Auf diese Nachricht hin stürzt sich die junge Fürstin mit ihrem kleinen Sohn vom Altan ihres Palastes zu Tode – wenige Tage vor dem Untergang der Stadt Rjasan.

Es folgen die Städte Colomna und Murom, am 7. Februar Wladimir und Susdal, wo drei Söhne des Jurij Wsewolodowitsch fallen. Am 4. März verliert der Großfürst selbst am Flusse Sit Schlacht und Leben.

So fällt eine Stadt nach der andern, ein Fürstentum nach dem andern. So tapfer sie, oft wochenlang, Widerstand leisten, sie werden alle erobert, in Blut ersäuft, dem Erdboden gleichgemacht. Im März stockt der Vormarsch auf Nowgorod, die begehrte, reichste Beute. Die Heere kehren um, wenden sich südwärts. Mit Prozessionen und Messen danken die Bürger ihrem Schutzheiligen für das Wunder. Aber es ist keins. Der erfahrene Feldherr Subutai kennt nur besser als spätere Eroberer die Tücken auftauenden Sumpflandes. Warum ihnen seine schnellen Reiterheere opfern? In den südlichen Ländern gibt es noch genug zu erobern.

Das Abendland sieht noch keinen Grund, sich zu beunruhigen. Diese Länder liegen weit weg. Und sind ihre Bewohner nicht Ketzer, Glaubensabtrünnige? Wen wundert da das Gottesgericht, das über sie hereingebrochen ist!

1

König Béla, der vom halbherzigen Unglauben seiner Magnaten nicht viel für eine planvolle Abwehr der drohenden Gefahr hoffen konnte, suchte Verbindung zu seinen Nachbarn. Im Sommer 1238 beschloß er, eine Gesandschaft an den Herzog von Schlesien, seinen Vetter, zu schicken. Der Anlaß dazu ergab sich fast von selbst. Im Frühjahr war der Vater des Herzogs gestorben, Heinrich der Bärtige, nicht nur der mächtigste, sondern auch der bedeutendste unter den vielen Polenherzögen, die allesamt aus dem Geschlecht der Piasten stammten. Ein großer Kampfhahn war der Bärtige sein Leben lang gewesen, aber auch ein Politiker von hohen Graden, der sein Herzogtum gewaltig erweitert und gefestigt hatte. Es ist zu glauben, daß er, wenn nicht für sich selbst, so doch für seinen Sohn die längst wieder verlorene polnische Königskrone angestrebt hatte. In die Geschichte ging er ein als großer Förderer der Ansiedelung deutscher Bauern und Bürger in seinen Ländern. Daran hatte seine Gemahlin, Hedwig von Andechs, entscheidenden Anteil.

Durch sie war der Ungarnkönig mit den Piasten verwandt. Denn sie war eine Schwester der Königin Gertrud, Bélas gemordeter Mutter. Sehr ungleiche Schwestern mußten sie gewesen sein. Hedwig war von hoher, asketischer Frömmigkeit, dazu eine kluge, weitschauende Herrscherin, die nur Segen über ihr Land gebracht hatte. Gertrud dagegen war wegen ihrer Herrschsucht, vor allem wegen der Bevorzugung ihrer eigenen Familie, der sie die Regierung des Königreichs zuletzt ganz und gar zugespielt hatte, auf einer Jagd in den Pilisbergen von ungarischen Edlen erschlagen worden. Als Sechsjähriger hatte Béla die Todesschreie seiner Mutter mit angehört, erst aus entsetzlicher Nähe, dann ferner und ferner, während ihn der treue Gespan Miska von Vasvár in jagendem Ritt forttrug vom Ort der Bluttat.

Am schlesischen Hofe hatte es damals Verdruß erregt, daß König Andreas die Mörder seiner Gemahlin nur lässig verfolgte. Einzig der Gespan Peter, einer der Hauptschuldigen, und ein paar andere, die so unvorsichtig waren, sich fangen zu lassen, büßten mit ihrem Leben, manche auch nur mit dem Verlust ihrer Güter. Die meisten aber gingen straflos aus, ja, viele stiegen sogar in der Gunst des Königs, kamen zu

Gütern und Würden. Erst fünfzehn Jahre später, als Béla zum Mitregenten des Vaters gekrönt war, hatte er es erzwungen, daß an Sühne nachgeholt wurde, was noch möglich war. Dies verspätete Strafgericht, als nachtragende Rache empfunden, trug nicht dazu bei, dem allzu strengen jungen König Freunde zu gewinnen. Am schlesischen Herzogshof aber hatte es den guten Ruf der Arpaden wieder hergestellt und Béla das Recht gegeben, die Verbindung zu den Verwandten wieder aufzunehmen. Es war nur gute Sitte und Christenpflicht, dem neuen Herzog und seiner verehrungswürdigen Mutter das Beileid des Ungarnkönigs zu übermitteln und zugleich mit ihnen über die Gefahr aus dem Osten zu beraten. Auf dem Rückweg sollte die Gesandtschaft auch den Böhmenkönig Wenzel, der wiederum ein Schwager des Schlesiers war, in der gleichen Sache aufsuchen. Begleiten sollte sie der junge Predigermönch Bruder Julian, um aus eigener Anschauung zu berichten und so noch wirksamer zu überzeugen.

Für Julian öffnete sich ein Käfig, als ihn dieser Befehl erreichte. Seit er seinen Bericht vollendet hatte, war sein Leben im Kloster das eines gefangenen Vogels gewesen. Nicht daß man ihm mit Härte begegnete! Im Gegenteil, seine ungewöhnlichen Erlebnisse hatten ihm die Achtung auch der Ordensbrüder erworben, die ausgestandenen Leiden – von denen nach seiner Meinung allzuviel hergemacht wurde – ihr Mitleid. Aber noch nie, nicht einmal in der schmerzvollen ersten Zeit seines Noviziats, hatte er die Klosterregel als so drückend, so ganz und gar sinnlos empfunden. Sollte er hier, bei gehorsamer Erfüllung frommer Pflichten, tatenlos das abwarten, was er kommen sah, deutlicher als irgend jemand sonst in diesem Land?

Von dieser Sorge fühlte er sich befreit, als er an einem strahlenden Sommermorgen im Gefolge der königlichen Gesandtschaft nordwärts ritt, den Bergen zu. Die Gnade seines Königs, soviel schien ihm gewiß, würde ihm auch in Zukunft tätigen Anteil am Geschehen gönnen, vielleicht auch an den Kämpfen. Diese Reise nach Schlesien war wohl schon der erste Schritt dazu. Durch die Mährische Pforte ging es oderabwärts in die blühende Ebene der schlesischen Herzogtümer hinein.

Die breitete sich unter dem Mantel ihrer wohlbestellten Äcker grün und golden vor ihnen aus. Dichter als in Ungarn lagen die Dörfer beieinander, so nahe, daß die Kirchtürme sich grüßten mit ihrem Geläut. Viele neue Dächer aus Schindeln oder Stroh leuchteten hell aus dem Grün der Gärten, die im Kranz jedes Dorf umgaben. Fröhlich neugieriges Volk kam an den Weg gelaufen, die fremden Reiter anzugaffen. Auf deutsch und polnisch wurde Willkommen geboten, oft mit einem Trunk frischer Milch oder klaren Brunnenwassers. Man spürte es, in diesem Land herrschte ein wohlgegründeter Friede. Es schien weder Zwingherren zu geben noch deren blutige Fehden. Der Geist eines mächtigen und gerechten Herrschers war überall zu spüren – oder war es eher der einer Herrscherin? Der Name der Herzogin Hedwig wurde fast öfter genannt als der des Herzogs, wo man auch auf der Rast in Gespräche kam. Alle wußten, sie war der gute Geist des bärtigen Herzogs gewesen, der ihn nicht nur mit weisem Rat, sondern auch mit tätigem Eingreifen oft aus der Not und zu unverhofftem Erfolg geholfen hatte. Das gewaltige Siedlungswerk, das Tausende von Deutschen nach Schlesien gerufen und den Wohlstand des Landes so unvermutet gesteigert hatte, war ebenso Ziel und Inhalt ihres Lebens gewesen wie dem des Herzogs. Sie schien jedenfalls eine Frau zu sein, die bei aller Frömmigkeit auch im Irdischen durchaus Schätze zu sammeln gewußt hatte.

Herzog Heinrich II. empfing die ungarische Gesandtschaft auf seiner Burg zu Liegnitz. Er war nicht mehr jung, schon nahe den Fünfzig, hochgewachsen und stark, Ruhe ausströmend und Vertrauen erwekkend, weniger ein Mann der raschen Entschlüsse als des Bewahrens und Aufbauens. Wenn er wirklich einmal König von Polen werden sollte, dann würde er sicher ein guter König sein. Sehr gnädig nahm er die Botschaft seines Vetters von Ungarn auf und sprach sein Bedauern aus, daß die Herzoginmutter zur Zeit nicht am Hofe weile, sondern auf ihrem Witwensitz im Kloster Trebnitz, den sie seit dem Tode ihres Gemahls noch nicht verlassen habe. Doch wisse sie von der Gesandtschaft und lasse den ungarischen Herren Gruß und Dank entbieten. Sie zu empfangen sei sie in ihrem gegenwärtigen Trauerstande indessen nicht gestimmt und in ihrer klösterlichen Behausung auch nicht darauf eingerichtet. Doch werde sie dankbar sein, wichtige neue Nachrichten über die Taterngefahr möglichst bald zu erfahren.

Dies war, bei aller Zurückhaltung, nicht die Sprache einer vom Leid gebrochenen, der Welt für immer abgewandten Witwe. Die sie kannten, wußten schon, daß die Herzogin Hedwig auch aus der Klosterzelle bald wieder sanft und bestimmt das Reich mitregieren werde.

Über diese Tatern hatte der Herzog schon einiges erfahren. Reisende Kaufleute, die ihre Reisen in den Osten abgebrochen hatten und vorzeitig heimatwärts strebten, auch schon vereinzelte Flüchtlinge, vornehme Leute, die mit ihren Schätzen und großem Gefolge Zuflucht im Westen suchten, hatten Schreckensdinge berichtet – meist auch nur vom Hörensagen. Denn wer den Tataren bis auf Augenschein nahe kam, der hatte kaum noch Aussicht, lebend zu entkommen.

Was man auf diese Weise erfahren hatte, war wohl geeignet, Grausen zu erwecken, aber doch nicht unmittelbare Sorge für das eigene Leben. Denn wer konnte im Ernst befürchten, daß dies wilde Reitervolk bis ins christliche Abendland vordringen werde? Das geschah doch alles so weit in der Ferne, war ein Krieg zwischen Heiden und Halbheiden am Rande der Welt. Nur die Nachdenklichsten, wie dieser lange, ernsthafte Herzog Heinrich, fingen an, sich Gedanken zu machen. Hatte es vorzeiten nicht schon einen Sturm der Hunnen gegeben durch das ganze Abendland? Der Name Attila war noch nicht vergessen. Und wie war das vor nun fast vierhundert Jahren mit den Ungarn selbst gewesen, an deren christlich wehrhafter Gesinnung heute kein Zweifel mehr erlaubt war? Konnte denn, was einmal geschehen war, nicht wiederkommen?

Was der junge Dominikaner als erster aus eigener Anschauung berichtete von den Tataren und ihren Absichten, fesselte die Aufmerksamkeit des Herzogs aufs höchste. Der Brief, den der Chan an den Ungarnkönig geschrieben hatte und den Julian aus dem Gedächtnis hersagen konnte, schien auch ihm ein klarer Beweis für den Ernst der Drohung. Ehe sich der Herzog mit den Ungarn in eine Beratung einließ, wie so unerhörten Gefahren zu begegnen sei, ließ er bei seiner Mutter anfragen, ob sie geneigt wäre, den Mönch selbst anzuhören über seine Erlebnisse bei den Tataren. »Denn wichtige Nachrichten sind ihr noch niemals vorenthalten worden.«

Sie war geneigt, und drei Tage später stand Julian vor ihr. Sie bewohnte im Kloster Trebnitz keineswegs nur eine Zelle. Die einfache Wohnung, die ihr und ihrem Gefolge zur Verfügung stand, lag außerhalb der Klausur, nebst einer eigenen Kapelle um einen kleinen Gartenhof.

Der schmale, nur durch zwei kleine Rundbogenfenster erhellte Raum, in dem sie den Boten ihres Sohnes empfing, schien fast dunkel gegen den goldenen Sommerabend draußen. Doch gewahrte Julian sogleich die hohe Gestalt, die, fast körperlos in den weiten Falten der Witwenkleidung, sehr aufrecht in einem grobgeschnitzten Sessel lehnte. Die Herzoginmutter war schon weit über sechzig, aber weder ihrer Haltung noch dem länglichen, zarten Gesicht war Greisenhaftigkeit anzumerken. Stolz und etwas Unnennbares, überwundenes Leid, vielleicht dem Sieg über menschliche Gefühle Entsprungenes leuchtete so mächtig aus den großen Augen, daß Julian sich tiefer vor ihr neigte als je vor einem Fürsten. Diese Frau, mußte er denken, wäre wohl imstande, jeden Feind ganz allein aufzuhalten, nur durch ihren Blick oder durch ein Aufheben ihrer Hand, wenn sie wollte. Wenn sie es wollte –

Die Herzogin fragte, ob er des Deutschen mächtig sei, und schien sich zu freuen, als er ja sagte. Sogleich begann sie in dieser Sprache zu fragen, ganz zwanglos, freundlich fast. Wieder mußte Julian berichten. Aber schon nach den ersten Worten merkte er, daß er hier anders Gehör fand als sonst. Hier wollte jemand nicht nur Tatsachen erfahren, sondern es lauschte neben der klugen Herrscherin das Mitgefühl einer Frau mit, vielleicht auch ein märchenbegieriges Kind. Die Augen der Herzogin ruhten aufmerksam auf ihm. Manchmal nickte sie, als vernähme sie schon Bekanntes. Er sprach mit größerem Eifer, fügte manches hinzu, was er sonst, immer zu knappem Bericht angehalten, verschwiegen hatte. – Als er verstummte, sagte Hedwig langsam und mit Bedeutung: »Du sprichst wahr, Bruder Julian, ich glaube dir aufs Wort. Denn so hat es mir geträumt, als ich noch fast ein Kind war und fremd in diesem Land – nicht nur einmal, sondern viele Male. Auch kennt das Volk hier, Polen wie Deutsche, eine Weissagung vom letzten Kampf gegen einen übermächtigen Feind, wonach dann das Ende aller Tage kommen soll. Am Goldbrünnel, so sagen sie, oder am Seeborn oder am Birkenbäumchen soll diese letzte Schlacht geschlagen werden. Aber wo das ist, weiß niemand, noch wann es geschehen soll. Vielleicht schon bald.«

Julian wagte es, erschrocken zu widersprechen, als er seine ernste Warnung von so gefährlicher Umdeutung bedroht sah: »Das ist doch nur ein Aberglaube unwissender Leute. Und Träume, Frau Herzogin – die Männer, die ich da traf, und was sie der Welt androhen und was sie alles schon verübt haben – das ist kein Traum, das ist blutige Wirklichkeit.«

»Ich weiß, ich weiß«, winkte die Herzogin überlegen ab. »Ich sagte auch schon, daß ich dir ganz und gar glaube. Das unwissende Volk und törichte, junge Kinder ahnen aber in Träumen oft voraus, was die klugen Mächtigen der Welt erst spät sehen, manchmal zu spät. Glaube nicht, daß ich deinen Bericht nicht ernst nähme und die Sorgen, die uns daraus entspringen. Es wird schwer sein, für diesen Kampf Bundesgenossen zu finden. Die großen Herren denken alle nicht so weit, am wenigsten die beiden größten, Kaiser und Papst. Jedem ist sein eigener nächster Vorteil wichtiger. Ja, wenn sie alle mit eigenen Ohren hören könnten, was du mir eben berichtet hast!«

Julian erwiderte, sein Auftrag sei nur gewesen, eine Gesandtschaft seines Königs nach Schlesien und Böhmen zu geleiten. Danach müsse er in sein Kloster zurück.

»Das mußt du auch, mein Sohn«, bestätigte die Herzogin streng. »Es tut nicht gut, gegen ein Gelübde zu verstoßen. Ja, wenn du ein Ritter wärest oder ein Schüler der freien Künste, so könntest du wohl zu einer Fackel werden, die dumpfe Welt zu erleuchten. Es wäre gut, wenn einer sich dazu fände. Aber deine Sache ist das nicht. Du hast dich Gott gelobt. Geh zurück in dein Kloster und bete für die bedrohte Christenheit! Das ist dein Teil.« Sie hob wie segnend die Hand. Julian neigte sich wieder tief und war entlassen.

Eine der beiden dienenden Frauen, die schattenhaft und stumm im Hintergrund gestanden hatten, führte ihn hinaus und übergab ihn der Obhut einer Laienschwester. Sein Pferd war inzwischen schon versorgt worden. Er selbst erhielt Unterkunft und Kost in der Herberge des Klosters. Früh am nächsten Morgen machte er sich auf den Rückweg nach Liegnitz.

Aber je weiter er kam, desto langsamer ritt er, rastete öfter als nötig, tief in Gedanken versunken. Die letzten Worte der Herzogin ließen ihn nicht los. Was hatte sie gemeint? Von einer Fackel hatte sie gesprochen, die notwendig sei, zugleich aber ihn ermahnt, seinem Mönchsgelübde treu zu bleiben. War es wirklich ihre Meinung, daß seine Gebete mehr gegen die Gefahr helfen könnten als die laute Verkündigung der Wahrheit, die er allein kannte, so kannte wie kaum ein anderer Mensch in diesem Lande? Die hohe Frau hatte wohl so sprechen müssen. Es hätte ihr kaum angestanden, einen Mönch zum Ungehorsam anzustiften. War es am Ende ihre geheime Absicht gewesen, daß er aus ihren Worten das Gegenteil entnehmen sollte? Aber durfte man der frommen Herzogin solche Doppeldeutigkeit zutrauen?

In so zwiespältigen Gedanken kam Julian gegen Abend des zweiten Tages in ein Dorf, wo ein Fest gefeiert wurde und jung und alt im Reigen um die Linde tanzte. Er hätte gern sein Pferd am Brunnen getränkt und um ein Nachtlager gebeten. Aber er mochte die Lustbarkeit nicht stören und blieb wartend, das Pferd am Zügel, am Rande des Dorfplatzes stehen. Während er zusah, wie sie lachten und sangen und den Reigen stampften, die jungen Mädchen und Burschen, und die Kinder in einem Kreis für sich herumhüpften, während die Älteren vergnügt zusahen – da packte ihn der Gedanke, wie arglos sie der Gefahr ausgeliefert seien, ungewarnt und ohne Schutz. Es brannte ihm auf der Zunge, laut auszurufen, was ihnen drohte, daß sie sich beizeiten Verstecke in den Wäldern suchen sollten, wohin die schnellen Reiter nicht so leicht kämen. Aber er bezwang sich und schwieg. Noch schloß ihm sein Gelübde den Mund, noch war er entschlossen heimzukehren.

Bald wurde er bemerkt und willkommen geheißen. Denn in diesem Land, in dem das Christentum jünger war als im Reich, hatte das Volk noch Ehrfurcht vor wandernden Mönchen. Ein hölzerner Krug voll Bier wurde ihm gereicht, und eine Frau fragte mitleidig, warum er so traurig aussehe.

Das war die Frage, die ihm plötzlich die Zunge löste. Er wußte später nicht, wie es gekommen war, ob es die unvermutete Freundlichkeit tat oder das rasch getrunkene Bier. Mit einem Male stand er unter der Linde im Kreise der Dorfleute und sprach von dem, was seine Gedanken einzig noch erfüllte.

Sie waren gern bereit, ihm zuzuhören, unterbrachen den Tanz und hießen die Musik schweigen. Lustig scharten sie sich um ihn, voller Begier, Wunderdinge zu hören aus fremden Ländern, noch dazu von einem, der wirklich dort gewesen war. Bald aber wurden sie still, und als sie merkten, worauf die Erzählung hinauswollte, verbreitete sich Bestürzung. Frauen weinten, manche bekreuzigten sich. Andere fragten, ob es gar kein Entrinnen gebe, was man denn tun könne, um einem so großen, allgemeinen Unheil zu entgehen.

»Es ist Sache eurer Herren«, erwiderte Julian, »euch zu verteidigen. Aber wer weiß, ob sie das rechtzeitig einsehen und ob es ihnen gelingt. Denn noch keiner, weder Christ noch Heide, hat dies wilde Taternvolk je besiegen können. Nehmt meinen Rat an, helft euch selbst! Sucht euch Verstecke im tiefsten Wald, in den Höhlen der Berge! Und betet, betet mit aller Kraft! Denn nur um unserer Sünden willen läßt Gott dies geschehen.«

Da war unter der schattigen Lindenkrone nichts mehr zu hören als schluchzendes Gebetestammeln. Julian stand beschämt. Was war über ihn gekommen? Wie durfte er diese Menschen so in ihrer Freude stören und in Angst versetzen? Aber mußten sie nicht gewarnt werden, damit sie selbst für ihre Rettung sorgen konnten, die zeitliche wie die ewige? Aller Schutz, den andere ihnen bieten konnten, war mehr als ungewiß. Als Julian das bedachte, war er nicht mehr im Zweifel, wer ihm in diesem Augenblick zu reden befohlen hatte. Damit war ihm auch der Weg gezeigt worden, den er von nun an gehen mußte.

Es war für ihn die Stunde einer Einsicht, die er demütig als Berufung hinnahm. Im Dorf als Gast zu bleiben, lehnte er ab. Nur ein Stück Brot nahm er an, Trank und Futter für sein Pferd. Dann ritt er fort, zwischen reifenden Kornfeldern in den Abend hinein, dem Ruf gehorsam.

Zwei Tage des Wartens gaben die ungarischen Herren ihrem Aufenthalt am schlesischen Hofe zu. Als ein Bote des Herzogs nach Trebnitz mit dem Bescheid zurückgekommen war, Bruder Julian sei schon am nächsten Morgen wieder aufgebrochen und müsse längst in Liegnitz eingetroffen sein, warteten sie nicht länger und zogen weiter nach Prag. Weder dort noch irgendwo anders sahen sie je den Mönch Julian wieder. Auch bei den Dominikanern zu Gran wurde er vergeblich zurückerwartet. Wie und wo hätte man nach ihm forschen können, nach einem einzelnen Wandermönch in einem fremden Land! Er blieb verschollen, bald fragte niemand mehr nach ihm.

In diesem Sommer trat auf den Dorfplätzen in Schlesien, in Böhmen und Mähren und bald auch weiter im Westen ein Mann auf, der dem Volk die nahe Gefahr eines Überfalls durch wilde Reiterhorden aus dem Osten so leibhaftig voraussagte, daß Furcht und Bußfertigkeit um sich griffen. Gerüchte vom Ende aller Tage und von einer letzten Schlacht, Überlieferungen aus grauer Vorzeit, lebten wieder auf und vergrößerten das Entsetzen. Die regierenden Herren, weltliche wie geistliche, sahen das nicht gern. Solche zur Erregung aufgepeitschten Menschenmassen richteten immer Unheil an. Auch waren sie selbst sicher, jede etwa drohende Gefahr voraussehen und zur rechten Zeit mit den rechten Mitteln abwenden zu können. Was nützte es, das unwissende Volk zu verstören?

Aber sie konnten des Mannes nicht habhaft werden. Bald erhoben sich auch Zweifel, ob es nur einer sei und immer derselbe. Denn manche sagten, er sei jung, sonnverbrannt, mit dunkelglühenden Augen, die fast noch überzeugender wirkten als seine Worte. Viele sprachen von einem ehrwürdigen Greis oder gaben noch andere Schilderungen. Auch schien der Inhalt der Predigten sehr verschieden zu sein. Während die einen vor nahenden Höllenschrecken warnten, kündeten andere den Heranzug der Scharen eines christlichen Herrschers aus dem fernsten Osten an, der das Heilige Grab befreien und den einzigen wahren Feind der Christenheit, den Islam, vernichten werde. Wieder war der Priesterkönig Johannes in aller Munde. So stürmten verwirrende Nachrichten von allen Seiten auf das Volk ein, Schrecken und Hoffnung gegeneinander ausspielend. Die Ruhe war unheilbar gestört.

Die Spannung suchte einen Ausweg und fand ihn auch bald – den zu allen Zeiten üblichen: Gewalt gegen Unschuldige. Denn auch die Juden waren in Unruhe geraten. Was für die Christen das Nahen des Priesterkönigs, das war für sie die Wiederkehr ihres Königs David, der sein Volk aus der Zerstreuung erlösen und zu altem Glanz heimführen sollte. Diese Wiederkehr war für das Jahr 5000 nach ihrer Zeitrechnung prophezeit – das Jahr 1240 nach christlicher Zählung. Es stand vor der Tür. Überall im Abendland wurde in den Gettos gerüstet für den Empfang des Königs. Die heimliche Betriebsamkeit der Juden, ihre Zusammenkünfte, unvorsichtige Reden da und dort und endlich die Tatsache, daß sie Waffen zu kaufen begannen für das Heer ihres Königs, konnten nicht verborgen bleiben. Bald flackerte der niemals schlafende Verdacht gegen das fremde Volk aus dem Morgenland auf, brannten die Judenviertel, wurden Männer, Frauen und Kinder hingemetzelt. Wie einst den Aufschwung beim Beginn der Kreuzzüge, bezahlten sie auch diesmal mit ihrem Blut für Unruhe, Furcht und Hoffnung des Abendlandes.

1239 Am 24. März spricht der Papst über den Kaiser den Bann aus und erklärt ihn für abgesetzt. Damit ist der Bruch zwischen den beiden höchsten Gewalten der Christenheit offen und für lange unheilbar.

Aber noch ist der Staufer nicht besiegt, noch hat er große Teile der Geistlichkeit auf seiner Seite. Der Bann vermag ihm keinen Schaden zuzufügen. Mit verstärkter Energie führt er den Lombardenkrieg weiter, sichert sich mit unmenschlicher Härte gegen feindliche Anschläge. Gegen Ende des Jahres bricht er, schon fast als ein Sieger, in die päpstlichen Länder ein, die sich ihm ohne Schwertstreich öffnen. Sein Ziel ist Rom.

Im August bricht von Lyon ein französisches Kreuzfahrerheer nach dem Heiligen Land auf, unter Führung des Grafen Thibaut von Champagne, des ersten Vasallen der Krone Frankreichs. Der Papst verbietet dies Unternehmen und sucht es zu verhindern, weil er die Kreuzfahrer gegen den Staufer zu verwenden hofft. Aber für die französischen Ritter ist das Heilige Land längst ihre ureigene nationale Angelegenheit geworden. Sie lassen sich nicht aufhalten. Am 1. September landen sie in Accon und brechen sogleich zu ebenso tollkühnen wie planlosen Unternehmungen auf.

Von den Tataren hört man wenig in diesem Jahr. Viele glauben die Gefahr schon gebannt. Perejaslav? Tschernigow? Wem sagen die Namen dieser eroberten Städte etwas? Wer überblickt noch, was in jenen unbekannten Ländern vor sich geht?

1

Im Winter 1238 auf 39 geschah in Schlesien etwas, das zunächst noch verborgen blieb, und danach, als es stückweise ans Licht kam, erst nur zum willkommenen Gruselmärchen an den abendlichen Herdfeuern wurde. Dann aber, je näher das vorausgesagte große Unglück rückte, erschien die düstere Begebenheit nachträglich als ein böses Vorzeichen, ja, man sah darin die Schuld, die Gottes Strafgericht über das ganze Land herabgerufen habe. Anders vermochte niemand zu denken. Alles, was geschah, kam von Gott als Lohn oder Strafe. Und wie hätte er je ohne Ursache gestraft!

In einer kleinen Stadt in Schlesien, halbwegs zwischen Breslau und Liegnitz gelegen, verlangten in einer Winternacht ein paar Reisende Unterkunft. Es war eine vornehme Frau mit ihrem Gefolge, zwei Dienerinnen, einem Ritter und einem Knappen. Sie redeten eine fremde Sprache. Nur der Knappe sprach ein wenig polnisch und dolmetschte. Dem Torwächter war der späte Besuch nicht geheuer. Er schickte seinen Gehilfen, den Scholzen zu wecken, damit der entscheide. Auch der hatte Bedenken, so tief in der Nacht fremde Reisende in die Stadt einzulassen. Schon ging die Taternfurcht um. Er wollte ihnen bis zum Morgen eine Feldscheune draußen vor dem Tor als Unterschlupf anweisen.

Da riß die Frau, des Verhandelns müde, die Hand aus dem Pelzhandschuh und hob sie ins Licht der Fackel. Alle fünf Finger funkelten von Ringen. Sie ließ den Knappen dolmetschen, der kostbarste solle dem gehören, der ihnen heute nacht endlich zu einem warmen Bett verhelfe. Wie gebannt starrte der Scholze auf diese Hand, bis sie wieder im Handschuh geborgen wurde. Er starrte – glotzte geradezu, und wer sein Gesicht gesehen hätte, dem wäre wohl aufgegangen, welcher Gedanke in diesem Augenblick in seinem Hirn geboren wurde. Er befahl dem Torwächter, die Fremden einzulassen, aber leise, damit in der Stadt niemand geweckt und vielleicht unnötig erschreckt werde. Ebenso leise solle er sie dann zur Scholtisei führen.

Und der Teufel war seinem Vorhaben gnädig. Lautlos glitten die Reiter, einer hinter dem andern, zum Tor herein, das sich so rasch und leise hinter ihnen schloß, wie es geöffnet worden war. Der hohe Schnee dämpfte den Hufschlag der Pferde und jeden andern Laut. Stumm, wie ihm geboten war, führte der Wächter sie zur Scholtisei nahe am Ring. Dort wachte niemand mehr. Der Hausherr selbst führte die Gäste in den Wohnraum und zeigte dem Knappen, wo er die Pferde einstellen und versorgen könne. Er war sehr geschäftig, lief hin und her, schürte die Glut auf der Herdstatt und brachte einen Krug hausgebrauten Bieres. Der Wächter bekam auch einen Becher davon und wurde eilig wieder auf seinen Posten geschickt. Während die Gäste durstig tranken und die schweren Oberkleider ablegten, nahm der Hausherr hastig einiges wahr, was seine habgierigen Erwartungen noch übertraf. Die Pelze, die sich auf den Bänken häuften, waren die kostbarsten, die er je gesehen hatte – lauter Zobel am Ende? Die Herrin trug nicht nur die eine Hand, sondern beide voller Ringe, außerdem schwere Halsketten und Ohrgehänge. Auch der Ritter und die beiden dienenden

Frauen, ebenso jung und schön wie ihre Herrin, hatten allerlei Schmuck an sich, nicht ganz so kostbar, aber auch nicht zu verachten. Der Knappe trug mit dem Gepäck ein paar schwere Lederbeutel herein, in denen es klimperte, wenn man genau hinhörte. Der Scholze mußte sich abwenden, um sich nicht zu verraten. Er ging hinaus, um, wie er sagte, seine Frau zu wecken.

Die trat schon halb angekleidet aus der Schlafkammer, erschreckt durch die verstohlene Unruhe im Haus. »Hör zu!« zischte er und zog sie in die Kammer zurück. Lange flüsterten sie miteinander. Sie wehrte zuerst erschrocken ab. Bald aber widersprach sie nicht mehr. Auch in ihren Augen begann die Gier zu glänzen. Reich wäre sie schon immer gern gewesen. Und war es denn eine so große Sünde, ein paar Heiden, am Ende sogar Tatern, aus der Welt zu schaffen und ihnen ihr Gold abzunehmen?

Ihr Mann schickte sie in die Küche, einen guten Glühwein zu bereiten und von dem schlafbringenden Kräutertrank darunterzumischen, der seinem alten Vater in seiner letzten Krankheit so gutgetan hatte. Auch zu essen solle sie bringen, nicht zuviel, das tue nicht mehr not. »Aber beeil dich und sei leise, leise! Keiner vom Gesinde darf aufwachen, bei deinem und meinem Leben!«

Ohne Laut huschte sie die Treppe hinunter und tat, wie ihr befohlen. Fast ohne Wort begannen sie Hand in Hand zu arbeiten.

Drinnen sprach der alte Ritter mit Hilfe des Dolmetschen den Dank seiner Herrin aus. Es werde nicht zum Schaden des freundlichen Gastgebers sein, daß er die Enkelin des Fürsten Michail von Tschernigow unter seinem Dach beherbergt habe.

Ihr könnt mir viel erzählen! dachte der Scholze höhnisch. Tschernigow! Wo liegt denn das? Und würde die Enkelin eines Fürsten mit so geringem Gefolge hier bei Nacht um Einlaß betteln? Die fremden Namen sollten ihm wohl Eindruck machen – obgleich diese Geschmeide, diese Pelze schon für sich sprachen. Wie konnte man dergleichen nur so leichtsinnig zur Schau stellen!

Hinterhältig fragte er, wie sich denn die Fürstin so weit von ihrem übrigen Gefolge, das gewiß viel zahlreicher sei, entfernen und in dies geringe Städtchen habe verirren können.

Der alte Ritter seufzte, das Gefolge sei leider nicht mehr größer. Nur sie seien übriggeblieben von einer stolzen, bewaffneten Schar, mit der sie von Tschernigow aufgebrochen seien. Sie hätten Schreckliches durchgemacht an Unwettern und räuberischen Überfällen. Nun aber seien sie ja gottlob in Schlesien angekommen, im Lande eines milden und gerechten Herzogs, der ihnen helfen werde.

Warum aber, fragte der Scholze und bangte schon um seinen Plan, habe der Herzog ihnen denn kein Geleit entgegengeschickt, das sie sicher zu ihm geführt hätte?

Der Herzog wisse nichts von ihrem Kommen, war die Antwort, er erwarte sie nicht, könne sie gar nicht erwarten. Denn ganz plötzlich, im Herbst, als die Tataren auf Tschernigow anrückten, habe der Fürst sich entschlossen, seine Enkelin auf die Flucht nach Westen zu schikken. Da wäre keine Zeit mehr gewesen, eine Nachricht vorauszusenden. Doch sei Herzog Heinrich dem Fürsten befreundet und werde die Flüchtlinge gewiß gut aufnehmen. »Wie weit ist es denn noch bis Liegnitz?«

Er erwartet sie nicht! Dies arglose Wort löschte den letzten Schimmer einer Hoffnung für die Fremden aus. Einen Augenblick lang war der Scholze unsicher geworden. Aber wenn der Herzog nichts wußte von diesen Gästen, dann – mochte es lange dauern, bis er von ihnen erfuhr und Nachforschungen anstellen konnte. Nein, da drohte keine Gefahr, und eine so günstige Gelegenheit kam niemals wieder.

»Nach Liegnitz?« fiel ihm endlich ein, die Frage des Ritters zu beantworten. »Nicht weit mehr, keinen Tagesritt.« Für euch auf alle Fälle viel zu weit, dachte er. Da kam seine Frau mit dem dampfenden Kessel voll Glühwein herein.

Die ganze Nacht hindurch fiel der Schnee, füllte mit grauen Wirbeln die Luft, deckte fußhoch Wege und Dächer, verschlang jeden Laut, jeden Lichtschimmer, jede Spur. War wirklich in der Nacht ein Kommen und Gehen gewesen in der einzigen Straße des Städtchens? Hatte in der Scholtisei Licht gebrannt?

Niemand hatte etwas gehört oder gesehen, und es wäre auch nichts zu hören und zu sehen gewesen, wenn einer aus irgendwelchem Argwohn das gewollt hätte. Der Hof, auf den Resten einer alten Kastellanei errichtet, hatte dicke Mauern und tiefe Keller. Mann und Frau hatten die ganze Nacht hindurch ohne Rast gearbeitet, rasch und geschickt, als seien sie dergleichen von jeher gewohnt. Sie hatten gewürgt und gestochen, die Leichen in den Keller geschleift und vergraben samt allem, was ihnen gehörte, auch die geraubten Kostbarkeiten – bis auf gelegenere Zeit.

Im Morgengrauen lagen Stuben und Flure leer und in guter Ordnung wie sonst, im Hof deckte der Schnee jede Spur. Auch die fünf fremden Pferde waren aus dem Stall verschwunden. Der Scholze selbst hatte sie durch die sonst verschlossene Pforte hinter dem Kloster hinaus ins freie Feld gejagt. Mochten die Wölfe das übrige besorgen!

Am Morgen ließ der Scholze die beiden Torwächter kommen und verpflichtete sie streng zum Schweigen. Die Fremden seien nach kurzer Rast noch vor Tag weitergereist zu unbekanntem Ziel, in geheimem Auftrag und zugleich in Eile aus Furcht vor Feinden, die sie hier im Lande hätten. Genaues wisse er selbst nicht. Doch hätten sie ihn unter Eid zum Schweigen verpflichtet und forderten das gleiche von den Wächtern. Zur Belohnung für ihre Dienste hätten sie für jeden von ihnen zwei Goldstücke hinterlassen.

Die beiden sahen das Gold – unvorstellbarer Reichtum für sie! – und waren zu jedem Eid bereit. Neugierig betrachteten sie die fremde Prägung. Dabei fiel es dem Scholzen ein, daß er höchst unvorsichtig gewesen war. Er riet ihnen, die Münzen gut zu verwahren, sie einstweilen nicht auszugeben und ja niemandem zu zeigen. Wenn jemand dadurch den Fremden auf die Spur käme, so könne das schlimme Folgen für sie und für die ganze Stadt haben. Die Männer meinten, so ein Goldstück gebe man ja auch nicht so mir nichts, dir nichts aus. Das gehöre zuunterst in den Spartopf unterm Bettstroh. Sie bedankten sich und gingen beseligt fort. Es sollte lange dauern, ehe sie anfingen, sich über ihren Schatz Gedanken zu machen.

Sie mochten an diesem für sie so gesegneten Morgen das Tor nicht allzu sorgsam bewacht haben. Wie hätte es sonst geschehen können, daß gegen Abend desselben Tages im Nachbardorf eine fremde Frau auftauchte, zu Tode erschöpft, in eine Pferdedecke gehüllt, auf halberfrorenen Füßen in zerrissenen Schuhen. Die Leute nahmen sie freundlich auf, nach Christenpflicht. Weil sie aber kein Wort ihrer Sprache, weder Deutsch noch Polnisch, verstand und ganz verstört schien, wurde sie ihnen bald unheimlich. Eine Holzfuhre nahm sie mit nach Breslau zu den Magdalenerinnen, denen die Sorge für solch arme, hilflose Weiber oblag.

Die Nonnen merkten bald, daß die Fremde zwar keine ihnen bekannte Sprache verstand, sonst aber durchaus nicht geistesverwirrt schien. An den Resten ihrer Kleidung und an ihren Händen erkannten sie, daß sie keine Bettlerin oder Landstreicherin sein konnte. Bald lernte sie auch einige Worte Deutsch, und die erste Bitte, die sie verständlich vorbrachte, war, daß man sie zu Herzog Heinrich führen möge.

Diese Bitte war nicht leicht zu erfüllen. Denn wo war der Herzog anzutreffen, der in diesen unruhigen Zeiten noch mehr unterwegs war als sonst? Doch traf es sich, daß er um Ostern zu Verhandlungen mit dem Bischof in seine Stadt Breslau kam. Dort warf sich mitten auf dem Ring eine ärmlich gekleidete Frau vor seinem Pferd zu Boden und rief ihn mit aufgehobenen Händen in einer fremden Sprache laut flehend an.

Herzog Heinrich war von seinen Eltern dazu erzogen worden, jeden Bittsteller aus dem Volke, wann und wo es auch sei, geduldig anzuhören. Er hielt an und winkte der Frau, ihre Bitte zu wiederholen. Sie tat es, immer noch in der fremden Sprache, jedoch leiser und sehr eindringlich.

Der Herzog blickte sie prüfend an. »Sie spricht Russisch«, sagte er, »ruft mir schnell den Dolmetsch!« Er kannte selbst ein paar Worte dieser Sprache und hatte die Frau verstanden. Aber für Verhandlungen mit Gesandtschaften aus dem Osten hielt er einen Dolmetsch am Hofe. »Schnell, holt ihn!« rief er noch einmal und murmelte für sich: »Wenn das wahr ist –!«

Schon hatten alle begriffen, um was es ging. Das Gefolge des Herzogs bildete auf dem Ring einen weiten Kreis, hinter dem sich das Volk drängte. Denn hier sollte unter freiem Himmel Gericht gehalten oder doch eine Klage angehört werden. Als der Dolmetsch zur Stelle war, winkte der Herzog der Frau, ihre Sache vorzubringen. Denn dies waren ihre ersten Worte gewesen, die er wohl verstanden hatte: »Ich erhebe Klage über den Mord an meiner Herrin, hier in diesem Lande!«

Nun berichtete sie in guter Ordnung, mit Worten, die sie sich wohl schon lange zurechtgelegt hatte. Der Dolmetsch des Herzogs übersetzte alles, Wort für Wort, so daß jeder auf dem weiten Ring die grausige Geschichte vernahm.

Sie war eine Dienerin der Prinzessin Elena, einer Enkelin des Fürsten Michail von Tschernigow. Im vergangenen Herbst hatte der Fürst diese vor den heranrückenden Tataren mit großem Gefolge und den kostbarsten Juwelen des Hauses nach Westen geschickt. »Reite zum Herzog von Schlesien!« hatte er gesagt. »Dort bist du in Sicherheit. In seinem Lande gibt es weder Diebe noch Räuber. Da halten die Deutschen Ordnung.« Aber nur wenige von ihnen hatten dies gesegnete Land erreicht und nicht zu ihrem Glück. Räuberische Überfälle, Unwetter und andere Mißgeschicke hatten die Schar fortlaufend vermindert. Als sie Krakau erreichten, waren sie nur noch zu fünft gewesen. Außer der Prinzessin selbst ihr alter Kämmerer, zwei dienende Frauen und ein Knappe. Es wäre klüger gewesen, in Krakau zu bleiben und von da eine Nachricht an Herzog Heinrich vorauszuschicken. Aber die Fürstin Elena, jung, mutig und voll Ungeduld, hatte gedrängt, ans Ziel zu kommen. Nach allem, was sie erlebt hatte, wollte sie sich nur noch dem Schutz des Herzogs von Schlesien anvertrauen. So waren sie zu Beginn des Winters aufgebrochen, der Hohen Straße folgend, die um diese Jahreszeit ein grundloses Schlammbett war, durch das Herzogtum Oppeln auf Breslau zu. Schon in Schlesien, hatten sie sich dann in einem Schneesturm verirrt und Zuflucht in einer Burg oder Stadt gesucht.

Hier verstummte die Frau schaudernd und vermochte nicht weiterzureden. Der Herzog ermahnte sie streng. Denn er war als Richter angerufen worden und mußte alles erfahren. Auch wurde sein Pferd unter ihm unruhig und stampfte den Grund. Die Frau raffte sich auf und berichtete in atemloser Kürze, was weiter in jener Nacht geschehen war.

Sie hatte, mit dem Gepäck der Herrin beschäftigt, durch Zufall von dem heißen Würzwein, der reichlich ausgeschenkt wurde, kaum etwas abbekommen. Als dann die andern so schnell in Schlaf gefallen waren, hatte sie einen zuerst noch unbestimmten Verdacht geschöpft und sich versteckt. Bald darauf war ihre Ahnung gräßliche Gewißheit geworden. Sie hatte die vier Morde mit angesehen, das Hinunterschleifen der Leichen über die steinerne Treppe mit angehört, die schrecklichen

Geräusche des Grabens. Der Mann und die Frau waren so eifrig gewesen bei ihrer grausigen Arbeit und dem gierigen Zusammenraffen des Raubgutes, daß sie das fehlende Opfer anscheinend vergessen hatten. Irgendwie war es der jungen Frau gelungen, hinter dem Mann, als er zum Stall hinausging, ins Freie zu gelangen und im Schutz der unruhigen Pferde, mit denen er seine Mühe hatte, hinaus auf die Gasse. Wie und wo sie die Nacht verbracht hatte, wie sie aus dem Tor gekommen war, das konnte sie nicht mehr sagen. Es mußte wohl ihre Schutzheilige gewesen sein, die ihr geholfen hatte. Denn sie erinnerte sich an nichts mehr aus den ersten Tagen ihrer Flucht. Erst bei den guten Schwestern in Breslau war sie wieder zu Besinnung und Verstand gekommen.

Der Herzog war bleich geworden, ein Zeichen äußersten Zornes bei ihm, dessen Ruhe sonst kaum zu erschüttern war. »Wie heißt diese Burg oder Stadt?« fragte er rauh.

Sie wußte es nicht.

»Wie weit von hier? In welcher Richtung?«

Sie konnte es nicht sagen, breitete nur hilflos die Hände aus. Nicht einmal, wann es geschehen war, wußte sie genau.

»Schwöre, daß du die reine Wahrheit gesagt hast!« forderte der Herzog und ließ ihr ein Kruzifix reichen. Sie legte die Hand darauf und schwur feierlich in ihrer Sprache. Mehr noch überzeugte ihr Blick, sie log nicht.

Der Herzog befahl zweien seiner Leute, sie ins Kloster Trebnitz zu geleiten, und gab ihnen eine Botschaft an die Äbtissin mit, die seine Schwester war. Sie möge sich der Fremden, obgleich sie andern Glaubens sei, hilfreich und voller Liebe annehmen. Vieles sei an ihr zu sühnen. Denn das war seine Überzeugung. Zutiefst empörte es ihn, daß ein solches Verbrechen in seinem Lande hatte geschehen können. Hier hatten die Fremden Zuflucht gesucht, hier sich sicher gefühlt – und dies war ihnen zugestoßen! Das kränkte ihn tief in seiner Ehre als Schirmherr von Frieden und Recht. Alle seine Grundherren und Kastellane hieß er in ihren Gebieten nachforschen, ob sich irgendwo ein Anlaß zu Verdacht zeige, plötzlicher Reichtum etwa oder sonst Auffälliges. Die Hoffnung war gering. Monate waren dahingegangen. Die Mörder hatten Zeit genug gehabt, alle Spuren zu verwischen.

Die Begebenheit erregte das Volk tief, um so mehr, als der Mord unaufklärbar schien. So blieb ein Rest von schaudervollem Dunkel, Raum für Vermutungen und farbenreiche Ausschmückung. Schon bald erzählte man sich, die Ermordete aus dem unbekannten Land im Osten – wer hatte je den Namen Tschernigow gehört! – sei in Wahrheit eine Fürstin des Taternvolks gewesen, die vor einem ungeliebten Freier mit allen ihren Schätzen ins Abendland geflüchtet sei. Ihr Tod werde ohne Zweifel die Rache des Großen Chans über das ganze Land herabrufen. Aber dergleichen mit wohligem Gruseln am Brunnen oder am Herdfeuer erzählen hören oder es im wachen Alltag mit der Angst vor einer nahen, wirklichen Gefahr verbinden – das war zweierlei.

Als das Jahr weiter fortschritt und wie sonst den Sommer brachte, mit blühenden Bäumen und Wiesen und Kuckucksruf über den Waldgründen, da schwand langsam die Furcht vor den Tataren. Schon lange hatte man nichts mehr von ihnen gehört. Sollten sie am Ende in das Land ihres Ursprungs zurückgekehrt sein – in die Hölle, wie manche wissen wollten? Oder genügte ihnen die Eroberung von Rußland, diesem halb heidnischen Land voll unermeßlicher Räume? Keiner der Flüchtlinge, die immer noch herüberkamen, wußte darüber Genaues zu sagen. Ihnen genügte es, daß die Tatern eben da waren, woher sie geflüchtet kamen – ein unheimliches Volk, überraschend da, wenn man es nicht erwartete, allgegenwärtig oder auch monatelang nicht zu sehen, ohne daß man je den Alpdruck seiner Nähe vergessen konnte. Denn sie waren zu jeder Schandtat fähig, und das Grauen davor saß den Flüchtlingen so tief eingebrannt, daß sie von kaum etwas anderem reden konnten.

Keiner aber hatte Augen und Ohren dafür, das Neue wahrzunehmen oder auch nur zu ahnen, das sich da drüben in den verwüsteten Ländern jenseits des Dnjepr zu entwickeln begann. Dies Neue hatte im Abendland nicht seinesgleichen. Es nahm vorweg, was erst Jahrhunderte später die Welt in Staunen setzte und eine neue Art der Versklavung des Menschen darstellen sollte: Ein System der Ausbeutung nach einer unerbittlich harten Ordnung – aber einer Ordnung. Nein, die Tataren dachten nicht daran abzuziehen. Sie begannen vielmehr, ihre Herrschaft über die eroberten Länder zu befestigen, und die sah anders aus, als man es von den wilden Reiterhorden erwartet hatte.

Es war die chinesische Kunst der Verwaltung, die Yeliu-Tschutsai, der weise Kanzler des großen Tschingis Chan, sie gelehrt hatte, und manches andere Wissen der besiegten Völker Asiens, was sie nutzbringend anwendeten. Denn das war die Stärke dieser Steppensöhne und das Geheimnis der Dauer ihrer Herrschaft, daß sie von den Besiegten zu lernen verstanden, was ihnen nützlich war. Das Netz eines schnellen, zuverlässigen Nachrichtendienstes überspannte das Riesenreich, das sich von den Wäldern Sibiriens bis zum Persischen Golf, von China bis zum Schwarzen Meer und weiter ausdehnte. In kürzester Zeit wußte der Große Chan zu Karakorum, was im entferntesten Winkel seines Reiches geschah, und seine Beamten konnten über jeden seiner Untertanen auf Anfrage Rechenschaft geben. Die Kette, an der sie jeden hielten, war die Steuer – die Steuerlisten, die überall angelegt wurden und nach denen Abgaben erhoben wurden, wie man sie in den christlichen Ländern noch nicht kannte: Abgaben für Pflug und Acker, für Brücken und Tore, Kopfgeld für jeden einzelnen bis zum eben geborenen Kinde. Wer die Steuer nicht aufbringen konnte, wurde zum Sklaven gemacht. Darüber hinaus wurden alle Männer vom fünfzehnten bis zum siebzigsten Jahr zum Kriegsdienst eingezogen und ausgebildet. Wer dazu nicht taugte, wurde mit Frauen und Kindern angehalten, die Äcker zu bestellen, damit das Heer nicht hungern müsse. So wurde das ganze Volk, wurden alle unterworfenen Völker umgeschmiedet zum Werkzeug tatarischer Kriegführung. Kein lebendes oder totes Ding blieb übrig, das diesem Zweck nicht dienstbar gemacht wurde, und der Zweck bedeutete immer: *Krieg gegen die ganze übrige Welt.* Es heißt, daß die Reitervölker Asiens sich dieser Ordnung nicht nur willig, sondern mit Begeisterung gefügt hätten. Ob auch Völker von andersgearteter Gesittung es taten, weiß man nicht. Es ist auch ohne Bedeutung. Sie mußten sich fügen, wenn sie ihr Leben weiter fristen wollten.

Von diesem allen wußte man nichts im Abendland und tröstete sich damit, daß man von dem unbegreiflichen Schrecknis fern im Osten nichts mehr hörte.

Im Herbst entschloß sich Julian, aus den Städten am Rhein, wo er neuerdings vergeblich Gehör für seine Botschaft suchte, wieder nach Osten zurückzukehren, nach Schlesien, lieber noch nach Ungarn. Er war entmutigt und traurig. Warum nur wollten sich diese Menschen nicht warnen lassen vor einer Gefahr, die er so deutlich über ihre Welt heraufziehen sah wie ein Gewitter über offenes Land? Vielleicht war es Gottes Wille, sie so blind dem Verderben zu überliefern. Aber warum dann waren ihm allein, dem kleinen ungarischen Dominikaner, die Augen geöffnet und die untragbare Pflicht auferlegt worden, diese Ungläubigen zu warnen? Wenn es ihm gelungen wäre, auch nur einen einzigen der knarrenden Wagenzüge aufzuhalten, die, beladen mit jungen Menschen aus Thüringen und Franken, aus den Rhein- und Niederlanden, Sommer für Sommer ostwärts zogen, voll Wagemut und Abenteuerlust, gläubig auf das Glück einer neuen Heimat vertrauend! Sie wollten ihm einfach nicht glauben, daß am Ende der Reise der sichere Tod auf sie wartete. Sie lachten ihn aus und winkten ihm im Weiterfahren noch fröhlich zu als einem gutmeinenden, aber närrischen Schwätzer, den keiner ernstnehmen konnte. Das kränkte ihn tief, aber mehr noch bekümmerte es ihn, diese schönen, lebensvollen jungen Menschen in ihren Untergang ziehen zu sehen. Es wäre ihm lieb gewesen, wenn sie hätten recht behalten können mit ihrem ungläubigen Spott. Aber daran vermochte er nicht zu glauben. Es zog ihn zurück in die Länder, die der Gefahr am nächsten lagen. Vielleicht konnte dort sein Wissen noch irgendeinen Nutzen haben.

Es wurde eine mühselige Wanderung dorthin, durch einen trüben, nassen Winter, ohne ein Ziel, das den Weg zu lohnen schien. Irgendwo im Lande Meißen blieb Julian krank liegen, entkräftet eher von Hoffnungslosigkeit als von den Mühen der weiten Wege, die er gewohnt war. Erst im Frühjahr konnte er seine Reise fortsetzen.

1240

Im Januar zieht der Kaiser auf Rom zu, das ihm entgegenjubelt. Der Sieg über den Papst scheint zum Greifen nah. Da führt der uralte, von allen verlassene Gregor IX. in letzter Stunde eine Wende herbei. In öffentlicher Prozession ruft er die Schutzheiligen der Stadt, Sankt Petrus und Sankt Paulus, um Hilfe an, »da denn die Römer Rom nicht mehr schützen wollen.« Reuevoll wirft sich das Volk auf die Knie. Es gibt keinen triumphalen Einzug des Staufers. Vorbei an Rom, das ihm seine Tore verschließt, zieht er weiter in sein sizilisches Königreich. Doch der Krieg geht weiter.

Dennoch blühen immer noch Dichtung und Musik am Kaiserhof, werden Kirchen gebaut und geweiht, Bildwerke geschaffen in Deutschland, in Italien, Frankreich, England und anderswo.

Am 15. Juli schlägt der Fürst von Nowgorod, Alexander Jaroslawitsch, die Schweden vernichtend an der Newa. Sie hatten die Notlage des von den Tataren geknechteten Rußland zu einem Angriff auf Nowgorod ausnutzen wollen. Nach diesem Sieg trägt Alexander Jaroslawitsch in der Geschichte den Beinamen Newski.

Im September gibt Graf Thibaut von Champagne den mißglückten Kreuzzug auf und schifft sich mißgestimmt in Accon zur Heimreise ein. Sein Nachfolger in der Führung des Kreuzfahrerheeres ist Graf Richard von Cornwall, Schwager und Freund des Kaisers. Durch kluge Verhandlungen erreicht er, was dem ritterlichen Franzosen nicht gelang: Die friedliche Rückgabe des Königreichs Jerusalem, wenn auch nur noch für kurze Zeit. Vier Jahre später werden die choresmischen Türken – auch sie von den Tataren aus ihrem Reich in Kleinasien vertrieben – die Heilige Stadt für immer den Christen entreißen.

Am 6. Dezember wird Kiew von den Tataren erobert.

1

Wieder kam der Sommer wie alle Jahre und füllte die Herzen mit Hoffnung und unbesieglicher Lebensfreude. Wie in jedem Jahr knarrten auf allen Wegen, die aus dem Reich nach Osten führten, auf der Hohen Straße zumal, die Meißen mit Krakau und den russischen Ländern verband, die Wagen der Neusiedler der neuen Heimat zu.

Sie kamen nicht von selbst, nicht von ungefähr. Sie waren gerufen worden, angeworben von Lokatoren, die von weltlichen und geistlichen Landesherren im ganzen Osten beauftragt waren, ihre dünnbesiedelten Länder mit Menschen zu füllen. Unermeßliche Landstriche von Heide, Wald und Moor waren urbar zu machen. Die Leute dafür holte man sich da, wo man sich auf solche Arbeiten schon seit Menschengedenken verstand, aus Deutschland und den Niederlanden. Der lockendste Lohn, der geboten wurde, bestand in der Freiheit von Lasten und Pflichten, wie es sie in der alten Heimat kaum mehr gab und auch den ansässigen slawischen Bauern nicht gewährt wurde. Das vor allem war es, diese Verheißung der Freiheit, was die jungen Bauern und Handwerker in den Osten zog. Denn im Reich wurde der Boden zunehmend knapp bei dem großen Bedarf an Ackernahrung für jede einzelne Haushaltung.

Die Siedler wußten, daß ihnen schwere Jahre bevorstanden, ehe sie der versprochenen Freiheiten froh werden konnten. *Der erste findet Tod – der zweite leidet Not – der dritte erst hat Brot* lehrte ein nie vergessener, alter Spruch. Dennoch folgten sie gläubig den mündlichen Versprechungen der nur dürftig ausgewiesenen Beauftragten unbekannter Fürsten in ein unbekanntes Land. Nur wenige schriftliche Urkunden bezeugen diese Vorgänge, vielleicht darum, weil die Hauptbeteiligten nicht oder nur unvollkommen lesen konnten. Allein auf Treu und Glauben, auf mündliche gegenseitige Verpflichtungen, ganz ohne Staatsverträge oder Gewalt kam so das gewaltige Unternehmen der deutschen Ostsiedlung zustande. In weniger als zwei Jahrhunderten sollte es in friedlicher Durchdringung das Gesicht des östlichen Mitteleuropas verändern – ein unaufhaltsamer Vorgang.

Wie unaufhaltsam er war, hatte Julian erfahren müssen, als er im letzten Sommer immer wieder versucht hatte, die Wagenzüge der Siedler aufzuhalten. Die jungen, wagemutigen Auswanderer hatten guten Grund, sich gegen seine finsteren Voraussagen zu wehren. Denn sie hatten alles, was sie besaßen, nicht nur irdischen Besitz, sondern auch Glauben, Mut und Zukunftserwartung, auf dies ferne Land gesetzt. Sie führten ihre Frauen und manche schon Kinder mit sich. Zurück konnten sie nicht mehr. Für sie mußte Wahrheit bleiben, was sie einmal dafür anerkannt hatten. Was war ihr Zug in den Osten anderes als eine entschlossene Abwendung von vertrauter Beengtheit einem noch ganz und gar unerforschten Neuen zu! Ob es besser sein werde als die alte Heimat, konnten sie nur hoffen, aber darin wollten und konnten sie sich nicht irremachen lassen.

Dies alles hatte Julian in Gesprächen mit den Siedlern erfahren und verstehen gelernt. Daß er es verstand, machte es ihm so schwer, auf seinem Vorhaben weiter zu beharren und immer wieder zu warnen – er allein wußte wovor. Sie wußten es nicht, wurden zuletzt meistens grob und jagten ihn fort. Mit den Lokatoren, die mit ein paar bewaffneten Knechten die Züge begleiteten, war überhaupt nicht zu reden. Für sie war es Ehrensache und außerdem ihr Vorteil, ihre Menschenfracht heil und vollzählig ans Ziel zu bringen, wie es ihr Herzog, Bischof oder Abt von ihnen erwartete. Diese Verpflichtung mußten sie erfüllen. Wo blieben sonst Treu und Glauben! So groß konnte die Gefahr nicht sein, denn warum hätten die Herren sonst immer noch Lokatoren in den Westen geschickt, neue Siedler zu werben? Die mußten es doch am besten wissen, nicht wahr? Und nun aus dem Weg, Schwätzer, wir müssen weiter! Es blieb nicht immer bei barschen Worten. Auch Püffe und Schläge und Drohungen von Schlimmerem bekam Julian zu spüren.

Allmählich wurde er dessen müde. Vor wenigen Jahren, als er zuerst seine Warnungen auszusprechen gewagt hatte und dann immer neue Schreckensnachrichten seinen Bericht bestätigten, da hatten ihm alle geglaubt, und es war großes Wehklagen überall gewesen. Nun aber, da seit zwei Jahren nur noch wenige Flüchtlinge und kaum noch Nachrichten von jenseits des Dnjepr herüberkamen, da mißachteten sie schon die Gefahr und jede Warnung vor ihr. Lohnte es denn, Worte an die Unbelehrbaren zu verschwenden? Julian wollte heim nach Ungarn, in die Dienste seines Königs, der ihm Pflicht und Platz zuweisen sollte in dem kommenden Kampf. Vielleicht schickte der ihn ins Kloster zurück, wo den ungehorsamen Mönch sicher Strafe erwartete für sein Entweichen. Vielleicht aber behielt ihn König Béla auch in seinen Diensten. Denn gerade jetzt brauchte er jeden treuergebenen Diener, jede bewehrte Hand. Dort war sein Platz und nirgendwo anders. Wenn das Verderben hereinschlug, sollte es ihn nicht als einen heimatlosen Wanderprediger auf fremden Straßen treffen, sondern in seinem Land, bei seinem König, dem er bis zuletzt dienen wollte – wenn Gott ihm diese Gnade gewährte –, mit einem Schwert in der Hand.

Als Julian diesen Entschluß faßte, lag er in einer blühenden Wiese irgendwo zwischen Bautzen und Görlitz, unweit der Hohen Straße. Es war ein heißer Tag um Johanni. Tödliche Erschöpfung hatte ihn hier niedergeworfen, mitten in hohe Gräser und stark duftende Kräuter hinein. Wie ein Toter hatte er geschlafen und danach, ausgeruht wie lange nicht, seinen Entschluß gefaßt. Ohne Hast blieb er liegen, die Abendkühle abzuwarten und in Ruhe die nächsten Schritte zu überlegen. Einen Augenblick lang störte ihn ein Geräusch, ein allzu wohlbekanntes: Knarren von Rädern und Lederzeug, Schnauben von Zugtieren, Peitschenknallen und vereinzelte Zurufe. Mehrere Wagen mußten es sein – wohl wieder ein Siedlerzug. Nur einen Steinwurf weit führte ja die Hohe Straße vorüber. Mochten sie ihr folgen! Julian konnte sie nicht hindern – und wollte es auch nicht mehr.

Nach einer Weile merkte er, daß die Wagen nicht weiterrollten, sondern sich unter noch mehr Lärm an einem Ort herumbewegten. Stimmen und Geräusche verrieten, daß hier anscheinend zur Nacht gerastet werden sollte. Bald zog ein feiner, bläulicher Holzrauch über die Wiesen heran. Julian schnupperte danach, lag mit aufgestützten Armen und lächelte, ohne es zu wissen. Es war ein wehmütiges Lächeln. Wie ahnungslos die waren, wie glücklich! Er aber konnte sie nur verstören, ohne ihnen zu helfen.

Die Sonne war schon fast herunter. Ein rötlicher Glanz lag über den Spitzen der Gräser. Da horchte Julian auf. Ein neuer Ton erklang – sie sangen. Nicht geistliche Lieder, keinen Psalm, keine Liturgie, nein, Frauenstimmen ließen eine süße, einfache Melodie ertönen, ein Abendlied, vielleicht ein Liebeslied. Einige Männerstimmen fielen ein zu einem noch zaghaften, aber immer voller klingenden Chorgesang. Nun hielt es den Lauscher nicht mehr. Er wollte die Menschen sehen, die auf solche Weise ihr Heimweh, ihre Sehnsucht, ihre Furcht vor der Fremde zu überwinden suchten. Er stand auf und ging dem Gesange nach, stampfte durch hohe Gräser und Kräuter, durchbrach Gebüsche, bis er das Bild sah, das er erwartet hatte.

Ein Dutzend Planwagen war zum Ring gefahren. Pferde und Rindvieh weideten eingehürdet abseits. Die Männer und Frauen, junge Leute fast alle, hatten sich nach getaner Arbeit um ein niedergebranntes Lagerfeuer im Innern ihrer Wagenburg versammelt, saßen im Gras oder auf Wagendeichseln, lässig zurückgelehnt oder einander umschlingend, und sangen hingegeben die Lieder ihrer Heimat – ihres

Heimwehs. Nur ein junges Ding schloß sich aus, saß wippend auf einer Wagendeichsel und ließ sich das frisch gewaschene Haar von einer älteren Frau kämmen und flechten. Dabei aß es Kirschen aus den gerafften Falten seines Kleides und wiegte sich heiter im Takt der Lieder.

Da hörte plötzlich eine der Frauen auf zu singen. Sie hatte von ihrem Platz aus einen Durchblick zwischen zwei Wagen auf die weiten Wiesenflächen in der glühenden Abendsonne. Dorthin starrte sie mit einem Ausdruck, der auch die Augen ihrer Nachbarn in die gleiche Richtung lenkte. Einer nach dem andern verstummte. Was gab es denn da zu sehen? Aus dem rötlichen Glanz kam von weit her über die Wiesen eine Gestalt – ein Mann, eher ein Jüngling noch –, überschlank im faltenreichen Kittel aus grobgewebter Wolle, im Nacken einen breitgerandeten Hut aus Binsengeflecht, wie ihn Hirten und Fischer trugen – auch Pilger, und nach Pilgerart trug er eine Tasche umgehängt und stützte sich auf einen langen Stab. Sein Gesicht, beschattet von glatt niederfallendem Schwarzhaar, war nicht zu erkennen, auch als er schon nahe war. Wo kam der her? Was wollte er hier? Schon trat er durch die Lücke zwischen den Wagen in den Ring, kam auf sie zu und fragte, nicht laut, aber deutlich vernehmbar in der atemlosen Stille: »Wohin wollt ihr?« Er sprach deutsch, ein wenig anders als sie, aber wohl zu verstehen.

Widerwillig kam eine Antwort. Keiner hätte gewagt, sie zu verweigern. Nach Schlesien seien sie unterwegs, wo ihnen auf dem Gebiet des Klosters Heinrichau Äcker und Bauland für ein neues Dorf bereitständen.

»Geht nicht dahin!« sagte der Fremde. »Ihr geht in den Tod.«

Was sollte das heißen? Einige wurden böse. Andere, Frauen vor allem, verlangten mehr zu hören. Denn das sagte man doch nicht so obenhin: in den Tod. Das mußte doch einen Grund haben.

Der Fremde redete weiter in dem gleichen ruhigen Ton wie zuvor: »Ihr geht in den Tod, glaubt es mir. Noch ehe euer neues Dorf steht, ehe ihr die erste Ernte eingebracht habt, wird ein fremdes Reitervolk aus dem Osten kommen und alles zerstören, euch alle töten. So ist es in Rußland gewesen und in vielen andern Ländern, die ihr nicht kennt. Glaubt es mir! Es gibt kein Entrinnen.«

Ein banges Flüstern ging um den Kreis. Alle waren aufgestanden und umringten den Fremden, der unberührt von ihrer Erregung in der Mitte stand.

»Woher willst du das wissen?« wurde mißtrauisch gefragt.

»Ich war dort, bei jenem Volk, weit, weit im Osten. Die Tataren heißt es. Sie selbst haben mir gesagt, was sie planen. Sie haben es wahr gemacht seitdem und sind auf dem Wege hierher, schon tief in Rußland drin. Brand und Mord sind ihre Spur.«

Daheim in ihren Dörfern in Mainfranken hatten manche schon Gerüchte von einem solchen Volk gehört. Wanderprediger hatten sie auf den Märkten herumerzählt. Eine uralte Weissagung, die bei allen deutschen Stämmen als Überlieferung fortlebte, hatte sich damit vermischt: die Sage vom letzten Krieg der Völker vor dem Weltuntergang – auf dem Walserfeld, am Birkenbäumchen, am Seeborn und anderswo. Es klang ihnen gar nicht so fremd, was der Fremde hier verkündete. Daß aber der Untergang so nahe sei, daß er sie gerade da ereilen sollte, wo sie ein neues, besseres Leben hatten finden wollen!

»Wir wollen umkehren«, sagte eine Frau verzagt. Andere nahmen es auf: »Ja, ja, umkehren! Heim wollen wir.« Es waren nur wenige, die das sagten. Die meisten, die Männer vor allem, widersprachen, wenn auch ohne Nachdruck. So schnell dürften sie sich doch nicht irremachen lassen. Überhaupt könnten sie nichts beschließen, ehe Herr Konrad wieder zurück sei.

Konrad Maußhardt war der Lokator, der sie im Auftrag des reichen Klosters Heinrichau angeworben und die Verträge für sie abgeschlossen hatte. Er geleitete den Zug mit bewaffneten Knechten sicher in die neue Heimat und sollte dort ihr Vorstand sein – ihr Schultheiß oder Scholze, wie man dieses Amt dort nannte. Dafür würde er ein paar Hufen Landes mehr bekommen als sie, einige besondere Vorrechte und das ehrenvolle Amt, für Recht und Frieden im Dorf zu sorgen. Sie nannten ihn »Herr« und »Ritter«, aber er war beides nicht, nur ein schlichter, nichtadeliger Ministeriale des Klosters, der durch Erbschaft ein wenig zu Geld gekommen war und es auf diese Weise günstig anlegen wollte. Denn als Lokator ein Dorf neu zu gründen kostete nicht wenig, wenn es sich später auch lohnte. Viele der unfreien Dienstleute, die mit ihren deutschen Herren aus dem Reich herübergekommen waren, auch alteingesessene Polen, wählten diesen Weg, um zu Grundbesitz und Ansehen zu gelangen. Dabei gedieh das deutsche Siedlungswerk, das dem Herzog ebenso am Herzen lag wie zuvor seinen Eltern.

Konrad Maußhardt war an diesem Abend zu einem nahen Kloster hinübergeritten, um einige Nahrungsmittel einzuhandeln und Genaueres über den Weg zu erkunden. Denn in den nächsten Tagen würden sie den Boden des Reiches verlassen und den düsteren, pfadlosen Grenzwald durchqueren, der das Land Schlesien umgab. Über solchen Verhandlungen hatte sich der Maußhardt ein wenig versäumt. Alle wünschten sehr, daß er bald zurückkäme. Den beiden Knechten, die er zurückgelassen hatte, fiel nichts Besseres ein, als den Fremden mit Prügeln zu bedrohen – nur zu bedrohen. Denn etwas Unangreifbares umgab ihn, wie er da stand, auf seinen Stab gelehnt, arglos, wenn auch wortkarg Rede und Antwort stehend. Vielleicht galt er als ein heiliger Mann in diesem Land? Wer konnte es wissen! Einstweilen wagte sich niemand an ihn heran.

Inzwischen war die junge Schöne auf ihrer Wagendeichsel fertiggekämmt worden, glitt herunter und kam herangeschlendert. Sie war wirklich noch sehr jung, fast noch ein Kind, hoch und schmächtig aufgeschossen, mit kindlich klaren, neugierigen Augen. Ihre Kleidung verriet, daß sie vornehmeren Standes sein mußte als die anderen. Denn so leuchtende Farben, so gestickte Borten am Kleid waren Bauerntöchtern nicht zu tragen erlaubt. Spielerisch kam sie heran und spuckte noch den letzten Kirschkern in weitem Bogen aus, ehe sie mit heller Stimme fragte: »Wollt ihr wirklich umkehren?«

Ein paar Frauen wandten sich ihr bekümmert zu. »Wir wissen wirklich nicht, was wir tun sollen. Wenn der da recht hat . . .«

Das Mädchen nickte. »Ich hab's ja gehört. Aber ob er recht hat oder nicht – ich reise weiter.«

Sie widersprachen. Das könne doch ihre erlauchte Frau Mutter nicht wollen. Für sie sei das Umkehren ja keine Schwierigkeit. Ein älterer Mann trat heran, faßte sie an der Hand und sagte halblaut: »Das könnt Ihr nicht allein entscheiden, Fräulein Almut, und ich auch nicht. Darüber muß mit dem Maußhardt beraten werden. Vielleicht schicke ich auch eine Nachricht voraus an den Herzogshof.«

Das Mädchen unterbrach ihn lächelnd, mit sanftem Eigensinn:

»Umgekehrt ist's, Kilian. Niemand kann das für mich entscheiden. Ich bin dem Herrn Peregrin von Pogarell anverlobt und halte mein Verlöbnis. Nicht einen Tag will ich ihn länger warten lassen. Das ist mein Wille.«

Der Knappe Kilian kannte seine Herrin und fand es klüger, ihr nicht zu widersprechen, wenigstens nicht hier vor den Leuten. Sie ließ ihn stehen und ging ein paar Schritte weiter. Alle machten ihr Platz. Nun stand sie vor dem Fremden und redete ihn mit hochmütigem Kinnheben an: »Du! Warum machst du denen hier Angst? Was willst du damit? Was hast du davon?«

Ihre Art zu fragen verwirrte ihn. Er schlug ein paarmal mit den Lidern wie geblendet, blickte dann aber offen in das kleine und feine, äußerst abweisende Mädchengesicht. »Es ist mir auferlegt worden«, erwiderte er leise. »Ich war dort, ich sah jenes Volk. Ich weiß, was kommt – und es ist soweit, es kommt. Ihr glaubt es wohl nicht?«

»Das fällt wirklich schwer«, war die spöttische Antwort. »Aber wenn es so wäre, wenn du recht hättest – was tust denn du dagegen?«

»Ich?« Er wich zurück, getroffen von dem unerwarteten Vorwurf. Was hätte er denn tun sollen oder können? »Ich warne die Leute. Aber keiner will mehr auf mich hören. Andere müßte ich aufrufen, die Fürsten im Reich, Kaiser und Papst.«

»Ja, glaubst du denn, die wüßten ohne dich nichts von diesen Tataren, wenn es die überhaupt gibt? Und wüßten nicht, was sie zu tun hätten? Selbst ein Schwert oder einen Spieß oder auch nur eine Axt in die Hand zu nehmen, das ist dir wohl noch gar nicht eingefallen?«

Neugierig drängten sich die Leute im Kreis um die beiden. Die gab's dem aber! So ein Edelfräulein hatte doch besser gelernt, seine Worte zu setzen, und Angst kannte die Kleine anscheinend auch nicht.

Bei ihrer letzten Frage schlug der Fremde die Augen nieder. Fast wäre ihm über die Lippen geschlüpft, was er sonst beschämt verschwieg, daß er ein Mönch sei, dem es nicht zukam, Waffen zu führen. Aber er spürte selbst, daß diese Ausflucht falsch geklungen und die Fragerin nicht überzeugt hätte. Er blieb stumm, und schon wurde hell und keck das Urteil über ihn gesprochen: »Siehst du! Ein Feigling bist du, ein Schwätzer, der nur andern Angst machen will. Wer weiß, was von alledem wahr ist!«

Das Mädchen horchte auf, und alle wandten die Köpfe. Von weit her kam eiliger Hufschlag über die Wiesen heran. Die Knechte liefen ihrem Herrn entgegen. Man hörte sie aufgeregt berichten und Konrad Maußhardt lospoltern. Gefolgt von seinen Leuten, kam er in den Wagenring herein und schrie, wo der Kerl stecke.

Ja, wo steckte er? Es dämmerte schon tief, man sah nicht mehr weit. Es dauerte eine Weile, bis sie feststellten, daß der Gesuchte nicht mehr da war, einfach verschwunden, ohne Spur. Manche wunderte das gar nicht. War er nicht auch auf so seltsame Weise plötzlich erschienen?

Konrad Maußhardt aber wunderte sich sehr. Er schimpfte und hieß seine Knechte die ganze Umgebung absuchen, so gut das im Dunkeln noch ging. Inzwischen ließ er sich berichten, was der Kerl denn eigentlich gesagt hätte. Die Antworten kamen widerwillig und stockend. Keiner wollte zugeben, daß er dem Fremden ein wenig länger und vielleicht sogar gläubiger zugehört hatte, als es Herr Konrad wahrscheinlich für gut gehalten hätte.

Der hörte mit gerunzelter Stirn zu, aber seltsam ruhig. Von diesen Tataren vernahm er nicht zum erstenmal. Daheim in Schlesien war vor seinem Aufbruch im vergangenen Sommer viel die Rede von ihnen gewesen. Aber niemand hatte die Gefahr so recht ernst genommen, auch nicht sein Herr, der Abt von Heinrichau. Sonst hätte er Konrad Maußhardt sicher nicht mit einem solchen Auftrag ins Reich geschickt, einem Auftrag, der zugleich eine Belohnung für treue Dienste sein sollte. Mußte nun ein landfahrender Wirrkopf mit Reden, die er selbst wohl nur halb verstand, ihm alles zerstören, ihm und diesem Dutzend Bauern mit Weib und Kind, die auf ein neues, besseres Leben hofften! Der Zorn würgte ihn, aber er bezwang sich, beschwichtigte die Leute mit Worten der Vernunft. Konnten sie denn glauben, daß ein so kluger und frommer Mann wie Herzog Heinrich oder der weise Abt von Heinrichau Menschen in ihr Land riefen, um sie dem Verderben auszuliefern? Sie sollten sich doch nicht dumm machen lassen von einem halbirren Schwätzer, einem Trugbild der Hölle vielleicht, und lieber zu Gott beten, daß er sie nicht nur beschütze, sondern ihnen vor allem Mut und Verstand erhalte, die sie nötiger brauchten als je. Sie hörten ihm gern zu, wurden ruhig und beteten gemeinsam den Abendsegen, wie sie es sich zur tröstlichen Gewohnheit gemacht hatten auf dieser langen, gefährlichen Reise. Bald wurde es still unter den Wagenplanen.

Nur ein paar junge Bauern gaben sich noch nicht zufrieden. Daß sie der Angst erlegen waren, wenn auch nur für Augenblicke, das stachelte sie, das sollte der Kerl büßen. Sie wollten schon herausbekommen, ob er ein Teufel war oder von Fleisch und Blut. Der sollte an sie denken! Der Maußhardt, wiewohl sehr einverstanden, zog ein strenges Gesicht. Sie sollten nur tun, was sie vorhätten, er aber wolle nichts davon wissen. Wenn es Ärger gäbe mit der Herrschaft hierzulande, so sei das ihre Sache. Er wolle nichts gehört oder gesehen haben.

Sie verstanden ihn richtig, hatten sich mit seinen Knechten schon verabredet und schwärmten sogleich aus zur Suche nach dem Fremden. Weit konnte der ja noch nicht gekommen sein. Mit ihren kurzen Spießen, die sie zur Abwehr gegen Wolf und Wildschwein auch auf dem Acker bei sich zu tragen pflegten, stießen sie unter die Wagen und leuchteten mit Kienspänen hinein. Es war nun fast Nacht, und sie schrien um so lauter, je hilfloser sie im Dunkeln herumtappten. Dann streiften sie weiter in die Wiesen hinaus, durchstöberten jeden Busch und jedes Wasserloch und machten dabei so viel Lärm, daß die Kinder aufwachten und zu schreien anfingen. Die Frauen schalten laut und riefen nach ihren Männern. »Laßt doch den Kerl! Wir wollen schlafen.« Es dauerte fast bis Mitternacht, ehe sich der Wirbel legte und jeder heimgefunden hatte zu seiner Schlafstatt unter der Wagenplane.

Lange vor Tag, im ersten Morgengrauen, schlüpften aus einem der Wagen, an seiner nach außen gewandten Seite, zwei Gestalten hinunter ins nasse Wiesengras, ein Mann und ein Mädchen. Ihr Abschied war indessen nicht so, wie man hätte vermuten können – keine Spur zärtlich.

»Scher dich weg!« zischte das Mädchen, während sie dem Mann noch ein kleines Bündel zusteckte. Er versuchte einen Dank anzubringen, aber sie wehrte mit zornigem Kopfschütteln ab. »Laß das! Sie hätten dir bestimmt was getan, dich verprügelt oder gar gehängt. So was mag ich nicht sehen und dulde es nicht. Das ist alles. Nun scher dich weg, so schnell und so weit du kannst!« Sie setzte den Fuß auf die Radnabe, um sich zurück in den Wagen zu schwingen.

Da ließ sich der Fremde auf ein Knie nieder, haschte ihren Rocksaum und küßte ihn mit dem Ausdruck tiefer Verehrung. »Verrückter Kerl!« murmelte sie und raffte die Kleiderfalten eng an sich. Dann aber blieb sie doch noch stehen, den einen Fuß auf dem Rad, den andern frei schwebend, die Hand am Wagenrand. »Wie heißt du denn überhaupt?« fragte sie herablassend.

»Julian.«

»Und wohin gehst du?«

Er erhob sich und streckte den Arm gegen Osten, wo ein immer stärkerer Lichtschein sich über den Himmel zu verbreiten begann. »Dorthin – irgendwo. Ihr selbst habt mir ja gesagt, Herrin, wohin ich gehöre.« Noch einmal verneigte er sich tief und nicht ohne Anmut – wie kam der Streuner zu so höfischen Sitten? –, wandte sich um und ging davon, durch den leichten Nebel über den Wiesen in das wachsende Licht hinein. Sie blickte ihm nach von ihrem luftigen Standort aus, sah die kräftig ausschreitende Gestalt mit Stab und Hut im Morgendunst verschwinden, einen Pilger zu unbekanntem Ziel. Sie zuckte die Achseln, schauderte zusammen und schlüpfte unter die Plane auf ihr Lager, neben die arglos schnarchende Dienerin. Die gute Gertrudis! Ihr bester Trost auf dieser Reise war der Schlaf, und das nutzte sie. Sie hatte weder den Lärm am Abend zuvor gehört noch die fremden Atemzüge, die während der ganzen Nacht, nur durch ein paar Gepäckballen von ihr getrennt, im Wagen gewesen waren. Mehr als diese Atemzüge war auch kaum zu hören gewesen.

Nicht lange danach rollte die Sonne golden über die Wiesen herauf. Das Lager wurde wach und rüstete geräuschvoll zum Aufbruch. Und da wurde offenbar, daß der unerwünschte Warner doch mehr Unheil angerichtet hatte, als ein vernünftiger Mensch hatte voraussehen können. Einige Leute waren offenbar noch früher aufgestanden als das unbesonnene Fräulein und ihr Schützling. Zwei der jungen Paare waren verschwunden, geflüchtet in der Nacht, zurück in die Heimat. Sie hatten nur mitgenommen, was sie tragen konnten, den größten Teil ihrer Habe samt Vieh und Wagen zurückgelassen. Als Bettler würden sie daheim ankommen, wenn überhaupt. Aber das war ihnen offenbar weniger schrecklich erschienen als das drohende Verderben in der Fremde.

Der Knappe Kilian bekam einen Wutanfall, als er entdecken mußte, daß auch von seinen drei Knechten zwei sich davongemacht hatten. »Feiglinge!« schimpfte er. »Ein feines Beispiel für die Bauern!« Außerdem blieb ihm nun nichts anderes übrig, als bei vielen ungewohnten Arbeiten selbst mit zuzugreifen, was weit unter seiner Würde war. Die vornehme junge Braut führte neun – jetzt noch sieben – Pferde mit sich, zwei vor jedem der beiden Planwagen, ihren Grauschimmel und die Reittiere der Männer. Die mußten versorgt werden. Die Wagen der Bauern wurden von Ochsen gezogen, beritten war keiner von ihnen.

Aufgebracht rief der Maußhardt alle zusammen und fragte, wer sonst noch an Umkehr dächte. Dann möchten sie es gleich sagen, ehe er noch mehr Mühe und Kosten an diese Reise wende. Von ihm aus könnten sie allesamt wieder nach Hause gehen oder zum Teufel.

Der junge Hans Deininger aus Wiesenborn, den die andern um seiner klugen Besonnenheit willen zum Wortführer gewählt hatten, nahm sich Zeit mit der Antwort: »Nein, Herr Konrad, umkehren wollen wir nicht. Das müßt Ihr doch gemerkt haben gestern abend. Wenn ein paar von uns anders dachten, seid froh, daß sie fort sind. Wir andern haben nun einmal alles auf das neue Land gesetzt und wollen dabei bleiben. Gefahr ist überall für unsereinen, aber auch Gott und die Heiligen. Darauf vertrauen wir.«

Das war eine lange Rede für den wortkargen Hans, aber sie kam zur rechten Zeit. Von nun an zogen Wagen und Herden friedlich und in guter Ordnung weiter in den breit ausgefahrenen Radspuren, die sich die Hohe Straße nannten und von Meißen bis Krakau führten.

Bald kamen sie an einen Fluß – ein Flüßchen nur. Seinen Namen wußte keiner. Wer kannte noch Namen in diesem täglich fremder werdenden Land! Seltsam nur, daß Grillen, Lerchen und Amseln immer noch die gleiche Sprache redeten wie daheim! Eine Fähre sollte sie über den Fluß bringen. Jenseits stand hoher schwarzer Wald, und dahinter, hieß es, solle das Land Schlesien liegen.

Die ersten, die die Fährstelle erreichten, kamen aufgeregt zurückgerannt. Am Ufer sitze der Fremde von neulich, als hätte er auf sie gewartet. Sollten sie ihn nun nicht doch –? Der Maußhardt aber war nach zwei Tagen der Besinnung und im hellen Tageslicht nicht mehr so schnell bereit, zu rohen Ungesetzlichkeiten ein Auge zuzudrücken. Er nahm die Sache selbst in die Hand, ritt scharf auf den Fremden zu und fragte in drohendem Ton, was er da mache. Der tat ihm nicht den Gefallen zu erschrecken, blickte auf, als bemerke er den Reiter eben erst, warf das Haar aus der Stirn und erwiderte, der Fährmann habe ihn für den heutigen Tag in Dienst genommen. Denn die Fähre werde bis zum Abend öfter hin und her fahren müssen, als der alte Mann es schaffen könne. Darum habe er seine Hilfe angeboten, gegen freie Überfahrt, aus Christenpflicht und auch, weil er kein Geld habe.

»Na!« knurrte der Maußhardt mißtrauisch. »Dann tu deine Arbeit! Aber wehe, wenn ich nur ein Wort von dir höre!« Er ritt zurück zu den Wagen, die jetzt dicht auffuhren und ordnende Aufsicht brauchten. Das Fährboot glitt über den Fluß heran, getrieben von den starken Ruderschlägen des alten Fergen. Der Fremde fing das zugeworfene Seil auf und befestigte es um die Pfähle am Ufer. Ganz anstellig! dachte Maußhardt, der es sah. Der war doch wohl kaum ein Wandermönch, wie manche gemeint hatten. Eher ein Fahrender, in allen Sätteln gerecht.

Die Überfahrt dauerte den ganzen Tag, denn die Fähre faßte nicht viele auf einmal. So glitt sie unermüdlich hin und her, bald von dem alten Fährmann gerudert, bald von dem jungen. Je weiter der sonnenglühende Tag fortschritt, desto öfter war der Junge an der Reihe.

Am westlichen Ufer, etwas abseits von der Fährstelle, hielt das Fräulein auf ihrem Grauschimmel und sah der Überfahrt zu. Ihre Augen folgten dem jungen Fährmann in seinem grauen Kittel und dem breitrandigen Hut, wie er die Fähre hin und zurück lenkte, und immer unheimlicher kam er ihr vor. Weshalb hatte er sie alle zuerst so erschreckt und drängte sich nun dazu, sie selbst über den Fluß zu rudern, an das fremde Ufer, wo vielleicht der Tod auf sie wartete? Der Tod! Warum mußte sie an ihn denken? War dieser dunkle Fremdling vielleicht sein Bote? Sie war nicht ängstlich. Aber seit der Begegnung mit ihm war eine Unruhe in ihr, die sie nicht kannte. Die Welt, in die sie mit so kindlichem Wagemut hinausgezogen war, erschien ihr mit einem Male gar nicht mehr so taghell und sicher, sondern voll dunkler Geheimnisse. Plötzlich schauderte sie vor dem Fährmann und hoffte, es möchte der Alte am Ruder sein, wenn sie an die Reihe kam.

Mit einer der letzten Fähren setzte sie über, zusammen mit Kilian, dem Knecht, und ihren drei Pferden. Es war Julian, der ihr die Hand zum Einsteigen reichte und der, als der Grauschimmel scheute vor den polternden Planken unter seinen Hufen, ihn beim Kopfzeug packte und besänftigte, ehe er zum Heck ging und die Ruderstange ergriff. Diesmal war es der Knappe Kilian, der brummte: »Ganz anstellig!«

Am nächsten Morgen vor dem Aufbruch sagte er seiner Herrin, daß er den Fremden, diesen Fährmann oder Pilger mit Namen Julian, als Roßknecht in Dienst genommen habe – nur zur Aushilfe, bis zum Ende der Reise.

»Was hast du getan?« fragte sie heftig, und der Knappe sah verwundert einen Ausdruck von Zorn oder Schrecken auf ihrem tief erblaßten Gesicht.

»Nur bis wir einen besseren finden«, entschuldigte er sich. »Er ist doch ganz geschickt mit Pferden, wenn auch ein bißchen verrückt anscheinend. Das braucht einen ja nicht zu kümmern. Wenn er Euch aber so sehr zuwider ist . . .«

»Nein, nein«, rief sie ungeduldig. »Laß ihn nur bleiben! Ich hab ja nichts mit ihm zu tun!« Das meinte sie wörtlich. Während der wenigen Tage, die ihre Reise noch dauerte, redete sie kein einziges Wort mit dem neuen Knecht, ob er ihr in den Sattel half oder sonst irgendeinen kleinen Dienst für sie tat. Sie schien ihn nicht einmal zu sehen, ja, dies sorgfältig zu vermeiden.

Kilian wunderte sich. Hochmut kannte er nicht an seiner jungen Herrin. Fürchtete sie sich etwa vor diesem Burschen, dem sie doch kürzlich so unerschrocken die Meinung gesagt hatte? Nun, lange mußte sie ihn ja nicht ertragen.

Sie durchquerten den Grenzwald auf der Hohen Straße, der einzigen, die ihn durchschnitt. Am Abend lag das Land Schlesien vor ihnen im lichten Sommergrün, unterm Glockengeläut vom Turm eines Kirchleins, das im Schutz der Burg Bunzlau lag. Es war die erste schlesische Stadt, auf die sie trafen.

Hier trennten sich ihre Wege. Die Siedler mußten südwärts, dem Vorgebirge zu, wo ihre neue Heimat lag, das Fräulein dagegen weiter der Hohen Straße folgen bis nach Liegnitz, an den Herzogshof.

Es gab einen kummervollen Abschied. Viele der jungen Frauen

weinten. »Komm doch mit uns, Fräulein Almut! Dann haben wir nicht so viel Angst. Bleib bei uns, wir tun auch alles für dich.«

Almut wehrte sich lachend und weinend. »Soll ich denn meinen Bräutigam sitzenlassen? Aber ich komm euch besuchen, ja, bestimmt, und Pate steh ich auch bei euren Kindern, wie ich's versprochen hab.« Endlich rief sie mit hervorbrechenden Tränen, in verzweifelter Lustigkeit, sie lüde sie alle zu ihrer Hochzeit ein. Doch, sie müßten zu ihr nach Liegnitz kommen, dafür wollte sie schon sorgen. Alle wußten, daß es nur leere Worte waren, wenn auch wohl gut gemeint. Wie weit mochte dieses Liegnitz entfernt sein? Und hatten sie alle nicht andere Sorgen, als in diesem fremden Land herumzureisen! Dennoch nahmen sie lachend die Einladung an und winkten noch lange der schönen, jungen Reisegefährtin nach, die ihr Stern gewesen war auf dem weiten, gefährlichen Weg von der Heimat bis hierher.

Weiter ging es auf blauende Waldhügel zu und zwischen wogenden Kornfeldern dahin. Bald war Erntezeit – für sie noch nicht. Sie würden zu tun haben, vor dem Winter notdürftig ein Dach für Menschen und Vieh zu errichten, die Äcker abzumessen und zu bestellen. Übers Jahr aber würden sie schon ernten wie daheim, die erste von vielen glücklichen Ernten – wenn Gott es so wollte. Daß Gott es nicht so wollen und anderes für sie bestimmt haben könnte, fiel keinem ein. Der finstere Warner war vergessen.

2

Herzogin Anna von Schlesien, die Gemahlin des langen Herzogs, sah ihren Kämmerer, Herrn Boleslav von Schönberg, erstaunt an. »Ein Fräulein aus Franken? Und sie will zu mir? Wie heißt sie denn?«

Herr Boleslav erwiderte mit argwöhnischer Betonung: »Sie nennt sich Almut von Stetten.«

»Stetten? Niemals hörte ich hier den Namen. Was will sie denn?«

»Das will sie nur der Frau Herzogin selbst sagen.«

»Und Ihr habt es nicht herausgebracht? Gesteht nur, alter Schlaukopf, Ihr wißt Bescheid!«

Herr Boleslav schmunzelte geschmeichelt. Ja, natürlich wußte er Bescheid. Er hatte es sich viel Mühe kosten lassen, die kleine Dame zum Reden zu bringen, aber mit gutem Zureden es schließlich geschafft. Ihr Anliegen klinge freilich so unglaublich, daß er sich fast schäme, die Frau Herzogin damit zu belästigen. Das Fräulein gebe vor, mit Herrn Peregrin von Pogarell verlobt zu sein.

»Was?« Die Herzogin vergaß für einen Augenblick ihre Würde, staunte mit halboffenem Mund und brach in ein kindliches Gelächter aus. »Wie alt ist sie denn?«

»Sehr jung«, sagte Herr Boleslav ohne Wohlwollen, »fünfzehn oder sechzehn vielleicht, aber ausnehmend frech, muß ich schon sagen.«

»Dann könnte Herr Peregrin ja ihr Großvater sein«, sagte die Herzogin, immer noch lachend, »– wenn er noch lebte.«

»Eben!« nickte Herr Boleslav. »Und daß sie beides anscheinend nicht weiß, nicht sein Alter und nichts von seinem Tod, das macht mir die Sache verdächtig. Ich werde sie also wegschicken. Für Abenteurerinnen ist am schlesischen Hof ebensowenig Platz wie anderswo.«

Er wollte gehen, da hielt ihn die Herzogin mit einem Wink zurück. »Wartet noch! Ich möchte doch mehr wissen über diese Abenteurerin, wenn es denn wirklich eine ist. Schickt sie mir herein!« Ihr war ein Gedanke gekommen, den sie noch nicht aussprechen mochte. Herr Boleslav ging kopfschüttelnd, den Befehl auszuführen.

Keine halbe Stunde später stand Almut vor der Herzogin, ein wenig atemlos, denn sie hatte sich beeilt, in ihr bestes Kleid zu schlüpfen und sich das Haar neu flechten zu lassen, ehe sie zur Burg hinüber eilte, so schnell es sich mit ihrer Auffassung von Würde vertrug. Ein Rest von Trotz und ein leiser Triumph, gegen den brummigen böhmischen Herrn doch noch recht bekommen zu haben, spiegelten sich so deutlich auf ihrem kindlichen Gesicht, daß die Herzogin lächeln mußte. Sie war Mutter von zehn Kindern und kannte sich aus. Sie schickte ihre Begleitung fort und winkte dem eigenwilligen Kinde, auf einem Schemel ihr zu Füßen Platz zu nehmen. Mit dieser Geste entkräftete sie schon einen Teil des inneren Widerstandes, den sie wohl spürte. Das Fräulein möge entschuldigen, sagte sie mütterlich, daß es wohl anders empfangen worden sei, als es sich vorgestellt habe. Durch den Tod des alten Herzogs vor zwei Jahren und dadurch, daß sich die Herzoginmutter von der Welt fast ganz zurückgezogen habe, seien am Hofe solche Veränderungen eingetreten, daß manche Vorgänge ganz ins Vergessen oder doch in Unklarheit geraten seien. Das Fräulein möge sich die Mühe machen, der Reihe nach zu berichten, welche Ursachen es zu dieser weiten Reise bewogen hätten. Danach werde sich wohl alles aufklären.

Almut schluckte. Aufklären! Was sollte das heißen? Wenn mit diesem Herrn von Pogarell irgend etwas nicht stimmte, wie sie vermutete, dann war eben alles Irrtum oder Lüge. Was gab es da noch aufzuklären? Aber die freundlichen und klugen Fragen der Herzogin lockten ein Wort nach dem andern hervor, und am Ende kam ein Bericht zustande, der Almut selbst überraschte. Manches wurde ihr dabei zum erstenmal bewußt.

Ihr Vater, Walther von Stetten, war ein Ritter in den Diensten der Grafen Castell in Franken gewesen und in Kaiser Friedrichs Kreuzzug vor zwölf Jahren umgekommen. Seine Witwe war mit ihrem einzigen Kinde auf der Burg am Rand des Steigerwaldes wohnen geblieben, in bedrängten Verhältnissen. Alle hatten erwartet, sie werde bald wieder heiraten, schon um dem Besitz einen neuen Herrn zu geben. Das Kind Almut erinnerte sich aus seinen frühesten Jahren an die Besuche vieler vornehmer Gäste. Auch an eine Gesandtschaft aus fernem Land, die besonders willkommen geheißen und gefeiert worden war. Die Mägde hatten getuschelt, es seien Brautwerber eines hohen Herrn, und das Kind werde nun bald mit der Mutter an einen Herzogshof kommen und herrlich und in Freuden leben. Als dann doch nichts daraus wurde, hatte Almut niemals gefragt warum und die Sache ohne Kummer wieder vergessen.

»Hat deine Mutter denn einen andern geheiratet?«

»Nein – niemanden.«

»Kamen sonst keine Bewerber?«

Almut sagte, sie wisse es nicht, und wurde mit einem Male seltsam einsilbig, während die Herzogin in mitfühlende Beredsamkeit verfiel. Hatte die Mutter am Ende den Gatten nicht vergessen können? Sich von der Welt abgekehrt? War sie im Kloster?

»Nein, nein!« Almut konnte ein kurzes Auflachen nicht unterdrükken und biß sich auf die Lippen, tiefrot im Gesicht. O ja, diese Fragen hätte sie wohl beantworten können! Im Kloster war die Mutter ganz gewiß nicht. Aber seit manchem Jahr war ein gewisser Diepold bei ihr auf der Burg zu Gast und gebärdete sich als Herr. Dabei war er nicht mehr als ein unfreier Ministeriale, wenn nicht gar nur ein Fahrender. Minnesänger nannte er sich, und mit seiner Musik hatte er die noch junge Witwe sich derart untertan gemacht, daß sie blindlings nur so wollte wie er. Heiraten konnte sie ihn nicht. Sie hätte nicht nur Burg und Besitz, ein Lehen der Grafen Castell, sondern Ehre und Freiheit verloren. An einer Heirat war ihm wohl auch nicht gelegen. Ihm genügten das warme Nest und die angemaßten Rechte. Das Kind Almut hatte ihn gehaßt, wie das ganze Burggesinde ihn haßte, ohne etwas gegen ihn auszurichten. Aber von ihm reden konnte sie nicht. Zu sehr schämte sie sich für die Mutter. Sie blieb stumm.

Die Herzogin wartete schweigend, was noch folgen werde. Endlich fragte sie: »Und warum hast du dich auf die weite Reise hierher gemacht?«

Almut gewann wieder festen Boden. Eines Tages habe sich die Mutter jener Brautwerbung aus fernem Land, aus Schlesien, erinnert, obgleich die schon Jahre zurücklag. Damals, so hatte sie gesagt, habe sie für ihre kindliche Tochter den ehrenvollen Antrag abgelehnt – oder doch hinhaltend beschieden. Nun aber schien ihr diese Heirat für Almut doch recht günstig. Sogleich hatte sie mit großem Eifer zur Reise gerüstet und das Beste aus den kärglichen Schätzen des Hauses zum Brautgut ausgewählt.

Die Herzogin wollte etwas fragen, schwieg dann aber doch. War es nicht zu verstehen, daß diese Mutter sich um die Zukunft ihres Kindes sorgte und vielleicht auch einen krummen Weg nicht scheute, um ihm zum Glück zu verhelfen? Vielleicht auch war sie nur zu unerfahren, um klug vorausschauend zu handeln. Denn wer schickte einem Freier die einmal versagte Braut nach Jahren ungefragt ins Haus?

Almut, wieder tief errötet, verschwieg, was diesem Entschluß vorausgegangen war. Der Diepold hatte angefangen, ihr selbst so deutlich nachzustellen, daß sogar die Mutter in ihrer blinden Vernarrtheit es merkte. Häßlichen Streit hatte es gegeben, bis endlich die schlesische Brautwerbung der rettende Ausweg schien. Es traf sich, daß in diesem Frühjahr ein Siedlerzug in Franken sich unter Leitung eines Lokators mit Namen Maußhardt zum Aufbruch nach Schlesien sammelte. Ihm konnte die junge Braut mit ihrem geringen Gefolge wohl anvertraut werden. Und so – war sie nun hier.

Tief senkte Almut den Kopf, um ihre aufsteigenden Tränen zu verbergen. Nun, da sie zum erstenmal jemandem alles im Zusammenhang berichtet hatte – wenn auch nicht wirklich alles –, begriff sie ganz, was ihr geschehen war.

Auch die Herzogin hatte einiges begriffen, auch ihr hatten sich die Wangen gerötet, aber vor Zorn. Dem eigenen Kinde so mitzuspielen! »Du weißt wohl nicht«, fragte sie, »daß der Herr Peregrin von Pogarell gestorben ist?«

Etwas dergleichen hatte Almut schon vermutet. Dennoch traf es sie wie ein Schlag.

»Er starb«, fuhr die Herzogin fort, »an den Folgen eines schweren Sturzes vom Pferde. Mit über sechzig Jahren sollte man nicht mehr so scharf reiten.« Das war nicht ohne Absicht gesagt. Almut brach in Tränen aus. Der Herzogin war inzwischen eine Vermutung fast zur Gewißheit geworden. Sie gedachte diese peinliche Sache schnell aufzuklären und für das arme betrogene Kind zu einem guten Ende zu führen. Sie hob das Gesicht des Mädchens sanft am Kinn empor und sagte: »Da sind einige Irrtümer im Spiel, ahne ich. Hab nur ein paar Tage Geduld, mein Kind, dann wird sich alles aufklären und nicht zum Schaden für dich.« Sie lud Almut ein, mit ihrer Dienerschaft einstweilen in der Burg Quartier zu nehmen. In wenigen Tagen werde man klarsehen und weiteres beschließen können.

Gleich darauf ließ sie einen ihrer Ritter kommen, den sie gern mit vertraulichen Aufträgen ausschickte. Diesmal sollte er ihre Schwiegermutter, die Herzogin Hedwig, im Kloster Trebnitz aufsuchen und sie ernstlich und dringlich befragen, ob sie sich einer Brautwerbung für Herrn Peregrin von Pogarell erinnere und um welche Braut damals in Franken für ihn geworben worden sei. Frage wie Antwort sollten streng vertraulich bleiben und die Sache mit möglichster Eile betrieben werden.

Inzwischen kam Almut verzagt zu ihrem Gefolge zurück. Gertrudis und Kilian redeten ihr zu, es sei doch gut, daß nun Klarheit in die Angelegenheit komme, und wenn die Herzogin ihr so wohlgesonnen sei, so werde sicher alles gut werden. Aber Almut wollte sich nicht trösten lassen. Was ihrem Stolz zugefügt worden war, das konnte kein Wohlmeinen so schnell heilen. Sie wollte auch nicht auf die Burg, wo sie allen nur zum Gespött sein werde, am liebsten auch die Herzogin nicht wiedersehen, nein, keinen von denen allen hier. Nach Hause? Nein, nein, nur das nicht!

Nun aber ergriff der Knappe Kilian das Wort. Er hatte während der langen Reise gegenüber dem Kind seines toten Herrn mehr und mehr den Ton eines strengen Vaters angenommen – ein wenig strenger als nötig vielleicht. Aber er sah das junge Geschöpf von Gefahren bedroht, die ein schlichter Reitersmann ihr kaum fernzuhalten vermochte. Jetzt schalt er sie, sie möge doch die Dinge, die schon verwirrt genug seien, nicht mutwillig noch schlimmer machen. Guter Wille, der ihr bezeigt werde, sollte nicht zurückgewiesen werden. Die Herzogin werde ihr sicher helfen, wenn man sie nur ließe. Vor allem solle Almut ihr folgen und auf die Burg ziehen. Täte sie es nicht, so sähe das nach schlechtem Gewissen aus und so, als traute sie sich nicht, auf ihrem Recht zu beharren – so, als sei sie nicht die, für die sie gelten wolle: ein Edelfräulein von ehrbaren Sitten, das ohne Schuld in eine fragwürdige Lage gekommen war.

Almut verzog kindisch den Mund, gehorchte aber. Noch am gleichen Tag bezog sie mit Gertrudis eine Kammer in dem Teil der Burg, den das weibliche Hofgesinde bewohnte. Kilian mit den beiden Knechten und dem Gepäck kam in den Wirtschaftsgebäuden und Ställen unter.

Bei dieser Gelegenheit bat Julian, aus den Diensten des Fräuleins entlassen zu werden. Er habe erfüllt, was er zugesagt, die Reise sei beendet, und er wünsche seiner Wege zu gehen. Kilian aber war nicht bereit, nach dem so unvermuteten Ausgang der Reise sich auch noch neue Sorgen aufzuladen. Woher so schnell einen neuen Roßknecht nehmen in diesem fremden Land – zwei waren eigentlich zumindest nötig, des Ansehens wegen –, wo höchstens ein Böhme oder Pole sich finden ließ, der dann kein Wort Deutsch verstand! Nur ein paar Tage noch solle Julian bleiben, bis genauer abzusehen sei, was aus ihnen allen würde.

Und seltsam genug, Julian, den dies alles eigentlich gar nichts anging, der ein ganz anderes Schicksal zu erfüllen hatte, als für Pferde und Gepäck eines fremden Fräuleins aus Franken zu sorgen – er widersprach nicht und blieb. Er schalt sich selbst wegen dieser Nachgiebigkeit. Denn er hatte sich sehr im Verdacht, daß nicht christliches Mitleiden ihn dazu bewog, sondern ein Versagen – eine Ermüdung unter der übergroßen Last, die er nicht weiter tragen zu können glaubte: Sein Wissen um den nahen Untergang, den er nicht aufhalten, vor dem er nicht einmal wirksam warnen konnte. Nichts als Flucht vor einer übermenschlichen Belastung war es, was ihn trieb, die kleine, demütige Pflicht auf sich zu nehmen. Ebensogut hätte er in sein Kloster zurückkehren können. Aber war es nicht Christenpflicht, Hilfe nicht zu versagen, wo sie gefordert wurde?

Almut und ihre Dienerin waren gut aufgehoben in ihrem Quartier. Sie speisten mit an der Tafel des Hofgesindes und durften die Abende im Kreise um die Herzogin verbringen, wo deutsche, böhmische und polnische Lieder gesungen und manchmal auch Märchen erzählt wurden. Allabendlich aber beteten sie in der Marienkirche mit dem Hofgesinde um Rettung vor der Taterngefahr. Sie merkten bald genug, daß die jungen Fräulein bei Hofe sich in ihrer fremden Sprache über sie lustig machten. Vor Almut wagten sie es nicht, aber der Dienerin Gertrudis gaben sie auf deutsch, das sie ebensogut beherrschten, zu verstehen, was sie von der seltsamen Brautfahrt – eigentlich Bräutigamsfahrt, haha! – ihrer Herrin hielten. Gertrudis nahm es schwer. Sie weinte, als sie es Almut berichtete. Die lachte nur. Aber in der Nacht, als Gertrudis wie immer Trost und Ruhe im tiefen Schlaf fand, saß Almut noch lange im Bett auf, fiebernd vor Ungeduld des Wartens, das sie unerträglich demütigte.

Nicht lange mußte sie es ertragen. Schon am übernächsten Tag ließ die Herzogin sie rufen und begrüßte sie, als habe sie eine frohe Nachricht. »Es ist ganz so, wie ich mir dachte«, begann sie. Vor zehn oder zwölf Jahren hatte die Herzogin Hedwig, ihre erlauchte Schwiegermutter, den Herrn Peregrin von Pogarell für seine treuen Dienste belohnen und zugleich ihn, den vornehmen Polen, durch eine deutsche Heirat dem Herzogshaus noch enger verbinden wollen. Sie wußte von der noch jungen, früh verwitweten Tochter eines befreundeten Rittergeschlechts in Franken. Sicher war Herr Peregrin nicht mehr der

Jüngste, aber mit seinen fünfzig Jahren immer noch ein stattlicher Freier, dazu sehr vermögend. Es wurde ein Gesandter ausgeschickt, vorfühlend zu erkunden. Als er günstig aufgenommen wurde, folgte alsbald die förmliche Brautwerbung. Verlöbnis und Hochzeit sollten im kommenden Sommer stattfinden. Da aber machte die Braut plötzlich Ausflüchte, sie sei nicht gesund, sie erbete eine längere Frist. Und dabei blieb es dann. Kein Wort mehr kam aus Franken. Der Herr Pogarell hatte dann auf seine alten Tage eine andere geheiratet, ohnehin seine dritte Ehefrau, die er auch noch überlebte, bis zu jenem unseligen Sturz beim Reiten. Wer konnte auch ahnen, daß sich die Dame in Franken so spät noch auf den mißachteten Freier besinnen werde!

»Ja, mein liebes Kind«, sagte die Herzogin und faßte Almut bei der Hand, »du hast wohl begriffen, was ich gleich ahnte. Diese Werbung kann niemals dir gegolten haben. Du warst ja damals noch ein kleines Kind. Deine Mutter war gemeint. Wie sie sich so irren konnte, begreife ich nicht. Oder – bist du am Ende gar nicht von ihr geschickt worden?«

Almut riß ihre Hand zurück und sprang auf, abwechselnd rot und blaß werdend. »Doch – sie hat mich geschickt – sie!« würgte sie hervor und schlug die Hände vors Gesicht.

Anna versuchte mütterlich, den Grund zu erraten: »Vielleicht ist sie in Not geraten, deine Mutter, und wollte dich auf diese Weise versorgt wissen?«

Almut antwortete nicht. Sie kannte den Grund gut genug, aber erst jetzt begriff sie ganz, wie abgefeimt, wie völlig gewissenlos man an ihr gehandelt hatte. Am liebsten wäre sie tot umgefallen. Aber sie mußte standhalten und die tröstenden Worte anhören, die sie nur noch mehr peinigten. Sie solle doch nicht verzweifeln, riet ihr die Herzogin, weil sie ohne eigene Schuld in eine solche Lage geraten sei. Jeder werde ihr das glauben, und ihr solle so geholfen werden, daß sie weder an ihrem Wohlergehen noch an ihrem guten Ruf Schaden nehme. »Du könntest am Hofe bleiben als eins meiner dienenden Fräulein, hättest leichten Dienst und ein angenehmes Leben. Eines Tages würde ich auch einen braven Mann für dich finden – keinen Herrn von Pogarell. So hoch dürftest du nicht mehr greifen. Aber einen angesehenen Ritter aus dem

Gefolge des Herzogs oder einen der Grundherren auf neubesiedeltem Land.« Anna wartete auf eine Antwort. Als keine kam, fuhr sie kühler fort: »Du könntest auch bei den Zisterzienserinnen in Trebnitz eintreten. Die Herzogin Hedwig würde sich sicher für dich verwenden.« Wieder wartete sie auf Antwort und wieder kam keine. Noch einmal versuchte sie es: »Oder willst du lieber in deine Heimat zurückkehren?« Eine heftige Verneinung ließ den ganzen Körper des Mädchens erbeben, und Anna hatte kaum etwas anderes erwartet. Ihr kamen aber Zweifel, ob ihre Ratschläge wirklich gut gewesen waren. »Vielleicht solltest du doch lieber mit deiner Dienerschaft heimkehren nach Franken«, riet sie.

Auch darauf erhielt sie keine Antwort. Das junge Wesen, das sich von ihr fort in einen dunklen Winkel geflüchtet hatte und dort abgewendet stand, war wohl ganz gelähmt an Verstand und Willen. Konnte man es anders erwarten? »Antworte mir jetzt nicht, mein Kind!« sagte Anna gütig. »Besinne dich in Ruhe! Dein Knappe und diese Frau, die du bei dir hast, scheinen einsichtige, ältere Leute zu sein. Berate dich mit ihnen, und wenn du dich entschlossen hast, komm wieder! Ich werde immer für dich zu sprechen sein.«

Almut ging auf die Herzogin zu, verneigte sich höfisch, richtete sich wieder auf und ging hinaus. Dies alles tat sie wie im Schlafwandel, ohne ein Wort zu sprechen, ohne einen Blick. »Sie hat ja gar nicht geweint«, fiel es der Herzogin später ein, »nein, keine Spur von Tränen war auf ihrem Gesicht wahrzunehmen. Nun, sie ist jung, sie wird's verwinden«, tröstete sie sich mit einer Binsenwahrheit, ohne ganz daran zu glauben.

Inzwischen ging Almut wie eine Schlafwandlerin über die Treppen hinunter in den Hof. Dort begann sie zu laufen und stürzte schluchzend in die Arme ihrer treuen Gertrudis, die ihr entgegenkam. »Was ist denn nur, Kind? Was ist geschehen?« fragte sie erschrocken. Noch lange konnte Almut nicht antworten. Gertrudis schickte nach dem Knappen, ohne den sie nichts zu beraten wagte. Zu dritt saßen sie in der Kammer der beiden Frauen. Almut, mühsam gefaßt, berichtete über das Gespräch mit der Herzogin. »Die wissen hier alles, mehr als ich je gewußt hab! Ich kann mich vor keinem Menschen mehr sehen lassen.«

»Das sollt Ihr auch nicht, Fräulein«, entschied Kilian in rauhem Befehlston. »Nicht einen Tag länger als nötig bleiben wir hier. Wir kehren heim, da gibt's nichts anderes.«

»Nein, nicht heim!« flehte Almut mit aufgehobenen Händen. »Du siehst ja, wie meine Mutter für mich gesorgt hat. Was hab ich von ihr zu erwarten!«

»Das wird sich schon zeigen!« knurrte Kilian ingrimmig. Schon längst bereute er, diesem Gockel, diesem »Herrn« Diepold, nicht das Genick umgedreht zu haben. Aber das konnte noch kommen. Und dann ins Kloster mit den beiden: dem unwürdigen Eheweib seines tapferen und ehrenwerten Herrn und diesem piepsenden Küchlein, dem schon früh genug die Federn und Krallen wachsen würden. Er war finster entschlossen, die Ehre seines toten Herrn zu retten, und kannte auch die Wege, die er dazu einschlagen mußte, sobald er wieder auf heimischem Boden war. Diese sinnlose Brautfahrt in den Osten war Zeugnis genug. Die fränkischen Herren, der Graf Castell, ja der Bischof selbst mußten eingreifen.

Almut wagte schüchternen Widerspruch: »Ich könnte auch hierbleiben. Die Frau Herzogin Anna –«

»Ja, ja, das sagtet Ihr schon!« unterbrach Kilian sie grob. »Aber was hat ein fränkisches Edelfräulein in diesem halben Barbarenland zu tun? Und Klöster haben wir auch daheim.«

Almut schwieg mit niedergeschlagenen Augen. Gegen Kilian kam sie nicht auf, das wußte sie schon. Nun begann er breitspurig, mit vielen Worten, seine Pläne für die Heimreise zu entwickeln. Eine Schwierigkeit vor allem gab es: die Kosten. Sie würden weit höher sein als die der Herreise, die im Treck der Siedler billig gewesen war. Und die Reisekasse war erschöpft.

»Verkauf doch mein Heiratsgut!« warf Almut nachlässig dazwischen, als sei ihr nichts daran gelegen.

Kilian erwiderte trocken, daran sei schon gedacht. Nur, allzuviel werde der Kram auch nicht bringen, das bißchen Silber, Weiberschmuck und gewebtes Zeug.

»Aber doch nicht alles!« mischte sich Gertrudis besorgt ein. »Das Notwendigste muß sie doch behalten. Leinenzeug und Hausrat wird sie immer brauchen.«

Almut zuckte die Achseln. Ihr kam es vor, als werde sie niemals mehr irgend etwas dergleichen brauchen.

Kilian beschäftigte nur die Frage, wo und wie man das Zeug an den Mann bringen könnte. Das Städtchen Liegnitz, im Schutz der Burg dennoch nicht viel mehr als ein Bauerndorf, bot wohl kaum Käufer. Auch wäre der Handel, so offen unter den Augen des herzoglichen Hofes, ein wenig ehrenrührig gewesen. Es blieb nichts anderes übrig, als noch eine Reise nach Breslau daran zu wenden. Das war ein berühmter Handelsplatz. Sicher würden sich da Kaufleute oder wohlhabende Bürger finden, die das Angebotene nach seinem Wert zu schätzen wußten. Kilian traute sich zu, nach wenigen Tagen mit einem vollen Beutel zurück zu sein. Mit einem der beiden Wagen wollte er allein hinüberfahren. Der deutsche Knecht sollte zurückbleiben, um die Pferde zu versorgen, während Julian endlich, nach der Absprache, seinen Lohn erhalten und gehen mochte. Inzwischen sollte Almut mit Gertrudis still ihr Leben hier weiterführen und einstweilen zu niemandem von ihrer Absicht heimzukehren reden. Es möchte sonst noch mehr unerwünschte Einrede geben, knurrte Kilian und meinte deutlich die Ratschläge der hilfreichen Herzogin.

Almut sagte nichts dazu, redete überhaupt kaum und saß dabei, als ginge sie alles nichts an. Auch als Kilian anfing, unterstützt von der eifrigen Gertrudis, das Notwendigste, das zurückbleiben sollte, von den wertvolleren, zum Verkauf geeigneten Stücken zu sondern – vorerst nur mit Worten –, schwieg sie immer noch. Nur einmal murmelte sie aufbegehrend: »Ich möchte lieber hierbleiben.« Mehr wagte sie gar nicht. Denn Kilian, der treue Knappe seines toten Herrn, hatte sichtbarlich seine große Stunde. Er war sich bewußt, daß er allein die schwierige Lage zu meistern vermochte, diese beiden hilflosen und törichten Weiber zu ihrem eigenen Heil zu lenken. Was sollte da der schwache Widerspruch! Er hörte darüber hinweg. Morgen vor Tag sollte Gertrudis mit den beiden Knechten ihm helfen, die Ballen zu öffnen und ihren Inhalt gesondert auf die beiden Wagen zu verteilen.

Spät in der Nacht schreckte Gertrudis, schon tief im Traum von einer glücklichen Heimkehr, plötzlich auf, weil Almut neben ihr laut sagte: »Wie beneide ich die Margaret!«

»Was? Was?« fragte Gertrudis verstört, nur halb erwacht. »Welche Margaret?« Aber dann wußte sie es wieder. Diese Margaret war eine der jungen Siedlerfrauen, das Eheweib des Hans Deininger, kaum älter als Almut, die sich auf der langen Reise mit ihr angefreundet hatte. »Und warum beneidest du sie?«

»Weil sie und ihr Mann in diesem neuen Land alles finden werden, was sie sich nur wünschen können: eigenen Besitz, Freiheit vor allem, eine sichere, glückliche Zukunft. Aber ich . . .«

»Kind!« Gertrudis hatte den Schlaf ganz abgestreift. »Das kannst du doch nicht vergleichen. Sie sind doch nur Bauern. Denen geht es überall gut, wo sie genügend Land beackern können und etwas mehr Freiheiten haben als sonst. Das bedeutet ja nicht viel. Du aber – dir steht doch ganz anderes offen.«

Almut schüttelte das gutgemeinte Wort ab wie eine lästige Fliege. »Ich möchte hierbleiben«, sagte sie wieder und mit mehr Festigkeit als ein paar Stunden zuvor.

Gertrudis gähnte. »Ach, schlaf nun, Kind! Morgen müssen wir vor Tag heraus.«

Die Sonne ging eben auf, als Kilian neben dem fertigbeladenen Wagen, den Fuß im Steigbügel, zum Aufbruch bereitstand. Für die Lenkung des Wagens war es ihm gelungen, ein schmächtiges Kerlchen anzuwerben, das kein Wort Deutsch verstand. Was als »das Notwendigste« auf dem zweiten Karren zurückblieb, war nach Meinung von Gertrudis bestürzend wenig. Sie hatte um jedes Leintuch, um jeden Zinnteller gekämpft. Nur der Gedanke, daß jedes Silberstück, das dafür erlöst wurde, die glückliche Heimfahrt näher rücke, hatte sie endlich besänftigt. Almut hatte wieder stumm und unbeteiligt daneben gestanden, als wären es nicht ihre Besitztümer, über die da entschieden wurde. Dennoch stand sie unter dem Burgtor und winkte Kilian nach, als er, dem schwer dahinknarrenden Wagen stolz vorausreitend, davonzog.

Als sie sich umwandte, um Gertrudis zu folgen, die auf klappenden Sohlen schon zu neuen Pflichten enteilt war, stand Julian vor ihr. Er hatte noch beim Beladen und Anschirren des Wagens geholfen und wollte nun endgültig Abschied nehmen, mit Stab und Tasche ausgerüstet, den Pilgerhut demütig in der Hand. So hatte sie ihn zuerst gesehen, so würde sie ihn immer sehen – wenn nicht das Bild des Fährmanns noch stärker war, der sie alle über den dunklen Fluß in den dunklen Wald, in das fremde Land übergesetzt hatte.

Noch ehe er sprechen konnte, sagte sie: »Ja, du willst jetzt Abschied nehmen. Du willst gehen – dahin, wohin es dich ruft. Das hab ich wohl gemerkt – zu höheren Pflichten. Wo sind die aber, wenn sie nicht kommen, deine Tatern?«

»Sie kommen bestimmt.«

»Aber wann? Vielleicht erleben wir es gar nicht. Vielleicht haben sie dich belogen oder durch Zauber getäuscht. So viele Jahre sind vergangen, und sie sind nicht gekommen. Warum sollte es gerade jetzt sein, heut oder morgen oder in diesem Jahr? Du hättest wohl Zeit, vor deinen größeren Pflichten noch eine viel geringere zu erfüllen.«

Julian sah sie fragend an und ahnte doch schon, was kam: »Hilf mir, Julian! Du bist der einzige, der es kann.«

»Ihr habt doch Euren Herrn Kilian«, antwortete er herb, »und Eure Dienerin. Die sind doch dafür da.«

»Aber sie wollen anders als ich. Sie haben nicht begriffen, was mir zugefügt worden ist. Daß ich nicht wieder nach Hause kann – nie mehr. Hör zu, Julian!« Sie legte ihm die Hände auf die Schultern und begann auf ihn einzuflüstern, ihm den kindlich wirren, dennoch nicht ganz unmöglichen Plan zu enthüllen, der nicht erst in der letzten schlaflosen Nacht in ihr gereift war. Glaubte sie im Ernst, der Lokator Konrad Maußhardt würde ihr um ihrer schönen Augen willen eine der Hufen in seinem neuen Dorf überlassen, die durch die Flucht der beiden Siedler frei geworden waren? Das durfte er wohl gar nicht. Was sollte ein Edelfräulein in einer Neusiedlung? Sie konnte doch weder roden noch pflügen, nicht einmal die Arbeit einer Bäuerin verrichten, und es zählte auf dem Neuland doch nur die eigene Leistung. Julian schüttelte den Kopf. Sie war eben doch nur ein Kind, ein unwissendes, eigensinniges Geschöpf, das man an der Hand nehmen und zu den Seinen zurückführen mußte, dahin, wo nach Herkunft und Erziehung sein Platz war, ob ihm das nun gefiel oder nicht. Jeder andere Weg mußte ins Unglück führen. Aber er brachte es nicht fertig, das auszusprechen, in diese vertrauenden Augen hinein.

»Ich weiß schon, was du dagegen sagen willst«, flüsterte sie, »aber auf diesen Weg hat mich meine eigene Mutter gestoßen. Was mir bevorsteht, wenn ich wieder heimkomme – das Kloster wär noch das beste. Der Kilian ist ja ganz besessen davon, die Ehre unseres Namens wiederherzustellen. Der wird's schaffen. Aber das will ich nicht, nicht wieder von einem fremden Willen gelenkt werden. Lieber als Bauernweib verkommen.«

»Kein Ritter dürfte mehr um Euch werben –«

»Ich weiß. Aber was helfen mir Ritter und Ritterehre! Ich habe genug davon.«

Wieder dachte Julian: Sie ist ein Kind, man müßte sie lenken. Aber er hatte schon begriffen, daß gerade das unmöglich war. Sie hatte ihre Erfahrungen gemacht und wollte sich auch dem sanftesten Zwang nicht mehr fügen.

»Ich will auch keinen Mann«, fuhr sie fort, »keinen Ritter und auch keinen Bauern. Ein guter Knecht wäre mir genug, der mir roden hilft und pflügen und mich das lehrt, was ich davon lernen kann. Aber ich müßte ihm ganz und gar vertrauen können. Julian, willst du das für mich sein?«

Er hatte diese Bitte geahnt und eine ablehnende Antwort bereit. War nicht auch er eines Ritters Sohn? Hatte er jemals ackern, pflügen, zimmern gelernt oder das Vieh gehütet? Aber er brachte kein Wort heraus. Ihm ging auf, daß solches Können gar nicht so wichtig war. Das ließe sich wohl erlernen, wenn einer ernstlich wollte. Was sie brauchte, war Vertrauen. Ganz und gar vertrauen – das arme, immer wieder verratene Kind hatte es wohl niemals gedurft. Und nun hatte sie gerade ihn dazu ausersehen. War er dessen wert? War es – seine Pflicht? Er zögerte mit der Antwort.

»Nur für den Anfang!« flehte sie. »Nur ein Jahr schenk mir – ein halbes nur! Dann werd ich's allein können.«

Ein halbes Jahr? dachte er. Warum nicht? Er wußte selbst nicht, was ihn so unbesorgt machte. Am Ende war es leichter, den nagenden Zweifel zu ertragen, ob er Irrender sei oder ein Betrogener, wenn er eine Pflicht zu erfüllen hatte – die kleinere, menschlich faßbare Pflicht, vor der übergroßen, die eigentlich über seine Kräfte ging.

Es war eine Flucht, das war ihm klar bewußt, als er mit fester Stimme antwortete: »Ein halbes Jahr, Herrin? Gut! Ihr sollt mich treu finden.« Das ist bis zum Dreikönigstag, und zum drittenmal werde ich im Winterschnee die Karpaten übersteigen, dachte er.

Das Aufstrahlen ihres Gesichts ließ ihn seinen schnellen Entschluß fast bereuen. Sie hatte wieder einmal ihren Willen bekommen. Was gab diesem Kinde so viel Macht über ihn? Aber ihre Not war ja ernst genug und durchaus wirklich. Sie brauchte wohl eher Halt und Schutz als tätige Hilfe. Vielleicht gelang es ihm in diesem halben Jahr, sie mit Schlangenklugheit und Taubensanftmut auf einen besseren Weg zu leiten, zu ihrem eigenen Heil. So wollte er seine Pflicht sehen.

Sie nickte ihm mit einem Verschwörerlächeln zu und war leichtfüßig schon ein paar Schritte fortgeeilt, als sie sich noch einmal umwandte und, den Finger an den Lippen, ihn mahnte, zu niemandem von dieser Absprache zu reden, am allerwenigsten zu Kilian, wenn der zurückkomme.

»Das muß zwischen uns bleiben. Ich will schon alles so regeln, daß wir ohne Streit von hier fortkommen.«

Die Herzogin Anna war hoch erfreut und – sollte sie's leugnen? – auch erleichtert zu hören, daß ihr junger Schützling sich nun doch entschlossen habe, in die Heimat zurückzukehren. Sie habe eingesehen, daß sie dort den Schutz ihrer Verwandten und Freunde habe, sobald sie ihn nur anrufen wolle, während sie hier eben in der Fremde sei, bei aller Geneigtheit der verehrten Frau Herzogin. Anna gab ihr darin recht, heimlich aufatmend, daß sie der Fürsorge für dies aus dem Nest gefallene Falkenjunge enthoben war. Auch daß der Knappe unterwegs sei, um zu Geld zu machen, was von dem bescheidenen Brautgut entbehrlich war, lobte sie als ein Zeichen von Umsicht. So konnte der Zehrpfennig, der nach dem Brauch in Not geratenen Reisenden vornehmen Standes zukam, ein wenig knapper bemessen werden. Frau Anna war eine kluge Haushälterin. Mit großer Herzlichkeit und vielen guten Wünschen verabschiedete sie ihren jungen Gast. »Es ist auch besser«, fügte sie vertraulich hinzu, »wenn ihr geht. Niemand kann wissen, was in nächster Zeit über unser Land hereinbrechen wird.«

»Ja, glaubt Ihr denn daran, Frau Herzogin?« fragte Almut in jugendlichem Vorwitz, ein Lächeln in den Mundwinkeln.

Die Herzogin blieb tief ernst. »Was kommen wird, steht bei Gott. Aber noch hat der Herzog keine Nachricht erhalten, die ihm die Gefahr weniger bedrohlich machte. Nicht umsonst beten wir jeden Abend um Schutz vor den Tataren. Das ist uns bitterer Ernst, glaub mir, auch wenn wir wenig davon reden. Gott behüte dich davor, du liebes Kind!«

Wenige Tage später kam Kilian ohne den Wagen und mit einem prallgefüllten Beutel zurück. Seine Laune war sehr gehoben. Sogleich begann er, seinen Reiseplan zu entwickeln und jedem seine Rolle zuzuteilen. Daß Julian immer noch da war, wunderte ihn nur kurz. Er hatte andere Sorgen. Aber er kam nicht weit mit seiner Ansprache an die beiden ihm anvertrauten Frauen. Seine junge Herrin unterbrach ihn mit kühler, kaum erhobener Stimme: »Daß du es weißt, Kilian, ich bleibe hier.«

»Was?« Er verlor den Faden, wußte nicht ein noch aus, versuchte loszupoltern: »So war das doch nicht abgeredet. Ihr wolltet doch heim.«

»Ich will es nicht mehr. Ich nehme die Gastfreundschaft der Frau Herzogin von Schlesien an.«

»Ins Kloster also?«

»Ich wüßte nicht, warum ich dir das sagen müßte, Kilian. Ich bleibe hier, auch allein, wenn keiner von euch bei mir aushalten will.«

Die Verwirrung war groß. Kilian blickte fragend auf Gertrudis, die ihm auch nichts weiter sagen konnte. Sie war genauso überrumpelt worden wie er und blickte vorwurfsvoll auf die junge Herrin, die ihr blindes Vertrauen so bitter getäuscht hatte. Almut redete weiter mit einer ganz fremden, kühlen und spröden Stimme, die viel älter klang als ihre jungen Jahre. Sie dankte Kilian für seine treuen Dienste, deren sie nun nicht mehr bedürfe, und wünschte allen dreien eine glückliche Heimreise. Grüße an die Mutter trug sie ihnen nicht auf.

Da sagte Gertrudis entschlossen, wenn auch mit tränenerstickter Stimme: »Ich bleibe bei dir, Fräulein.«

Und nun geschah es, daß der Panzer von gläserner Härte, mit dem Almut ihr Herz umgeben hatte, plötzlich sprang. Sie legte die Arme um den Hals der treuen Dienerin und flüsterte ihr ins Ohr: »Überleg dir's noch! Da ist noch manches, was ich dir sagen muß. Wenn du dann noch bleiben willst –?«

Zu Kilian sagte sie, er möge die Hälfte von dem, was in seinem Beutel sei, für die Heimreise behalten. Die andere Hälfte aber brauche sie selbst dringend. Kilian fügte sich ohne Widerspruch. Natürlich gehörte alles der Herrin. Wenn sie die Heimreise gemeinsam angetreten hätten, so wäre es seine Aufgabe gewesen, das Geld für die kleine Reisegesellschaft zu verwalten und klug einzuteilen, daß es reichte. Daß die junge Almut sich so schnell und bestimmt in die veränderten Umstände fand, verwirrte ihn fast noch mehr als ihr überraschender Entschluß. Seit wann kümmerte sich ein Edelfräulein um Geldangelegenheiten? Aber es gab keinen Grund, nicht nach ihrem Wunsch zu handeln.

Noch ein paar Tage brauchten sie, um die Pferde auszuruhen und das Gepäck zu verteilen. Dann brach der Knappe Kilian mit dem deutschen Roßknecht auf in Richtung Bunzlau. Almut begleitete ihn zu Pferde noch ein Stück Weges, gerade so weit, wie man sie von der Burg aus sehen mochte und noch etwas weiter. Dann schwenkte sie südwärts ab auf den Weg zum Vorgebirge. Julian und Gertrudis folgten in einigem Abstand mit dem beladenen Wagen und hielten sich sorgsam außerhalb der Sicht des Knappen.

Es war eine schwierige Aufgabe, sowohl neugierige Blicke von der Burg als auch Kilians Argwohn zu täuschen. Aber es gelang, sowenig Almut wie Julian des Landes kundig waren. Bald nach Mittag trafen sie nahe der Bergstadt Goldberg zusammen, die einsame Reiterin und der Planwagen, den Julian lenkte, während Gertrudis neben ihm für das leichtsinnige, fast gottlose Unternehmen die Vergebung und den Schutz aller Heiligen herabflehte. Von nun an folgten sie der Straße, das heißt dem ungebahnten Weg am Rande des Gebirges hin, den vor kurzem die Siedler gezogen waren, ihrer neuen Heimat entgegen.

3

Im tiefen Goldglanz eines Spätsommerabends knarrte ein Planwagen das flache Waldtal am Rand des Eulengebirges hinauf, mühselig holpernd und ächzend auf dem zerfahrenen Weg, der an einem Bachufer entlang das Tal der Länge nach durchschnitt. Von beiden Seiten engte der Wald düster drohend immer mehr die schmale Schneise von Wiesengrün ein. Es war eine wilde, fast unberührte Landschaft. Und doch war sie nicht menschenleer. Schon von weitem hörte man Hacken, Sägen und Klopfen. Männer und Frauen waren überall an der Arbeit. An vielen Stellen erhoben sich schon Pfosten und Dachgestühl als weiße Gerippe gegen Wiesengrün und Waldesdunkel ab. Der Duft frisch behauenen Holzes erfüllte die Luft. Nun ließen viele das Werkzeug sinken und spähten, die Hände über den Augen, nach dem Wagen aus.

Wo wollte der hin? Der Weg hatte kein Ziel, er endete mit dem Tal, oben am Waldrand. Der Wagen wurde von zwei Pferden gezogen, ein drittes folgte angebunden. Die Bauernkarren waren meistens mit Rindern bespannt. Da erkannten einige das Pferd, das ledig ging, einen Grauschimmel, endlich auch die beiden Frauen, die vorn unter der Plane saßen. Eine Stimme flog wie ein Vogelruf über das Tal hin: »Das ist sie! Das Fräulein, die Almut!« Andere fielen ein: »Ja, ja, das ist sie! Sie ist wirklich gekommen.«

Den Hang herunter über den Bach hinweg kam die Margaret gelaufen, Hans Deiningers Ehefrau, obgleich sie sich in ihrem gesegneten Zustand solche Sprünge gar nicht hätte zumuten dürfen. Mit ausgebreiteten Armen hielt sie den Wagen auf. Andere folgten ihr, im Nu war der Wagen umringt. Sie hoben Almut herunter und bestürmten sie mit Fragen. Lachend, wiewohl mit nassen Augen, erwiderte sie alle Grüße, kannte jeden noch wieder. Als sie endlich zu Worte kam, sagte sie so leise, daß nicht alle sie gleich verstanden: »Ich komme, weil ich hierbleiben will – ja, hier bei euch.«

Mit einem Male wurde es still. Hierbleiben? Wie sollte das wohl möglich sein? Ein Edelfräulein in einer Neusiedlung unter den Bauern? Nun sahen sie auch das blasse, verstörte Gesicht, von einem Gram gezeichnet, der dem übermütigen jungen Kinde fern gewesen war. Sie trug auch keinerlei Schmuck, und ihr Kleid war nicht mehr bunt bestickt, sondern schlicht dunkelblau wie das einer Magd. Sie war keine strahlende Braut mehr, auch keine glückliche Ehefrau. Etwas Schlimmes mußte geschehen sein.

Margaret, die es wohl am ehesten wagen durfte, fragte schüchtern: »Gab's keine Hochzeit zu Liegnitz?«

Stumm schüttelte Almut den Kopf.

»Haben sie dir was getan – dich weggejagt?«

Wieder stummes Kopfschütteln und Augen voller Tränen. »Ich sag's dir später.«

Keiner mochte weiterfragen.

Margaret lud die Freundin ein, unter dem Notdach auf ihrer künftigen Hofstelle einzukehren. »Denn sicher werdet ihr vor Dunkelwerden in eurem Nachtquartier sein wollen, in einer Burg oder einem Kloster hier irgendwo herum.«

Wieder schüttelte Almut den Kopf, entschiedener als vorher. Hier sei sie am Ziel, hier und nirgendwo anders. Hier müsse sie bleiben und schon heute nacht ihr Unterkommen finden.

Ein wenig ratlos sagte Margaret, darüber müsse mit ihrem Hans beraten werden. Erst einmal möge das Fräulein mit seinen Leuten auf einen Trunk Milch hereinkommen. Sie begrüßte nun auch Gertrudis, die ihr ebenso bekannt war wie die Herrin, wenn auch nicht ganz so vertraut. Dann aber fuhr sie zurück. »Der?« fragte sie bestürzt, als ein junger Bursche, den bisher niemand beachtet hatte, herantrat und Almut fragte, ob er ausspannen solle oder ob die Fahrt noch weiter ginge. Sie nickte, kam aber nicht dazu, mehr zu sagen.

Denn sie hatte einem Sturm standzuhalten: »Den bringt Ihr mit, Fräulein? Gerade den? Habt Ihr denn keine Angst – keine Spur von Gottesfurcht mehr? Was soll der hier bei uns? Der hat doch den bösen Blick. Das Unheil zieht er auf uns herab. Diese Tatern –« Das Wort ließ wieder alle erschauern.

»Ach, hört doch auf!« erhob sich die helle, unbekümmert befehlende Stimme von früher. »Ihr kennt ihn ja gar nicht. Ihr alle wißt doch, daß ich ihn damals in meine Dienste genommen habe. Ich fand ihn seitdem fleißig und treu – der einzige, der mir treu geblieben ist im Unglück. Wer mich duldet, der muß auch ihn dulden.« Die lichten Augen unter dunklen Brauen und Wimpern schossen Blitze, nicht als bäte eine arme Umhergetriebene um Zuflucht, sondern als verkünde eine Herrin ihre Befehle.

Zum Glück kam Hans Deininger, die Axt über der Schulter, jetzt endlich aus dem Wald heruntergestiegen und stillte den Sturm. Mit ruhigen Worten wies er den fremden Knecht an, wo er einstweilen die Pferde weiden lassen dürfe, und daß der Wagen ruhig da bleiben könne, wo er stand. Denn beiderseits des Weges standen alle ihre Wagen, jeweils am unteren Ende der Hufen, die sich von dort aus bergan bis zum Waldrand erstreckten. Noch mußten die Wagen den meisten der Siedler zur Schlafstelle dienen, auch als Vorratsraum und Kleiderkammer. Denn von den künftigen Häusern standen vorerst nur Pfosten und Fachwerk, höchstens hier und da schon ein Dachgerüst. Einige hatten sich aus Baumstämmen und Reisig einen ersten Wetterschutz auf dem eigenen Grund und Boden errichtet. Denn immer noch waren die Nächte mild, und sie waren die Enge unter der Wagenplane leid, in die sie monatelang eingepfercht gewesen waren.

So hatten es auch Hans Deininger und seine Margaret gemacht. Ihre Hufe lag als vorletzte am oberen Ende der Dorfzeile. Wohl eine Viertelstunde hatten sie noch bergan zu steigen auf dem lehmigen, von Radspuren zerwühlten Streifen, der sich Straße nannte. Das letzte Stück eilte Margaret voraus und war, als die andern nachkamen, schon dabei, das kleine Feuer anzufachen, das im Windschutz des Notdaches zwischen Steinen, Grassoden und Aschenresten glimmte. Sie setzte einen Topf darauf für den Abendbrei aus Roggenschrot und trug zur Erfrischung eine Kumme voll saurer Milch herbei, aus der die Gäste mit hölzernen Kellen schöpften.

»Wir haben noch nicht viel«, entschuldigte sie sich. »Wir werden von einem der Klosterhöfe aus versorgt, mit dem Nötigsten, mit Brot und Korn und Speck. Milch geben uns unsere Kühe. Wir müssen sehr haushalten. Aber es wird schon besser werden. Kommt im nächsten Herbst oder ein Jahr darauf, und ihr sollt bewirtet werden wie die Fürsten.« Die Gäste waren nicht verwöhnt worden auf ihrer langen Reise. Sie griffen zu und ließen es sich schmecken.

Als sie gesättigt waren, begann Hans Deininger ein ernstes Gespräch mit Almut, die, so jung sie war, doch das Haupt dieses kleinen Hausstandes zu dritt darstellte. Herrin, Magd und Knecht – es war nichts daran auszusetzen. Nur, daß die Herrin die Jüngste von den dreien war und daß der Hausherr fehlte, der Bauer eben, und daran werde Konrad Maußhardt wohl Anstoß nehmen. »Denn nur er kann darüber bestimmen, ob du hier siedeln darfst.«

»Und wo treff ich ihn?« fragte Almut unerschrocken.

»Er kommt alle paar Tage hier herauf. Aber wenn es dir sehr eilt, führe ich dich morgen zu ihm. Eine Wegstunde abwärts, an dieser selben Straße, wird an seinem Haus gebaut, an der künftigen Scholtisei. Er ist viel unterwegs, denn er will noch mehr Siedler herziehen. Dieser Ort hier heißt jetzt schon Konradsdorf, nach ihm. Es soll ein großes Dorf werden und wird sicher schon bald eine Kirche bekommen.«

Almut sagte, es eile ihr sehr, und ritt am nächsten Morgen in aller Frühe mit Hans Deininger die lange Straße talab zur Scholtisei. Sie hatte Glück. Konrad Maußhardt war gerade heute zufällig daheim, saß auf dem Dach und nagelte selbst die Schindeln fest, was ihm die Knechte nicht gut genug machten. Er kam heruntergestiegen und wunderte sich sehr, als er das Fräulein erkannte. Daß ihr da in Liegnitz irgend etwas nicht nach Wunsch gegangen war, erriet er sofort und hörte mit gesenktem Kopf ihre Bitte an. Sie wollte siedeln, genau wie alle andern, und bat ihn darum, ihr eine der frei gewordenen Hufen zu überlassen.

Der Maußhardt erwiderte, so einfach sei das nicht. Wer siedeln wolle, müsse vor allem Bauer sein und die Gewähr geben, daß der ihm verliehene Boden in gute Hände käme. Siedeln sei keine Spielerei für Kinder und schon gar nicht für fahrende Fräuleins, die nicht wüßten wohin.

Almut schluckte das. Es blieb ihr nichts übrig, als zu bekennen, was sie zu ihrem Entschluß getrieben habe. Sie sagte die Wahrheit, wenn auch nicht alles. Sie mußte den Ruf der Mutter schonen und verschwieg auch sonst noch manches. Doch erfuhr Konrad Maußhardt immerhin so viel, daß er wiederum den Kopf schütteln mußte über so viel gutgläubige Torheit. Das Fräulein sei jung und unerfahren, aber die Mutter hätte doch mehr Verstand beweisen müssen. »Ihr hättet besser daran getan, Fräulein, die Hilfe anzunehmen, die Euch am Hofe angeboten wurde. Selbst bei niederen Diensten oder im Kloster wäre es Euch besser ergangen als auf einer Siedlerstelle. Wie hart das Leben dort ist, das kann Euresgleichen sich gar nicht vorstellen.«

»Je härter, je lieber«, erwiderte der junge, herb verkniffene Mund. »Nichts in der Welt wäre mir schwerer zu ertragen als Neugier und Spott und noch dazu Wohltaten von denen, die meine Geschichte kennen.«

»Dem zu entgehen«, meinte der Maußhardt, »gäbe es wohl noch andere Wege, als eine Siedlerhufe zugrunde zu richten. Denn viel anderes werdet Ihr doch nicht zustande bringen. Ihr habt ja nicht mal einen Mann.«

»Nein«, erwiderte Almut trotzig.

Der Deininger wollte ihr helfen. »Sie hat immerhin Knecht und Magd.«

»Und ich hab etwas Geld«, fiel es Almut ein. »Ich könnte dir das Land abkaufen.«

Der Maußhardt schnob verächtlich durch die Nase. »Das will ich nicht gehört haben. Es ist Siedelland. Das geben die Herren und Klöster umsonst her. Die Bauern bezahlen nur mit ihrer Arbeit dafür – einstweilen. Daß sie den wüsten Wald und die Sümpfe zurückdrängen und den Boden fruchtbar machen und das Land menschenfreundlich, das ist der Lohn für sie und für die Herren. Da ist mit Geld nichts zu machen.«

»Behalt es lieber«, riet der Deininger, »du wirst es brauchen, für Ackergerät, für Vieh und dies und das.« Er zwinkerte ihr zu. Ihm war ein Gedanke gekommen. »Vielleicht könntet Ihr es doch versuchen, Maußhardt«, schlug er vor. »Die Hufe neben uns, die letzte, die ist doch noch frei, und vor dem nächsten Sommer, wenn die Neuen kommen, habt Ihr doch keinen dafür. Ihr könnt ja erst einmal sehen, was die drei schaffen oder nicht schaffen und dann immer noch die Hufe an einen andern geben.«

Almut blickte ihn dankbar an. Der Maußhardt aber knurrte: »Wie sollen die drei was schaffen, wenn sie von der Arbeit doch nichts verstehen.«

Der Deininger hegte im stillen die gleichen Bedenken. Aber er dachte an seine Margaret, die so glücklich über diese Nachbarschaft sein würde. Und er dachte an noch etwas, das ihm selbst zugute kommen sollte, ohne irgend jemandem zu schaden. Er versuchte es weiter: »Die drei, das Fräulein und ihre Leute, könnten ja erst einmal bei uns mitarbeiten. Da lernen sie alles, und wir sehen, was sie können, und helfen nachher bei ihnen. So ist allen genützt.«

Konrad Maußhardt blickte schief vor sich hin. Er dachte daran, daß der Deininger schon einmal versucht hatte, die frei gewordene Hufe zu seinem Anteil dazuzugewinnen. Wollte er das jetzt auf diese Weise erreichen? Und doch hätte auch er dem Fräulein gern geholfen. Als sie im Frühjahr ihm anvertraut worden war für die weite Reise nach Osten, da hatte er sich geehrt gefühlt und das frische junge Ding fast liebgewonnen wegen seines unbekümmerten Mutes bei allen Schwierigkeiten. Daß ihre Brautfahrt ein so schlimmes Ende genommen hatte, tat ihm leid. Aber war es ein guter Ausweg, was sie sich da vorgenommen hatte? Und durfte er die Hand dazu bieten? Am Ende war Hans Deiningers Rat nicht der dümmste. Was wagte er, wenn er ein noch ungenutztes Stück Land einstweilen auf eine Probezeit weggab? Vielleicht hatte das wagemutige Fräulein nach einem Jahr von selbst die Lust an dem Spiel verloren. Er konnte ja auch Bedingungen stellen. »Gut!« sagte er plötzlich. »Wir können es versuchen. Aber nur für ein Jahr, länger nur unter der Bedingung, daß das Fräulein bis dahin einen Ehemann vorweisen kann, der sich auf Bauernarbeit versteht. Für verkrachte Junker und Glücksritter ist hier kein Platz.«

Über Almuts Gesicht wetterleuchtete es von Zorn. Dann aber lachte sie zum erstenmal. »Die mag ich auch nicht, Maußhardt. Ich nehme die Bedingung an.«

Hans Deininger wunderte sich ein wenig. Wo wollte sie binnen Jahresfrist einen Ehemann hernehmen, auch noch einen, der sich auf Bauernarbeit verstand? Wußten sie alle am Ende doch nicht genug über sie und ihr traurig verworrenes Schicksal? Aber das sollte ihre Sorge sein. Für den Augenblick war ihr geholfen, nicht ohne Vorteil für ihn selbst.

Sie wurde nun schnell einig mit dem Lokator, unterstützt von Deiningers guten Ratschlägen. Der junge Bauer nahm das Fräulein samt Grundbesitz und Gesinde einstweilen zusammen mit den Seinigen in Obhut. So lange wollten sie gemeinsam wirtschaften, bis die Neulinge genügend angelernt waren, um allein zurechtzukommen. Maußhardt, der noch allerlei Zubehör zu seinem Hausbau besorgen wollte, übernahm es auch, für Almut Pflug, Egge und die nötigsten Geräte zu beschaffen. Mit dem Vieh riet der Deininger noch bis zum Frühjahr zu warten. So wurde die Mühe der Überwinterung gespart, bei nur notdürftiger Stallung und ohne Futtervorräte. Das wenige, was die drei an Nahrung brauchten über das hinaus, was ihnen zugeteilt wurde –

Milch, Käse, Eier etwa –, konnten sie vom Nachbarn bekommen. Hans Deininger war als jüngerer Sohn von einem reichen Hof wohl versehen mit Vieh und allerlei Vorräten ausgezogen. Er war nicht kleinlich darin, andern auszuhelfen. Ganz zufrieden und erfüllt von Plänen kehrten sie nach Konradsdorf zurück.

Der heranrückende Herbst verging unter rastloser, schwerer Arbeit. Julian und auch Almut griffen mit zu, als hätten sie nie etwas anderes getan. Julian half den Wald roden, Bäume fällen und zimmerte mit an Haus und Stall, erst für den Deininger, dann auch für seine Herrin. Er war anstellig und lernbegierig. Was ihm an Übung fehlte, ersetzte er durch nimmermüden Fleiß. Almut lernte von Margaret die Versorgung des Viehs, Melken und Milchwirtschaft und half auch, den schon gewonnenen kleinen Acker zu bestellen. Gertrudis blieb mehr im häuslichen Bereich. Auch das war nicht einfach für sie. Als vertraute Dienerin einer Edelfrau hatte sie niemals grobe Arbeit tun, höchstens Mägde dabei beaufsichtigen müssen. Hier schleppte sie vom ersten Tage an ohne Murren Holz zum Lagerfeuer, holte Wasser, spülte Wäsche im eisigen Bach, rührte den Brei über dem offenen Feuer und machte sich auf jede Weise nützlich. Die junge Hausfrau Margaret war ihr dankbar dafür. Denn für sie kam nun die Zeit, da sie sich zunehmend schonen mußte, sehr gegen ihren Willen. Und nun trat an Gertrudis eine Eigenschaft hervor, die sie dem ganzen jungen Volk der Siedlerfrauen voraus hatte: ihre Erfahrung. Sie war bei weitem die Älteste im Dorf, hätte mit ihren vierzig Jahren die Mutter der meisten sein können. Wenn sie auch selbst niemals Kinder geboren hatte, so hatte ein langes, dienendes Frauenleben sie genügend belehrt über die wichtigsten Dinge. Geburtshilfe gehörte dazu. Bald suchten die jungen Frauen ihren Rat und gewannen Vertrauen zu ihr. Das trug nicht wenig dazu bei, die drei Fremden noch schneller, noch enger in die kleine Dorfgemeinschaft einzuschließen.

Als um Allerseelen eines Nachts der erste, noch vergängliche Schnee fiel, mußte keiner mehr im Freien oder unter der Wagenplane kampieren. Die Häuser aus frisch geschälten Stämmen reihten sich entlang des Talweges. Auch für das Vieh waren schon Verschläge gebaut, mit Reisig und Moos gegen die Kälte abgedichtet. Noch war alles eng und dürftig, jahrelang würde man auszubauen und zu verbessern haben.

Aber für den ersten Winter war erst einmal alles unter Dach. Jeder hatte ein trockenes, warmes Heim, wenn es auch nur ein einziger, grob gezimmerter Raum um eine qualmende Feuerstelle war. Nach dem langen Wanderleben dünkte sie diese erste feste Wohnstatt wahrhaft prächtig.

Der Frost brach diesmal früh herein und hinderte bald jede Arbeit am Boden. Wohl konnte man Bäume schlagen und den freien Raum über dem Tal gegen den Wald hinauf erweitern. Aber das Roden der Baumstubben war ebenso unmöglich wie das Pflügen. Das mußte bis zum Frühjahr bleiben, wenn der Winter nicht noch ein paar milde Wochen brachte. Daran aber glaubten die Wetterkundigen nicht. Nur ein schmaler Streifen oberhalb der Häuser hatte noch vor dem Frost umgebrochen und bestellt werden können. Schon am Andreastag waren die Bäche im Tal bis auf den Grund gefroren, der Boden unter der dünnen Schneedecke beinhart.

Ströme und Sümpfe zur festen Straße gefroren – klang es dem Knecht Julian in den Ohren, während er oben im Bergwald die Axt schwang. Er wollte es nicht hören, sich nicht erinnern. Aber es ließ ihm keine Ruhe. Schon im Herbst hatte er sich manchmal die Freiheit genommen, halbe Tage lang in den Wäldern umherzustreifen. Weil er meistens eine Jagdbeute heimbrachte, Hasen oder Waldhühner, manchmal auch ein größeres Stück, sagte niemand etwas dagegen. Jetzt blieb er manchmal auch über Nacht weg. Almut wagte nicht zu fragen und verbot es auch den andern.

Die frühen Winterabende brachten sie alle einander näher. Bei Sonnenuntergang war notgedrungen die Tagesarbeit draußen und im Stall getan. Dann gewann die Furcht Macht über sie: vor der Dunkelheit, vor dem Wald, der sie von allen Seiten in unheimlicher Umschlingung hielt, vor der ungeheuren Fremdheit dieses Landes, so fern von der Heimat, in das sie eingedrungen waren. Sie krochen um das Herdfeuer in einer der Hütten zusammen, je drei oder vier Nachbarn mit ihren Hausgenossen, die Frauen zum Spinnen, die Männer zu allerlei kleinen Handwerksarbeiten, zum Liedersingen – in Wahrheit aber, um einander Mut zu machen, sich einzureden, daß sie hier schon so gut wie zu Hause seien.

Sie besprachen auch ihre gemeinsamen Sorgen und das wenige, was von der Welt draußen zu ihnen drang. Eines Tages redeten sie auch von den Tatern. Daß sie so lange nichts von ihnen gehört hatten, gab ihnen den Mut dazu. Die kamen wohl nicht mehr und wenn, dann sicher nicht in dies entlegene Waldtal. Was gab es hier schon zu holen! Die Städte, die Burgen, die reichen Klöster, ja, die mochten wohl zum Plündern verlocken. Aber diese armseligen Hütten? »Uns könnten die eher noch was mitbringen!« spottete ein Spaßvogel.

So sicher fühlten sie sich, daß sie es wagten, den Knecht Julian über sein Wissen zu befragen. Sie trugen ihm nichts nach und hatten es fast vergessen, daß er sie einmal mit düsteren Voraussagen erschreckt und wie feindselig sie ihn hier empfangen hatten. Er war längst einer der Ihren geworden, ein stillfleißiger Bauernknecht, nur daß er allzuwenig redete und niemals lachte. Nun fragten sie ihn geradezu, was er von diesen Tatern halte. War in ihrem armen Walddorf wirklich etwas von ihnen zu befürchten?

Lange kam keine Antwort. Julian richtete auf die Frager einen seltsam verschleierten Blick, so als sähe er sie gar nicht. Wie solle er das wissen? Er habe niemals unter diesem Volk gelebt, nur ein einziges Mal einen von ihnen von Angesicht zu Angesicht gesehen. Störrisch wich er der Antwort aus. Als sie ihn weiter bedrängten, sagte er widerwillig: »Eins habe ich sagen hören, nicht einmal, sondern öfter. In jedem Land, das sie erobern, bleibt kein noch so verstecktes Dorf, kein einsamer Hof, keine Köhlerhütte unentdeckt, unausgeraubt. Doch töten sie nicht immer alle«, fügte er zum Trost hinzu.

»Was können wir denn tun?«

»Euch im Wald verstecken«, war die trockene Antwort, »aber beizeiten, nicht erst, wenn das nächste Dorf schon raucht.« Da hatten sie ihre Antwort und waren nicht belehrt, sondern tief verstört.

Auf dem Heimweg machte Almut ihrem Knecht Vorwürfe: »Warum machst du ihnen nun wieder Angst? Damit hilfst du ihnen doch nicht und erschreckst sie nur.«

»Sie müssen erschreckt werden«, erwiderte Julian, »allzu sorglos sein ist gefährlich.«

Es war Sankt-Nikolaus-Abend. Um diese Stunde stand das heilige Kiew, die Mutter der russischen Städte, hoch auf dem westlichen Ufer des Dnjepr gelegen, in Flammen.

1241 Über den gefrorenen Dnjepr, die rauchenden Trümmer von Kiew hinter sich lassend, fallen die Tataren in Halicz und Polen ein, brandschatzen Dörfer und kleinere Städte und weichen wieder zurück, bis ihre gesamte Macht versammelt ist. In mehrere Gruppen getrennt, ziehen sie weiter nach Westen.

Batu Chan selbst führt die Hauptmacht gegen Ungarn und forderte vom König die Unterwerfung in der ihm schon bekannten Form. Inmitten eines Reichtags zu Ofen, den er im Februar einberufen hat, empfängt Béla die Gesandtschaft des Chans. Die Antwort nehmen ihm seine Magnaten ab, die in ihrer Empörung die Gesandten bis auf den letzten Mann niedermetzeln. Der Chan hat seine Antwort.

Wenige Tage später dringen die ersten Zehntausendschaften der Tataren über die Karpatenpässe in die Donauebene ein, sengen und morden, weichen aber dem offenen Kampf noch aus. Auch der Heerbann des Ungarreiches braucht Zeit zu seiner Aufstellung und Ordnung, gegen viele heimliche Widerstände.

Inzwischen handelt das Volk in voller Panik. Mordend fällt es über die Kumanen her, die ihm die Tatern ins Land gebracht hätten, wie es meint. Mit seinem Gefolge wird auch der greise Kotjan ermordet und sein Kopf dem König geschickt. Die Kumanen ziehen ostwärts außer Landes, sengend und mordend, kaum weniger furchtbar als die Tataren, gegen die sie hatten kämpfen sollen.

Eine andere Heeresgruppe der Tataren zieht indessen gegen die polnischen Herzogtümer, um jede Waffenhilfe für Ungarn von Norden her abzuschneiden. Sie streifen bis nach Preußen und Litauen hinauf, erobern und zerstören jede Burg und Stadt an ihrem Wege, besiegen jedes Heer, das sich ihnen entgegenstellt, zuletzt das der Herzöge von Oppeln und Mähren. Am 24. März steht Krakau in Flammen. Am 2. April sehen die Tataren vom linken Oderufer aus das brennende Breslau vor sich liegen. Seine Bürger selbst haben es in Brand gesteckt und sich auf die Burg gerettet. Den Tataren eilt es nicht, sie zu belagern. Sie haben Zeit. Nach einer kurzen Pause, die der Sammlung und Neuordnung ihrer Scharen gilt, rücken sie, vierzigtausend Mann stark, auf Liegnitz zu. Dort hat Herzog Heinrich alle noch verfügbaren Kräfte um sich gesammelt zur Entscheidungsschlacht.

1

Schon um die Jahreswende kamen Flüchtlinge nach Schlesien herein, flüchtend vor den Tataren – auf abgetriebenen Pferden – schwerbeladenen Planwagen – zu Fuß mit versagenden Kräften. Wohin sie kamen, ergriff das gleiche Fieber der Angst die Menschen. Waren nicht schon längst Ströme und Sümpfe beinhart zur Straße gefroren? Hing nicht der Mond wie ein weißleuchtender Totenschädel im gnadenlos schwarzen Himmel, ein böses Vorzeichen? Wer irgendeine Hoffnung darin sah, lud seine beste Habe auf und floh nach Westen, zu Verwandten, in die wenigen festen Städte oder auch nur in die Wälder, in Höhlen, hinter die uralten Schutzwälle aus der Vorzeit, die man, unter dichtem Gestrüpp verborgen, da und dort noch wußte. Vielen gelang es so, das Kommende zu überleben. Aber Frost und Nässe wurden ihnen gefährlich, auch die Wölfe, die sich in diesem Winter zahlreicher und dreister zeigten als sonst.

In einem Dorf nahe bei Liegnitz hörten die Leute eines Nachts draußen im Feld Wolfsgeheul und menschliche Hilferufe. Ehe sie sich dazu aufgerafft hatten, mit Fackeln und Dreschflegeln zu Hilfe zu eilen, war es schon wieder still geworden. Sie meinten, nun könnten sie auch bis zum Morgen warten. Zu retten sei da doch nichts mehr. Im ersten Tageslicht fanden sie dann auf der Hohen Straße, die ihre Feldmark durchschnitt, neben einem umgestürzten Karren die zerfleischten Kadaver von zwei Pferden und zwei Menschen, einem Mann und einer Frau. Sie waren ganz unkenntlich. Im Karren aber fand man Kästen und Säcke voller Kostbarkeiten, gemünztes Gold und allerlei Schmuck, auch Pelze, so kostbar, wie sie kein noch so reicher Grundherr oder Kaufmann hierzulande besaß. Dabei war die Kleidung der beiden Toten einfach, auch der Wagen und jedes Stück, das er sonst enthielt, von derber, heimischer Machart – eben ein Bauernkarren, wie er jetzt Tausenden im Land zur Flucht diente. Der herbeigerufene Pfarrer entzifferte auf den Goldmünzen russische Prägung. Da erschraken alle und dachten an den unaufgeklärten Raubmord, von dem vor einiger Zeit so viel geredet worden war. Sie wichen zurück vor ihrem Fund. Keiner hätte gewagt, sich nur das geringste Stück aus den ringsum verstreuten Schätzen anzueignen.

Pfarrer und Scholze blieben besonnen und ordneten an, was zu tun übrigblieb. Sie hießen die Kostbarkeiten wieder in die Kästen und Säcke sammeln und in die Kirche tragen, wo der Pfarrer sie einschloß. Was von den Leichen übrig war, wurde vor der Kirchhofsmauer vergraben, der Karren und die übrigen Habseligkeiten sicher verwahrt. Der Scholze schickte Nachricht über das Vorgefallene an seinen Grundherrn, einen polnischen Vasallen des Herzogs.

Danach war die Begebenheit bald aufgeklärt. In der kleinen Stadt Neumarkt, zwischen Breslau und Liegnitz nahe der Hohen Straße gelegen, hatten sich wenige Tage zuvor der Scholze und seine Frau auf die Flucht begeben, wie so mancher andere. Doch war es zu Neumarkt auf sonderbar heimliche Weise zugegangen. Keiner vom Gesinde hatte helfen dürfen, den Karren zu beladen, keiner war mitgenommen worden. Der Scholze hatte aber, ganz gegen seine sonstige Gewohnheit, alle reichlich beschenkt und ihnen erlaubt, von seinem Hausrat mitzunehmen, was ihnen gefiel, ehe auch sie flüchteten, zu Verwandten, in die Wälder oder sonstwohin. Nun sah jeder, warum er so gehandelt hatte. An seinem Verbrechen gab es keinen Zweifel. Die Durchsuchung des Hauses brachte die im Keller verscharrten Leichen an den Tag. Ein Richterspruch war nicht mehr nötig. Die Wölfe hatten das Urteil schon vollstreckt, das ein anderer gefällt hatte. Der Pfarrer zu Neumarkt aber empfing in diesen Tagen die zähneklappernde Beichte zweier armer Teufel, die wirklich von nichts gewußt – und auch nichts hatten wissen wollen. In den Opferstock der Kirche klimperte die reichste Spende, die er jemals aufgenommen hatte, vier schwere Goldstücke mit fremdartiger Prägung.

Überall im Lande lebte nun die Mär von der gemordeten Taternprinzessin wieder auf. Sie war nicht neu. Aber war sie vor zwei Jahren noch als Schauermär mit wohligem Gruseln weitererzählt worden, so wurde sie jetzt grauenvolle Wirklichkeit. Die Rache des Großen Chans rückte heran. Seine Taternheere waren im Anzug. Es gab kein Entrinnen.

Diese Geschichte breitete sich noch rascher aus als verbürgte Nachrichten von den herannahenden Heeren. Sie gab dem drohenden Verhängnis erst Sinn und faßliche Gestalt. Denn alles, was geschah, kam ja von Gott als Lohn oder Strafe, und wann hätte er je ohne Ursache gestraft!

2

Die Leute in den Dörfern am Gebirgsrand wurden kaum beunruhigt durch solche Gedanken. Der Winter hielt sie eingesperrt in ihren Tälern. Keine Nachricht, kaum einmal ein Mensch drang zu ihnen durch. Ihnen blieb nur ihre Arbeit, dann und wann das tröstliche Beisammensein an den langen Abenden und geduldiges Warten auf das Wachsen der Tage.

Eines Abends brachte Julian aus dem Walde ein paar fremde Reiter mit nach Hause. Sie hatten sich auf dem Weg nach Ungarn in den Bergen verirrt und baten die Hausfrau bescheiden um das Nachtquartier, das Julian ihnen angeboten hatte. »Sie kommen heute nicht mehr weiter. Morgen will ich ihnen den Weg zeigen«, sagte er.

Gertrudis, froh über die Abwechslung, überlegte laut, was man den unvermuteten Gästen vorsetzen könnte. Es war herzlich wenig. Wenn die Fremden aus ihrem Reisevorrat nicht einiges beigesteuert hätten, so wäre es ein mehr als dürftiges Mahl gewesen. Es waren zwei böhmische Ritter mit ihren Knappen und Roßknechten, insgesamt acht Mann. Sie bemühten sich, auch in dieser armseligen Hütte höfische Sitte zu zeigen, gebannt von der vornehmen Schönheit der jungen Bäuerin. Die nahm es kaum wahr, stand an einen der Pfosten gelehnt, als wäre sie ein Teil davon. Sie hatte nur ein Wort gehört: Ungarn – und glaubte alles zu wissen. Der Tag des Abschieds war gekommen, schneller als sie gedacht. Es galt nur noch, ihn mit Fassung zu überstehen.

Nicht nur ihretwegen wurde es eine schweigsame und hastige Mahlzeit. Die Gäste waren todmüde. Nachdem die Pferde in dem engen Stall und auch nebenan beim Deininger untergebracht worden waren, bereiteten die Knechte mit Julians Hilfe aus Reisig und Laubstreu ein großes Lager auf dem Boden der Hütte. Bald schliefen alle, Herren und Knechte nebeneinander. Julian wachte und hielt das wärmende Feuer in Gang.

Noch in nachtdunkler Frühe geschah am nächsten Morgen der Aufbruch. Die Hausfrau ließ sich nicht sehen. Nur die Magd schöpfte den Gästen die heiße Morgensuppe aus. Während draußen die Pferde vorgeführt wurden, rief Julian von der Tür her in die Hütte zurück, er werde bis zum Abend wohl zurück sein, wenn nicht, solle man ohne Sorgen sein. Er werde schon ein Unterkommen für die Nacht finden. Dann fiel die Tür zu, und draußen erstickte der Hufschlag der Pferde schnell im hohen Schnee.

Der kurze Wintertag wurde der längste und trübste, den Gertrudis je mit ihrer jungen Herrin erlebt hatte. Sie zankte mit Almut. War es denn vernünftig, mit einem solchen Gesicht umherzugehen, die Arbeit wie im Traum zu tun, nur weil der Knecht einen oder zwei Tage fortbleiben wollte? Nie hatte Gertrudis vermutet, daß dieser Julian für seine Herrin etwas anderes sein könnte als ein fleißiger, wenn auch selten gelobter Knecht. Im Gegenteil, Almut hatte ihn nie besonders freundlich, eher spöttisch und von oben herab behandelt. An diesem Tag aber kamen der Treuen zum erstenmal sonderbare, eigentlich unziemliche Vermutungen. Hatte sie nie bedacht, wie jung die beiden waren? Allzu jung für ein Leben zu zweit in dieser Abgeschiedenheit!

Am Abend, mit ihren Spindeln vor dem Herdfeuer, fanden sie beide nicht den Entschluß, schlafen zu gehen. Gertrudis spürte, wie die Junge unablässig hinauslauschte – und lauschte mit. Spät in der Nacht kam von fern etwas heran, ein Pferd, mühsam bergan stampfend durch den Schnee. Nun blieb es stehen, man hörte Julians Stimme, hörte, wie er absaß und das Pferd unter Zureden zum Stall führte. Nach einer Weile kratzte jemand draußen den Schnee von seinen Schuhen, die Tür knarrte, und Julian trat ein.

Er schüttelte Mantel und Kappe aus, schlug die Arme zusammen und sagte, wie froh er sei, daß er den Heimweg heute noch geschafft habe. Nur Gertrudis antwortete mit teilnehmenden Fragen, während sie Essen und Trinken herbeitrug. Almut saß wie erstarrt, Rocken und Spindel im Schoß. Julian sah sie verwundert an. Als Gertrudis einmal außer Hörweite war, fragte er leise: »Was ist?«

Sie antwortete und hielt das Gesicht abgewendet: »Gestern war Dreikönigstag.«

»Ich weiß«, erwiderte er. »Vergiß es!«

Sie wandte ihm ihr Gesicht wieder zu. Ohne daß sie es wußte, strahlte es auf in einem Lächeln, das sie ganz verriet. Der Dreikönigstag war vergangen, und Julian blieb! Er hatte sich entschieden. Mehr wurde an diesem Abend nicht gesprochen, und mehr geschah nicht –

noch lange nicht. Nichts änderte sich. Selbst Gertrudis fand keinen Grund zur Besorgnis. Erst nach und nach ging ihr auf, zu ihrem tiefen Erstaunen, daß dennoch etwas anders geworden war seit jener Nacht.

Das Jahr hatte kaum begonnen. Noch zwei Monate, wenn nicht drei, würde der Winter andauern. Nur langsam wuchs das Licht. Es kamen die dunkelsten Tage, die schlimmsten im Jahr des Bauern, besonders wenn er wie die Neusiedler noch keine Vorräte hatte sammeln können. Die Zuteilungen, die sie vom Kloster erhielten, waren ausreichend, aber sie verzögerten sich oft durch hohen Schnee und Unwetter. Menschen und Vieh mußten lernen, mit weniger auszukommen. Laubstreu wurde unter das Futter gemischt, gemahlene Eicheln und Baumrinde ins Mehl. Das war nichts Ungewöhnliches. Auch in der alten Heimat gab es solche Notzeiten in strengen Wintern. Man überwand sie mit Gottvertrauen und Genügsamkeit. Doch die gemeinsamen Abende am Feuer mit Liedern und Märchenerzählen wurden für viele das einzige Licht in diesem ersten Winter in der Fremde – der neuen Heimat.

Nur im letzten Haus oben am Wald, dieser kleinsten und ärmlichsten Bauernstelle von allen, schien immer Feiertag zu sein. Von den beiden Jungen ging eine Heiterkeit aus, die verzagten Gemütern (und es gab mehr davon, als irgend jemand eingestanden hätte) frischen Mut gab. Auch die treue Gertrudis empfand das wie einen wärmenden Hauch in der winterlich rauhen Fremde. Sie hatte keinen Argwohn mehr, wogegen auch? Sie freute sich nur, daß ihre junge Herrin endlich Frieden geschlossen hatte mit ihrem harten, wenn auch nicht ganz unverschuldeten Schicksal. Auch dem Knecht Julian, der so tapfer bei ihnen aushielt, war es zu gönnen, daß er endlich ein wenig freundlicher behandelt wurde. Das Leben der drei in der niedrigen Holzhütte war leichter geworden, niemand wußte zu sagen woher.

Almut und Julian aber lebten, von keinem beargwöhnt, wie unter einer Tarnkappe, ein stilles Glück vollkommener Eintracht, als wären sie ganz allein auf der Welt. Ein Blick, ein Lächeln, eine flüchtige Berührung, mitten im harten Tagewerk, war genug, sie miteinander zu verbinden. Sie dachten an keine Zukunft, sie redeten nicht von Hoffnungen, sie lebten nur füreinander und waren glücklich, die zwei Monate lang, die der Winter noch andauerte.

Dann war er plötzlich zu Ende. Von einem Tag auf den andern brach der Frühling herein mit Regengüssen und feuchten Winden, die in den kahlen Wäldern wühlten und sangen. Die Wege wurden wieder gangbar und belebten sich mit Wanderern und Reitern. Zugvögel kehrten zurück, die Welt tat sich wieder auf. Bald war der Boden offen und verlangte, bestellt zu werden.

Sogleich ging Julian mit Eifer an die Arbeit. Noch erstreckten sich die schmalen Gewanne oberhalb der Höfe nicht weit hinauf in den Wald. Man hatte im Herbst nur wenig roden können, ehe der strenge Frost die Arbeit am Boden hemmte. Was jetzt beackert werden konnte, brachte sicher kaum eine Ernte, die bis zum nächsten Jahr ausreichte. Das Kloster mußte weiter aushelfen. Aber es würden andere Ernten, reiche und glückliche, in Menge folgen. Daran glaubten alle. Julian half erst ein paar Tage beim Deininger aus, um sich in der ungewohnten Arbeit zu üben. Bald aber führte er den Pflug über die Äcker, die Almut gehörten, als hätte er nie etwas anderes getan. Almut, das Saattuch um die Schultern geschlungen, streute die Körner in die Furchen und lachte Julian zu, sooft sie an ihm vorbeikam. Er lächelte kaum, ganz in seine Arbeit vertieft, und führte stumm Pflug und Egge hin und her bis in die sinkende Nacht, kam auch nicht zum Essen herein, als er gerufen wurde.

»Warum hast du es denn so eilig?« fragte Almut lachend, als er, schon im Dunkeln, endlich kam und sich an den aufgewärmten Brei setzte. »Der Frühling hat doch kaum angefangen.«

Er zuckte die Achseln und murmelte über dem Löffel, man wisse ja nicht, wie das Wetter würde, »und was getan ist, ist getan«.

Ein paar Tage später kam Almut vom Melken aus dem Stall und sah, wie Julian sich vor dem Haus von zwei Wanderern verabschiedete. Sie redeten miteinander in einer fremden Sprache, die sie nicht verstand. Doch war an Julians Gebärden zu erraten, daß er den Fremden einen Weg beschrieb. Mit einem scheuen Blick ging Almut an ihnen vorbei ins Haus. Später fragte sie Julian: »Wer waren die? Was wollten sie?«

»Mönche aus Ungarn«, antwortete er einsilbig, »nein, ich kannte sie nicht. Zisterzienser, auf dem Wege nach dem Kloster Heinrichau.«

Sie wollte mehr fragen, ließ es aber in einer unbestimmten Furcht. Zum erstenmal seit dem Dreikönigstag war ihr das Herz schwer.

In der Nacht darauf weckte Julian sie und hieß sie aufstehen. Schlaftrunken gehorchte sie, stieg über Gertrudis hinweg, die in ihrem tröstenden Tiefschlaf nichts davon merkte, und schlüpfte in die Schuhe. Mehr an Kleidung beim Schlafengehen abzulegen, hatten sie sich in der kalten Jahreszeit längst abgewöhnt. Julian warf ihr den Umhang um die Schultern und zog ihr sorgsam die Kapuze unterm Kinn zusammen. Lautlos schob er den hölzernen Türriegel zurück und trat hinaus. Sie folgte, noch benommen vom Schlaf, an Pfosten und Geräte anstoßend.

Der Morgen war noch weit. Kein Schimmer erhellte den Osten. Nur der abnehmende Mond schielte schief und tückisch auf die Erde herunter und gab wenig Licht. Draußen auf dem Wege, ein paar Schritte vom Haus entfernt, stand ein Mann im kurzen Umhang der Bauern. Sein Haar schimmerte hell durch die Nacht. Almut erkannte Hans Deininger, den Nachbarn, und erriet, daß die beiden Männer verabredet waren. Sie zupfte Julian am Mantel und fragte, was das bedeuten solle, mitten in der Nacht. Im Ärger hatte sie die Stimme ein wenig erhoben.

Er bedeutete ihr, leise zu reden, und flüsterte: »Ich will euch beiden etwas zeigen, was vielleicht euch alle retten kann. Dabei muß nicht gleich das halbe Dorf mitrennen.«

»Aber den Maußhardt solltest du doch einweihen«, meinte der Deininger.

Julian schüttelte den Kopf. »Du weißt doch, was der von mir hält. Der wäre schon dagegen, weil der Vorschlag von mir kommt. Nein, das mußt du in die Hand nehmen, Hans, als käme es von dir. Und du, Almut, mußt auch Bescheid wissen. Denn vielleicht müßt ihr Frauen euch allein helfen, ohne die Männer.«

Almut fragte nicht weiter. Es überlief sie kalt, obwohl sie nicht ahnte, was Julian vorhatte. Sie waren zur Rechten in den Wald eingebogen, und das pfadlose Steigen durch Brombeerranken und Gesträuch strengte sie so an, daß ihr der Atem wegblieb und ihr Gesicht glühte. Die beiden Männer waren ihr ein Stück voraus. Sie konnte sie nicht sehen in der tiefen Finsternis. Nur ein Knacken von Zweigen und ein Rascheln im Fallaub verrieten die Schritte vor ihr.

Plötzlich fühlte sie sich bei der Hand gefaßt, und Julian rief gedämpft: »Wart einen Augenblick, Hans! Wir haben keine Eile. Es ist nicht mehr weit.«

Der Deininger wartete, bis sie ihn eingeholt hatten, und lachte gutmütig: »Hast dem Fräulein ein bißchen viel zugemutet, Julian!« Er ergriff Almut bei der andern Hand. Gemeinsam stiegen sie, zur Kette gefaßt, ohne Eile weiter bergan.

Es kam ihnen nicht mehr so dunkel vor. Entweder hatten sich ihre Augen an die Nacht gewöhnt, oder der Morgen kündigte sich schon an, mit Spuren eines grauen, unirdischen Lichtes. Almut erkannte, daß sie am Fuß eines Steilhanges entlanggingen, der fast ganz unter wucherndem Gestrüpp verschwand. Immer wieder stolperte sie in die Furchen uralter, überwachsener Radspuren, in denen noch das Wasser der Schneeschmelze stand. Wann mochte durch diese Wildnis ein Weg geführt haben und wohin?

Julian blieb plötzlich stehen und sah sich um. Er kletterte ein paar Schritte den Hang hinauf, zerrte Büsche auseinander und winkte hastig. »Hier ist's!«

Die beiden andern folgten ihm. Es war nun schon hell genug, daß sie erkennen konnten, was Julian ihnen mit ausgestrecktem Arm zeigte. Der Steilhang erwies sich als die Außenseite eines hohen Walls, der in weitem Bogen durch den Wald lief und sich irgendwo zum Ring schließen mochte. Hier, wo sie standen, unterbrach ihn eine Lücke, breit genug, um ein Gespann hindurchzulassen in das Innere des Ringwalles. Vorzeiten war hier wohl ebene Fläche gewesen, Platz genug für Vieh und lagernde Menschen, vielleicht auch für einen Brunnen, für notdürftig aufgeschlagene Hütten. Jetzt hatte der Wald alles in Besitz genommen mit Jungwuchs und kriechenden Brombeeren, die leicht zu roden waren.

Hans Deininger nickte anerkennend. »Das ist ein gutes Versteck. Wie hast du es gefunden?«

»Ich bin nicht umsonst im Herbst so viele Tage auf der Jagd gewesen«, sagte Julian, »oft ohne eine Beute heimzubringen. Mir ahnte, hier müßte so etwas sein. Die polnischen Bauern da unten im Tal wußten davon, aber nichts Genaues mehr, auch nicht wo. Sie nennen es die Heidenburg und fürchten den Platz. In unvordenklichen Zeiten muß dieser Wall aufgeschüttet worden sein. Wer weiß, wann sich hier zuletzt jemand versteckt hat!«

»Da hat das ganze Dorf drin Platz«, meinte der Deininger, »auch die Polen noch – und das Vieh.«

»Davon nehmt nicht zuviel mit! Es könnte eine breite Gasse durch den Wald trampeln, der auch Reiter leicht folgen könnten. Jedes Haus ein Stück oder zwei, und in schmaler Spur hintereinander geführt. Alles andere laßt laufen, den Tatern zur Beute. Das wird sie von euch ablenken. Seid froh, wenn ihr das nackte Leben rettet.«

Hans Deininger hörte aufmerksam zu, ohne eine Miene zu verziehen. Er nickte manchmal, als habe er sich dies und das auch schon gedacht. Viele Worte zu machen war nicht nötig. Er versprach, den Maußhardt so bald wie möglich von allem zu unterrichten, ohne Julian zu nennen.

»Es eilt. Morgen oder übermorgen kann es schon zu spät sein.«

Das wunderte den Deininger nun doch, denn man hatte noch nichts von Tatern im Lande selbst gehört. Aber dem Julian glaubte er es. Almut stand stumm daneben. Es war nicht die frostige Morgenkühle, die ihr Gesicht so weiß, und nicht der versäumte Schlaf, der ihre Augen so hohl und dunkel erscheinen ließ.

Sie begannen den Abstieg, der im wachsenden Tageslicht viel leichter war als der Aufstieg. Hier und da wies Julian stumm auf irgendein Merkmal, mit dem er den Weg gezeichnet hatte, ein geknicktes Stämmchen, einen Messerritz in der Rinde eines Baumes, einen Stubben, einen Felsblock. Als sie die Dorfstraße erreichten, ging eben die Sonne auf über dem dampfenden Tal. Der Tag versprach schön zu werden, der erste sonnige Frühlingstag.

Eine Frau kam aus Deiningers Haus gelaufen, dem zweiten in der Reihe, und schrie: »Da bist du endlich, Hans! Wir haben dich gesucht. Mit deiner Margaret ist's soweit. Sie sind schon alle bei ihr.« Hans Deininger fand keine Zeit, sich zu verabschieden, so hastig rannte er los.

Almut und Julian waren vor ihrem Haus stehengeblieben. Die Tür stand offen. Gertrudis war sicher im Nachbarhaus, um der jungen Bäuerin beizustehen. Da tat Almut zum erstenmal wieder den Mund auf: »Warum hast du mir das alles gezeigt, Julian? Warum redest du so, als wärest du nicht dabei, dann, wenn wir diesen Weg gehen müssen?«

Er sah sie an mit einem dunklen, todernsten Blick voller Mitleid und Strenge und noch etwas Undeutbarem, das sie erschauern ließ. »Weil ich dann nicht mehr hier sein werde. Heute noch muß ich fort.«

»Julian!« Sie glaubte zu schreien, aber es war nur ein Keuchen. »Du wolltest doch bleiben, du hast es versprochen!«

Sanft löste er ihre klammernden Hände von seinen Armen und schob sie auf die Haustür zu. »Laß uns lieber hineingehen!« Drinnen im Halbdunkel des fensterlosen Raumes sprach er weiter. »Versprochen hab ich dir einmal ein halbes Jahr. Das ist längst um.«

»Aber du bist doch geblieben, über den Dreikönigstag hinaus. Nie wieder hast du vom Fortgehen gesprochen. Das war doch – ja, das war so gut wie ein Gelöbnis.«

Er schwieg eine Weile, ehe er leise und traurig antwortete: »Ich hab geglaubt, ich dürfte auch einmal so leben wie andere Menschen, Menschenpflicht erfüllen, mir ein kleines Glück verdienen – vielleicht auch ein großes, ganz unverdientes. Aber so ist es nicht. Ich bin gezeichnet.«

»Ach, diese ungarischen Mönche? Sie waren Boten?«

»Nein, nicht eigentlich. Sie wußten nichts von mir. Ein höherer Wille hat sie auf Irrwegen durch die Berge hierher gelenkt. Sie baten nur um einen Trunk Milch. Ich kam dazu, als Gertrudis sie bewirtete. Ihr Auftrag ist, die Klöster ihres Ordens in Schlesien zu warnen. Denn ihres in den Pilisbergen liegt in Asche. Seit Tagen heeren und sengen die Tatern in Ungarn. Noch ist es nicht zur Schlacht gekommen. Vielleicht kann ich noch sühnen, was ich versäumt habe.«

Sein tiefer Ernst besänftigte ihr wildes Schluchzen. »Aber du kommst doch wieder? Jeder Krieg geht doch einmal zu Ende. Sag, daß du wiederkommst!«

Als sie ihm ins Gesicht sah, las sie darin die unerbittliche Wahrheit. Schwarz und leer blickten seine Augen über sie hinweg. Es gab keine Wiederkehr.

»Nie wieder?« hauchte sie.

Die Antwort kam ebenso leise, aber ohne Gnade: »Nein – nie.« Da stürzten sie einander in die Arme.

Eine Stunde später kehrte Gertrudis zurück, ganz erfüllt von der frohen Nachricht, daß die Margaret einen gesunden Buben geboren habe und wohlauf sei. Almut möge doch ja noch heute hinübergehen zu der jungen Mutter, die sich über nichts so freuen würde wie über diesen Besuch. »Wo warst du denn heut morgen so früh? Ich hab dich überall gesucht, bis sie mich zur Margaret holten.«

Sie erhielt keine Antwort. Almut saß auf dem Rand der Bettstatt und sprach zu Julian hinüber, der in einem Winkel seine wenigen Habseligkeiten zusammensuchte. »Nimm den Grauschimmel!«

»Nein, das tu ich nicht. Er ist dein kostbarster Besitz.«

»Nimm ihn!« befahl Almut heftig. »Wann willst du sonst dein Ziel erreichen?«

»Wohin soll er denn reiten?« fragte Gertrudis neugierig. Wieder kam keine Antwort. Almut ging zu Julian hinüber, legte ihm die Hände auf die Schultern und sagte dicht an seinem Gesicht: »Wenn du ihn mir wiederbringst, ist alles gut. Wenn nicht – dann hab ich mehr verloren als ihn.« Schweigend standen sie voreinander.

Nicht einmal Gertrudis wagte mehr, dies Schweigen zu brechen, obgleich sie nichts begriff. Als wohlerzogene Dienerin wandte sie endlich den Blick ab und machte sich etwas zu tun, wechselte ihr nasses Schuhwerk, schürte das Herdfeuer und räumte ein wenig herum. Als sie wieder zu den beiden hinblickte, war Julian fort. Draußen entfernte sich Hufschlag talabwärts. Almut stand in der offenen Tür und hob die Hand zu einem seltsam müden Abschiedswinken.

Und nun sagte Gertrudis doch etwas, grollend vor Besorgnis: »Wohin hast du ihn geschickt? Und warum gerade jetzt, wo wir ihn nötiger brauchen als je? Sollen wir denn ganz ohne männlichen Schutz bleiben? Hoffentlich kommt er bald wieder.«

Almut wandte sich um, und die treue Magd sah, daß sie geweint hatte. Tonlos, mit nüchterner Stimme sagte sie: »Nein. Er kommt nicht wieder.« Mehr erfuhr Gertrudis nicht über diesen seltsamen Abschied des Knechtes Julian.

Die Siedler, die überall auf ihren Äckern am Hang bei der Arbeit waren, sahen den Reiter das Tal hinuntertraben. Mancher brummte: »Der hat's wohl nicht nötig. Mitten in der Frühjahrsarbeit fortreiten! Ist eben doch kein Bauer.«

»Die sind doch schon fertig mit ihrem Äckerchen«, beschwichtigte einer, aber andere meinten, dann hätte der Julian doch bei ihnen helfen können, wie sie es auch für ihn getan hatten. Nur einer, der schon immer als ein Spinner galt, murmelte vor sich hin, und nur seine Frau hörte es: »Laßt ihn! Es lohnt nicht. Wer weiß, wer unsere Saat ernten wird!«

Auch wenn Julian diese Reden hätte hören können, sie hätten ihn keinen Augenblick aufgehalten. Er sah sich nicht um, erwiderte keinen Gruß, trabte fort, so schnell es der Weg zuließ, und erreichte schon bald die Straße, die am Fuß des Gebirges entlang südostwärts führte, der Mährischen Pforte zu. Die beiden Mönche neulich hatte er genau nach dem Weg befragt, dem kürzesten nach Ungarn, und mochte er noch so mühsam sein.

Früh am nächsten Morgen, nachdem er die Nacht in einem Gehöft nahe der Straße verbracht hatte, begegnete er einem Reitertrupp, der eilig auf der Straße ihm entgegenzog, zwei Ritter mit einem großen Gefolge von berittenen Knechten. Sie hielten ihn an. »Halt, Bursche! Woher und wohin?«

Er sagte es mit knappen Worten.

»Nach Ungarn? Du mußt verrückt sein. Da rennst du mitten in die Tatern hinein.«

»Das will ich auch, Herr. Ich will im Heer meines Königs kämpfen.«

»Dazu kommst du sicher zu spät. Noch ist es nicht zur Schlacht gekommen, aber sie steht bevor, ist jetzt vielleicht schon geschlagen. Die Magnaten lassen dem Béla, diesem ewigen Zauderer, keine Ruhe mehr.«

Julian grüßte und wollte weiter. Da hielt ihn der ältere der beiden Ritter mit einer Handbewegung zurück. »Hör zu, Bursche! Nach Ungarn kommst du nicht mehr. Schon vorher würden dich die Tatern abfangen. Sie sind längst auch hier im Land. Die Herzöge von Oppeln und Mähren haben eine Schlacht gegen sie verloren. Wir sind mit denen, die übriggeblieben sind, unterwegs nach Liegnitz. Herzog Heinrich sammelt ein großes Heer. Dort wird die Entscheidung fallen. Du kannst mit uns reiten, wenn du willst.«

Daß Julian mit der Antwort zögerte, mißdeutete der Ritter. Er lachte auf. »Dann eben nicht! So ernst war's dir wohl nicht.« Schon setzte sich der Zug wieder in Bewegung.

Wie sollte der Fremde ahnen, daß der junge Mensch in der knappen Zeitspanne dieses Zögerns sich mit der schwersten Einsicht seines Lebens abfinden mußte: daß er die Heimat nicht wiedersehen sollte, nicht seinen König, der ihn für treulos halten mußte. Daß er auf fremdem Boden sterben werde. Denn dieses Ende schien ihm gewiß. Der Warner, der, dem Einblick in das kommende Verhängnis gewährt worden ist, der kann nicht überleben. Die alten Sagen der Vorzeit wissen es. Bitter war nur, daß es in der Fremde geschehen sollte.

Nicht länger als die Dauer dreier Atemzüge brauchte Julian, um diese Gedankenreihe zu Ende zu denken. »Ja, Herr«, wollte er sagen, aber da war der Ritter schon weit, und die ihm folgten, beachteten nicht den Bauernburschen, der zu Pferde am Wegrand hielt. Dennoch sagte er es noch einmal, leise und mit Inbrunst: »Ja, Herr!« Es galt schon nicht mehr dem hochmütigen Wappenträger, der seine Antwort nicht abgewartet hatte.

Am Ende des Zuges reihte er sich unter die Knechte ein. Sie wunderten sich nicht, sie stellten keine Fragen. Es war wohl mancher dabei, der erst unterwegs zu ihnen gestoßen war. Sie achteten auf nichts als darauf, Schritt zu halten auf dem eiligen Ritt über die schlechten, aufgeweichten Wege am Gebirge entlang nordwestwärts auf Liegnitz zu. Auch der Stumpfeste ahnte, daß sie mit dem Tod um die Wette ritten, zu dem gleichen Ziel.

3

Aus Bruch, aus Wiesen und Gewässern ragte die Burg Liegnitz auf, der Sitz der Herzöge von Schlesien – kein Prunkbau, nicht einmal eine starke Festung, nur ein festes Haus, von Mauern und ein paar Türmen geschützt. Das mochte genügen bei ritterlichen Fehden oder Kriegen zwischen Verwandten, wie sie unter den Piasten allzu häufig waren. Kirche und Städtchen lagen vor der Burg, versunken im Morgennebel, aus dem erstickt die Glocken riefen. Es war in der Frühe des ersten

Sonntags nach Ostern, am 7. April 1241. Herzog Heinrich stand mit seinen Gästen auf dem südlichen Turm der Burg und zeigte ihnen das künftige Schlachtfeld, soviel im Nebel davon zu sehen war.

Es waren kriegerische Gäste, Fürsten und adelige Herren, Ritter und Rottenführer, die mit ihren Aufgeboten hier zusammengeströmt waren zur letzten, entscheidenden Abwehr, wenn Gott es so wollte. Es war das gewaltigste Heer, das je in diesem Land versammelt worden war, und die schwerste Schlacht um Schlesien, die bevorstand – nicht allein um Schlesien. Das wußten alle.

Der Herzog zeigte seinen Gästen aus der Höhe, was alles in den letzten Jahren zur Verstärkung der Burg getan worden war. Sie äußerten sich beifällig, und einer meinte, man könne es doch darauf ankommen lassen, sich hier zu verschanzen, da die Tatern doch, wie man höre, Belagerungen scheuten. Das sei ein willkommenes Märchen, erwiderte der Herzog. Denn noch hätten sie jede Burg und Stadt an ihren Wegen in kurzer Frist genommen und zerstört.

»Ja, russische Burgen und Städte!« spottete einer.

»Der Vergleich ist müßig. Ob sie es vermögen oder nicht, wir sind hier, ihnen Einhalt zu gebieten um jeden Preis – um jeden.« Die ruhige Stimme des Herzogs gewann eine Härte, die jeden Widerspruch verstummen ließ. Sie starrten hinaus in den grauen Morgen, der die Sicht in die Ferne verhängte. Unter ihnen im Bruch quarrten die Wasservögel, die Luft roch nach Frühling, es wäre ein herrlicher Morgen zur Vogeljagd gewesen. Wer aber mochte heute daran denken!

Des Herzogs Hand wies nach Südosten, dorthin, wo die Hohe Straße von Breslau her durch die Wiesen heranzog: »Von da werden sie kommen, und dort –«, er wies auf einen flachen Landrücken, der sich im Süden nur wenig über das Bruch erhob, »dort werden wir sie erwarten.«

Er wollte mehr sagen, aber unten im Burghof wurde es laut, man rief nach ihm. Ein Knecht stolperte die Treppe zum Turm herauf und rief noch aus dem dunklen Schacht, die Frau Herzoginmutter reite eben ein. Heinrich blickte überrascht, verneigte sich entschuldigend vor den Herren und eilte hinunter.

Die Herzogin Hedwig, begleitet nur von ihrem Kämmerer und geringem Gefolge, hielt schon im inneren Burghof. Der Sohn hob sie aus dem Sattel und begrüßte sie mit freundlichem Vorwurf: »Ihr solltet längst auf Crossen sein, liebe Mutter. Was wollt Ihr noch hier?«

»Dich noch einmal sehen, mein Sohn«, erwiderte sie gelassen, ohne ein Gefühl zu verraten, ließ sich hinauf in den Saal geleiten, nahm einen Becher klaren Wassers und ein Stück Brot zur Stärkung an und fragte den Herzog nach seinem Kriegsplan.

Heinrich seufzte innerlich. Aber er kannte seine Mutter. Nichts hatte je geschehen dürfen in Krieg oder Frieden, wozu sie nicht ihren Rat gegeben hatte – und der war meistens gut gewesen. Sein Vater, Heinrich der Bärtige, hatte ihre Klugheit in manchen Fällen höher gestellt als seine eigene. Einmal hatte er ihrem tätigen Eingreifen die Freiheit, vielleicht sogar das Leben zu danken gehabt, gewiß aber die bleibende Aussöhnung mit dem Vetter von Masowien. Es war niemals klug gewesen, ihre Meinung zu übergehen. Nicht nur die Achtung vor ihrem Alter gebot, sie wenigstens anzuhören.

Mit kühlem Sachverstand fragte sie nach der Stärke der Heere, des eigenen und des Feindes, nach den Bundesgenossen. Heinrich konnte sie beruhigen. Fast alle, die er hatte erwarten können, waren zur Stelle: Der Landmeister des Deutschen Ritterordens Poppo Osterna, Templer und Johanniter, die in Schlesien Besitzungen hatten, mit Aufgeboten ihrer Orden aus dem Reich, die Vettern Miesko von Oppeln und Boleslaus von Mähren mit dem Rest ihrer Heere, die sie aus der Niederlage an der Oder gerettet hatten. Auch ein Heer der deutschen Ansiedler, der Bauern und Bürger, stand bereit. Sie kamen freiwillig. Sie waren noch neu im Land, und ihre verbrieften Rechte stellten sie vom Waffendienst frei. Aber auch ohne Zwang hatten sie begriffen, um was es ging. Die Bergknappen von Goldberg hatten allein fünfhundert Mann gestellt. So mochte das Heer auf insgesamt zehntausend kommen.

»Und die Tataren?« fragte Hedwig.

Heinrich zuckte die Achseln. Da wußte niemand Genaues. »Wahrscheinlich mehr«, sagte er trocken und behielt für sich, daß man von der vier- oder fünffachen, ja von der zehnfachen Übermacht redete. Aber das wußte die Herzogin auch so.

Sie fragte nach Wenzel von Böhmen, Heinrichs Schwager.

»Ich habe sein Wort, er kommt, er ist schon unterwegs.«

»Aber auch rechtzeitig?«

»Ich hoffe es.«

Der Böhme war bei weitem der mächtigste Bundesgenosse, auf den Heinrich zählen konnte. Es hieß, er habe an die vierzigtausend unter Waffen. Auch bemühte er sich seit langem in eifrigem Briefwechsel um Verbündete im ganzen Reich.

»Er ist vor allem *dein* Bundesgenosse«, rügte die Herzogin. »Ihr beide hättet euch beizeiten mit Béla von Ungarn und dem Babenberger einigen sollen. Dann stände vieles besser.«

Sie hatte wohl recht. Heinrich nickte ihr zu. Aber da war zuviel an Argwohn, altüberliefertem Groll, Familienzwist und festgerosteten Vorurteilen zwischen ihnen gewesen. Die waren nicht in so kurzer Zeit zu überwinden, und jetzt war es zu spät. Nur auf den König von Böhmen durfte er fest rechnen. Was wäre so nahe Verwandtschaft sonst wert!

»Mußt du denn –«, fragte Hedwig behutsam, ihre Hand auf der des Sohnes, »dich den Tataren im offenen Feld stellen? Diese Burg ist fest. Ich hab ja gesehen, was ihr alles noch daran getan habt. Du hast Leute genug, Vorräte genug, um dich auf Wochen zu verteidigen, bis – nun, bis Hilfe aus dem Reich kommt.«

»Wenn sie je kommt!« sagte der Herzog bitter. »Inzwischen würden sie weiter das Land verwüsten, und das Volk hätte unsere Vorsicht zu büßen. Nein, Mutter, hier muß Einhalt geboten werden.«

Sie nickte stumm. Ihre Augen gaben ihm recht. Aber noch etwas stand in diesen Augen zu lesen, dem er lieber nicht nachdachte. War nicht am Hof immer ein Gemurmel gewesen, die Herzogin sähe es einem an, wenn ihm der Tod nahe bevorstand? Solche Weisheit konnte er jetzt weniger brauchen als je. Denn darauf kam es nicht an. Wie von fern hörte er sie sagen: »Du mußt es tun, mein lieber Sohn.«

Danach wollte sie sogleich aufbrechen, nicht über Nacht bleiben, nein, keine Stunde länger rasten, sondern weiter nach der Burg Crossen. Die lag zwei gute Tagesritte nordwärts an der Oder, ein fester, steinerner Horst aus uralter Zeit. Die Herzogin Anna mit ihren Kindern und viele andere Frauen hatten dort Zuflucht gefunden, auch die Nonnen aus Trebnitz. Sie bedurften dringender des mütterlichen Trostes der Herzogin als die entschlossenen Männer hier in der Burg.

Als Heinrich die Mutter in den Burghof geleitete, lief ihnen ein junger Knecht in den Weg, im grobwollenen Kittel der Waldsiedler, der eine Sturmhaube, ein rostiges Kettenhemd und einen Spieß in den Händen trug. Er war wohl eben von seinem Acker abgerufen worden, um als Kriegsmann eingekleidet zu werden. Als er die Herzogin erkannte, beugte er tief das Knie.

Sie stutzte und sah ihn scharf an. »Dich kenn ich doch« – und nach kurzem Besinnen: »Du – ja, du warst es, der damals die erste Warnung brachte – vor Jahren. Julian heißt du, nicht wahr?« Ihre großen durchsichtigen Augen ruhten auf ihm, als sähen sie nicht ihn, sondern etwas, das hinter ihm war. »Es ist gut, daß du da bist«, sprach sie leise, »das muß so sein.« Sie nickte ihm zu, ließ sich in den Sattel heben, grüßte ringsum und ritt aus dem Tor.

Dies war das letztemal, daß der Mönch Julian in der Welt der Lebenden bei seinem Namen genannt und bewußt wahrgenommen worden war, ehe er für immer in der Masse der namenlos Geopferten verschwand. Wie im Traum setzte er seinen Weg fort. Er wußte nun gewiß, was er bisher nur geahnt hatte.

Der Herzog und alle übrigen hatten das kurze Gespräch nicht beachtet. Man kannte die Gewohnheit der Herzogin, mit dem einfachen Volk freundlich zu plaudern. Und wer hatte an diesem Morgen nicht andere Sorgen! Ehrerbietig grüßten alle der Herrin nach. Wer von ihnen würde sie jemals wiedersehen? Sie aber, die weder beim Tode ihres Gatten noch an den Bahren ihrer fünf früh verstorbenen Kinder Tränen vergossen hatte, weinte unter ihrem Schleier, als sie aus dem Tor der Burg Liegnitz ritt, in das dampfende Bruch hinein, auf Crossen zu, die letzte Zuflucht.

Herzog Heinrich ritt mit seinen Gästen hinaus auf die Ebene südöstlich der Stadt, die er ihnen als den Ort des Schlachtfeldes gezeigt hatte, wies jedem den Standort für seinen Heeresteil und seine besondere Aufgabe zu. Die Kriegspläne der Ritterzeit waren einfach, aber hier wurde ein übermenschlicher Gegner erwartet, mußte Außergewöhnliches geleistet werden. Wieder wurde die Frage nach dem Böhmenkönig und seinen Vierzigtausend laut. Er ist unterwegs, wußte Heinrich für gewiß, schon diesseits der Grenze, nur zwei oder drei Tagesritte entfernt. »Und so viel Zeit wird uns doch bleiben.«

Es blieben nicht einmal mehr zwei. Am Abend darauf brach unter dem Burgtor ein Bauer zusammen, dem ein Tatarenpfeil im Nacken steckte. »Sie kommen«, war sein letztes Wort. Er war aus der Gegend um Breslau. Wie er es geschafft hatte, den windschnellen Reitern zuvorzukommen auf seinem Bauernklepper, blieb sein Geheimnis. Zuletzt hatten sie ihn doch erwischt. Sein Pferd fand man einen Steinwurf von der Burg verendet im Bruch, von Pfeilen durchbohrt. Aber es blieb keine Zeit, dem Geheimnis oder der Opfertat nachzusinnen. Es war am Spätabend des 8. April. Für den kommenden Morgen mußte der Herzog die Schlacht annehmen, ob er wollte oder nicht. Auf seinen mächtigsten Verbündeten konnte er nicht mehr warten. Noch in der Nacht zogen die Ritter mit ihren Scharen hinaus ins nebeldunkle Wiesenland.

Am 9. April wird die Schlacht bei Liegnitz geschlagen. Sie endet nach mörderischem Ringen mit der vernichtenden Niederlage des deutsch-polnischen Heeres. Fast alle Anführer fallen, der Herzog selbst, sein Vetter Boleslaus von Mähren, zahllose Ungenannte. Die wenigen Überlebenden retten sich auf die Burg Liegnitz und vermögen sie zu halten. Vor ihren Mauern recken die Tataren triumphierend den Kopf des toten Herzogs auf einer Lanze empor, ehe sie sich sengend und plündernd über das Land verteilen. Der Weg nach Westen liegt ihnen wehrlos offen. Niemand könnte sie hindern, tief ins Reich hinein vorzustoßen.

Aber es geschieht, was keiner erwartet hat: Sie ziehen ab, südostwärts am Gebirge entlang, eine breite Spur der Vernichtung hinter sich lassend. Schon zwölf Tage nach der Schlacht fallen sie in Mähren ein und verwüsten es schlimmer noch als Schlesien. Ihr Ziel ist Ungarn und die Vereinigung mit der Hauptmacht. Auf den Tag genau wird der Plan des Feldherrn Subutai erfüllt.

König Wenzel von Böhmen kehrt einen Tagesritt vor Liegnitz um, als er erfährt, daß die Schlacht verloren ist. Mit seinen Vierzigtausend sichert er die eigenen Grenzen. Es gelingt ihm. Kein Tatar betritt böhmischen Boden. Das ist mehr, als irgendein Fürst in solcher Lage je erreichen konnte, und trägt ihm den ewigen Dank seines Volkes ein. Aber in den großen Abwehrkampf tätig einzugreifen, bleibt ihm verwehrt.

4

Nach Tagen erst, als der Abzug der Tataren gewiß schien, wagten sich Frauen und Alte und wer sonst noch übriggeblieben war, aus ihren Verstecken hervor auf das Schlachtfeld. Es graute ihnen vor dem Anblick, der sich ihnen bot. Sie verzweifelten daran, ihre Toten herauszufinden, ja, die Masse der Gefallenen überhaupt bestatten zu können. Schon hatte die Verwesung ihr schauriges Werk begonnen. Totenvögel und Wölfe kamen dem christlichen Begräbnis zuvor. Gerade zur rechten Zeit ritt von Crossen her die alte Herzoginmutter herbei. Mit einem Gesicht, das der Gram versteint hatte, begann sie sogleich, mit nüchternen Befehlen und mutigem Beispiel das Grauen besiegen zu helfen und den armen Toten ihr Recht zu schaffen. Burgmannen und viele, die sich freiwillig dazu fanden, hoben lange und tiefe Gruben aus, darin die Leichname unter christlichen Riten, so würdig es möglich war, gebettet wurden. Wer einen Gatten, Sohn oder nahen Verwandten unter ihnen entdeckte und es möglich machen konnte, durfte ihn mitnehmen auf den heimatlichen Gottesacker oder in die Gruftkapelle der Ahnen. Nicht viele waren so glücklich.

Die Herzogin selbst erkannte erst bei sinkender Nacht in einem nackten, kopflosen Leichnam ihren Sohn, den Herzog, an den sechs Zehen, die er am linken Fuße trug. Sie ließ ihn einsargen und in der Kirche der Minderbrüder zu Breslau beisetzen, die er selbst zur Grablege für sich und seine Gemahlin bestimmt hatte. Er war das sechste Kind, das Hedwig bestatten mußte. Nun blieben ihr nur noch die Tochter Gertrud, die Äbtissin von Trebnitz war, und die Enkel, Heinrichs und Annas Kinder – noch unbeschriebene Blätter. Auch in diesen Tagen sah niemand die Herzogin weinen. Verstört suchten ihre frommen Begleiterinnen, die Nonnen, eine Deutung dafür. Über den Gräbern der Namenlosen ließ die Herzogin alsbald eine Kapelle errichten. Sie war der Vorläufer des prachtvollen Klosters, das sie und ihre Schwiegertochter später dort stifteten – auf der Wahlstatt, wie der Ort bis zum Jahre 1945 hieß.

Die Leute am Rand des Gebirges hatte der Durchzug der Tataren als ein unvermuteter Überfall getroffen. Sie hatten nicht im Ernst geglaubt, daß sich die beutegierigen Reiter in diese unwegsame und ärmliche Gegend verirren würden. Zu spät erkannten sie, daß es anders war. Nur wenigen gelang es, ein Versteck zu erreichen. Doch war es noch ein Glück im Unglück, daß die wilde Heerschar es eilig hatte, ihren Plan einzuhalten. Sie nahm sich nicht die Zeit, jeden Schlupfwinkel aufzuspüren. Nur was am Wege lag, wurde gnadenlos vernichtet: Vieh und Menschen, Dörfer und Städte. Die jungen, aufblühenden Siedlungen am Gebirgsrand, auch das neugegründete, reiche Kloster Heinrichau gingen in Flammen auf. Eine breite Spur von Brand und Mord zeichnete die Straße der wilden Reiter.

Erst viele Tage später, als sie längst aus dem verwüsteten Mähren weiter südwärts zogen, wagten sich die Dorfbewohner wieder aus Höhlen und Wäldern hervor. Sie fanden Brandstätten, die Leichen ihrer Verwandten und Nachbarn und andere Spuren der Vernichtung und verzweifelten an einem neuen Anfang. In manchen Fällen aber fanden sie Haus und Hof unversehrt und konnten auch ihr verlaufenes Vieh wieder einfangen, weil der Tatarensturm daran vorübergegangen war.

Dies Glück hatten die Bewohner von Konradsdorf, als sie aus ihrem Versteck in der alten Heidenburg zurückkehrten, das ihnen noch Julian gewiesen hatte. Wohl entsetzte sie, was sie aus der Nachbarschaft hörten und mit eigenen Augen sahen. Sie selbst aber konnten ohne Verzug die versäumten Arbeiten wiederaufnehmen und nach ihren Kräften auch den weniger glücklichen Nachbarn aushelfen mit tätigen Händen, mit Bauholz und Saatkorn und auch mit manchem Stück Vieh, das entbehrt werden konnte. Das Kloster, das sicher seine Hand aufgetan hätte, lag in Asche. Es würde lange dauern, ehe es wieder zum Grund- und Schutzherrn seiner Dörfer werden konnte. Aber schon zeigte es sich, daß sie einander gefunden hatten im gemeinsamen Unglück, zu gegenseitiger Hilfe, die einheimischen Polen und die deutschen Neusiedler.

Eines Tages brachte ein junger Pole, weit unten aus dem Tal, ein Pferd herauf nach Konradsdorf. Jemand hatte ihm gesagt, da gehöre es hin. Es war auch ein besonderes Tier, kein Bauerngaul, und für ein Ritterpferd zu leicht gebaut, eher einer Edelfrau angemessen. Nur war es völlig abgetrieben, verwildert, mit verstörtem Blick, um den Hals einen zerfaserten Strick. Es ließ sich kaum berühren, verweigerte

Trank und Futter mit weißen Augäpfeln. So war denen, die es eingefangen hatten, der Entschluß nicht schwergefallen, den Eigentümer zu suchen. In Konradsdorf wurde der Pole bald vor die richtige Tür gewiesen, zum letzten Haus oben vor dem Wald. Dort brauchte er seinen Spruch nicht erst aufzusagen. Die junge Frau, die gerade aus dem Haus trat, kannte das Pferd, das sah er gleich. Sie wurde totenbleich, ging auf es zu, umschlang seinen Hals und weinte daran, als sei es ein Mensch. Seltsam, das scheue Tier duldete die Umarmung, ja, es erwiderte die Zärtlichkeit.

Eine ältere Frau trat dazu und redete leise zu der jungen, erinnerte sie anscheinend an eine Belohnung für den Finder. »Er kann den Braunen haben«, sagte die Junge über die Schulter. Die andere widersprach. Der Braune sei doch unentbehrlich, niemals könne der Grauschimmel ihn ersetzen. Wie dürfe man ihn weggeben! Aber Almut blieb fest. Für sie war der wiedergekehrte Grauschimmel etwas anderes als ein nützliches Haustier. Von diesem Tage an hoffte sie nicht mehr auf eine andere Wiederkehr.

Nicht lange danach faßte Gertrudis sich ein Herz und mahnte ihre Herrin, sich um einen Ehemann zu bemühen, einerlei wie. Etwas müsse sie doch tun, nachdem sie auf diese Bedingung eingegangen sei – und auch noch aus einem andern Grunde, den sie wohl kenne. Almut wurde rot und blieb eine Weile stumm. Dann erwiderte sie ruhig, wegen dem Maußhardt müsse das ja nun nicht mehr sein. Niemand wisse, wo der geblieben sei, wohl in der Schlacht gefallen, und was wisse sein Erbe von dieser Abmachung! »Und auch sonst –« Sie richtete sich auf und blickte mit klaren Augen, ganz ohne Trotz und Scheu, der treuen Dienerin ins Gesicht. »Es wird in dieser Zeit auch anderswo als in Konradsdorf wohl Äcker geben, über die eine Frau allein den Pflug führt – und mehr Frauen, die ein vaterloses Kind wiegen.«

Am 11. April, zwei Tage nach der Schlacht bei Liegnitz, fällt auch in Ungarn die Entscheidung. Auch König Béla kann den Zeitpunkt nicht wählen, keinen Plan verwirklichen, auch er wird zum Kampf gedrängt. Seine Getreuesten, unter ihnen sein Bruder Koloman, fordern die Entscheidungsschlacht. Wer kann dem Sengen und Morden der Tataren überall im Land noch tatenlos zusehen! So kommt es übereilt, noch ehe das ganze Heer versammelt ist, zur Schlacht am Flusse Sajo, auf der Ebene Mohi. Sie endet genau wie die Schlacht bei Liegnitz, mit vernichtender Niederlage des christlichen Heeres.

Nur eins ist anders. Der Heerführer liegt nicht unter den Gefallenen. König Béla überlebt. Kaum wissen das die Tataren, so setzen sie an zur gnadenlosen Verfolgung des Besiegten. Durch sein ganzes Reich werden sie ihn hetzen, bei Tag und Nacht, ohne je seine Spur zu verlieren, einander ablösend im Jagen, bis sie ihn stellen und ihm den Fang geben können. Das ist so ihr Kriegsbrauch, nicht allein tierischer Grausamkeit entsprungen, vielmehr der nüchternen Einsicht, daß ein besiegter Heerführer oder König immer ein Feind bleiben wird, immer neuen Kampf entfesseln kann, solange er am Leben bleibt.

»Wie willst du meinen Händen entkommen?« schrieb einstmals Batu Chan an den Ungarnkönig. Nun erfährt Béla, was das bedeutet.

5

Er entkam dennoch. Mit dem Augenblick, da er, gedrängt von den Seinen, als einer der letzten vom Schlachtfeld flüchtete, begab sich ein Wunder, das er zeit seines Lebens nicht vergessen sollte. Sein Adel, der ihn gehaßt und verspottet, ja, der ihm heimlich die Niederlage gewünscht hatte, nur damit er nicht recht behielt, nur damit er gedemütigt werde – jetzt schützte er seinen König mit allem, was er noch vermochte. Die jungen Ritter opferten einer nach dem andern ihr Leben für ihn, indem sie ihm ihre Pferde gaben, die tödlichen Streiche für ihn auffingen, immer von neuem kämpfend seine Flucht deckten. Sie schlugen sich, ein kleiner Trupp, den Sajo aufwärts in die Berge hinein. So entgingen sie einstweilen den Tataren, die ihnen in der Richtung auf Pest zu nachjagten. Später zogen sie im Tal des Flusses Eipel westwärts an der Grenze entlang. Denn Béla hatte nicht vor, aus seinem Reich zu flüchten. Er wollte nur einen Ort erreichen, wo er die überlebenden Freunde um sich sammeln, sein zerschlagenes Heer neu aufstellen, zu erneutem Widerstand Fuß fassen konnte.

Und schon streckte sich ihm eine helfende Hand entgegen. Boten des Herzogs von Österreich spürten den Flüchtling auf, luden ihn an den Hof nach Wien und versprachen tätige Hilfe. Er hätte es besser wissen müssen. Kannte er nicht von Jugend auf den ebenso streitbaren wie tückischen Babenberger? Dazu erhielt er eine Warnung, die er zwar mißachtete, die ihm aber später zu denken gab, weil sie nicht die einzige blieb.

Sie lagerten am Ufer des Flusses March und warteten auf den Fährmann, der sie übersetzen sollte an das befreundete Ufer. Da hörte Béla in einiger Entfernung einen Streit des Gefolges mit irgendwem, einem Fremden anscheinend. Es war sonst nicht seine Art, dergleichen überhaupt zu beachten. Aber als sie sich jetzt versammelten, um die Fähre zu besteigen, fragte er doch, was es da drüben denn gegeben habe. Gezänk war ihm immer zuwider und schien ihm in seiner jetzigen Lage sogar gefährlich. Es war aber wohl nicht sehr ernst gewesen. Sie lachten schon wieder. Nicht der Rede wert! Ein unverschämter Kerl, ein Hirt oder Fischer, hatte sich wichtig gemacht und gesagt, der König solle nicht über den Fluß setzen. Albernes Geschwätz! Warum denn nicht? Auch Béla schüttelte den Kopf. Doch blieb die Frage offen, woher der Mensch gewußt hatte, daß es der König war, der hier mit so geringem Gefolge am Ufer lagerte. Auch darauf gab es eine Antwort. Er brauchte ja nur ein Weilchen in der Nähe herumgelungert und die Gespräche belauscht zu haben.

Zwei Tage später hatte der König Grund, sich an diese Warnung zu erinnern – als er vom Regen in die Traufe kam. Wohl nahm Herzog Friedrich ihn und sein Gefolge mit lärmender Herzlichkeit auf. Sehr bald aber rückte er mit seiner wahren Absicht heraus. Alte Schulden, noch aus den Zeiten des Königs Andreas, machte er geltend – oder was er dafür ansah. Als nicht ausreichte, was der Flüchtling an Wertsachen bei sich trug, ließ er sich auf dem Fleck drei Komitate verpfänden, die er sogleich in Besitz nahm, als wäre es erobertes Feindesland.

Danach war König Béla der gastliche Hof von Wien verleidet. Er setzte seine Flucht fort, an der Westgrenze seines Königreichs entlang bis nach Agram. Dort lag sein Bruder Koloman im Sterben. Den Schwerverwundeten hatte sein Gefolge vom Schlachtfeld geborgen und durch das halbe Reich von Burg zu Burg geschleppt, bis er hier, einstweilen außerhalb der Feindgefahr, sich zum Sterben niederlegte.

Es war ein trauriges Wiedersehen für die Brüder. Von Kind auf waren sie Freunde gewesen, unwandelbar einig in all den schweren inneren und äußeren Kämpfen, die sie zu bestehen hatten, auch gegen den eigenen Vater. Damit war es nun aus. Alles, was jetzt und in Zukunft kam, mußte Béla allein bestehen. Aber es war nicht Zeit, darüber zu klagen. Zum letztenmal berieten die Brüder, was aus der verzweifelten Lage noch zu gewinnen sei. Ja, war sie denn so verzweifelt? Im Gespräch miteinander und bei Vergleich der Nachrichten, die verstreut und einander widersprechend herangetragen wurden, ergab sich ein Schimmer von Hoffnung. Noch hatten die Tataren nicht die Donau überschritten. Der breite, vielarmige Strom war offenbar ein schwereres Hindernis, als sie erwartet hatten, so viele größere Flüsse sie schon überquert hatten. Sicher würden sie früher oder später auch die Donau überwinden. Aber erst einmal waren sie aufgehalten und vollauf beschäftigt, die östliche Hälfte des Reiches auszuplündern und den letzten Widerstand zu brechen, wo er etwa noch aufflackerte. Ein ungarisches Heer gab es nicht mehr. Sollte es aber nicht möglich sein, mit allen, die sich über die Donau westwärts geflüchtet hatten, am rechten Ufer noch einmal Widerstand zu leisten, eine Kette der Verteidigung aufzubauen? Die überlebenden Edlen waren zum Äußersten entschlossen. Vergessen waren Mißgunst und Wankelmut gegenüber dem König. Das Wunder vom Sajo hatte Bestand. Sie warteten nur auf seinen Befehl, um es noch einmal gegen die Tataren zu wagen. Vielleicht – der Sterbende hielt noch an dieser Hoffnung fest – kam inzwischen auch ein Heer aus dem Abendland zu Hilfe. Es mußte doch einmal kommen. Béla lächelte bitter dazu. Er glaubte nicht mehr daran.

Dennoch machten die Brüder in diesen Tagen zu Agram, solange ihnen noch einmal bewußtes politisches Handeln im zerstörten Reich möglich war, einen letzten Versuch, Hilfe herbeizubeschwören. Was mußte denn noch geschehen, damit die Großen des Abendlandes den Ernst der Lage erkannten und halfen! Am 18. Mai schrieb Béla an den Papst und an den Kaiser, auch an den deutschen König Konrad, mit flehentlichen Bitten um Beistand. Zugleich gaben diese Briefe eine klare Schilderung der Zustände im besiegten Land, so vollständig und so nüchtern, wie es dem Schreiber möglich war. Dem Kaiser bot Béla die Lehnshoheit über sein Königreich an – ein bitter schwerer Entschluß. Mit den Briefen wurde der Bischof von Waitzen nach Italien geschickt, das geschriebene Wort durch mündliche Überredungskunst zu verstärken. Bald darauf starb Koloman.

Nun endlich erkennt das Abendland entsetzt die Wahrheit. Nichts mehr vom Priesterkönig Johannes! Auch der Wundergläubigste begreift, was da aus dem Osten hereinbricht. Briefe, Berichte, das Zeugnis verstörter Flüchtlingsscharen bestätigen die schlimmsten Ahnungen. Der Weltuntergang scheint nahe.

Im Juni erläßt der Kaiser sein Tatarenmanifest an die Fürsten des Abendlandes. Alle rühmend beim Namen nennend, ruft er sie auf zum Abwehrkampf. Er erreicht nur, daß seine allzu genaue Kenntnis des fremden Volks ihn in den Verdacht bringt, er selbst habe es als Verbündeten herbeigerufen. Schlimmer noch: Er selbst kann nicht erfüllen, was er von allen andern fordert: diesen heiligen Krieg führen. Denn das hieße, in letzter Stunde den nahen Sieg über seinen Erzfeind, den Papst, aus der Hand geben.

Aus dem gleichen Grund verweigert der Papst wirksamen Beistand, den Aufruf zu einem Kreuzzug. Erst müsse die Bestie Friedrich niedergeworfen sein. Doch spart er nicht mit seinem Segen und ermutigenden Briefen an König Béla und die andern Fürsten im Osten. Sie sollten nur standhaft bleiben und des Dankes der Christenheit gewiß sein.

Spät genug, am 19. Juni, dem Pfingstsonntag, auf einem Hoftag zu Eßlingen, ruft der deutsche König, der fünfzehnjährige Kaisersohn Konrad, zum Kreuzzug auf. Am 25. Juli bricht das Heer endlich auf, zieht bis an die Grenzen Ungarns und wartet ab. Seine Aufgabe ist nur, den Brandherd einzudämmen, nicht aber Ungarn zu befreien.

Der junge König Ludwig von Frankreich findet in einem Trostbrief an seine Mutter die Worte, die in frommer Nüchternheit die Stimmung der Zeit ausdrücken: »Uns bleibt der himmlische Trost, daß wir diese Tartaren, wenn sie kommen, entweder in den Tartarus zurückschicken werden, dem sie entstiegen sind, oder selbst in den Himmel einziehen werden, um die Freuden der Auserwählten zu empfangen.« Die zweite Möglichkeit gilt den meisten als die wahrscheinlichere. Denn hat man je von einem Sieg über die Sendlinge der Hölle gehört?

Vor solchen Aussichten wird bedeutungslos, was sonst in diesem Jahr wohl das Abendland erschüttert hätte: im April ein Seesieg des Staufers über Genua mit der Gefangennahme vieler Prälaten. Damit wird ein Konzil verhindert, das ihn hatte absetzen sollen.

Im August der Tod des uralten Papstes Gregor IX. Zwei Jahre lang bleibt der Stuhl Petri leer.

Das wichtigste Ereignis aber bleibt dem Abendland noch unbekannt. Am 11. Dezember stirbt im fernen Karakorum der Großchan Ogotai, der letzte noch lebende Tschingis-Sohn.

1242

Am 5. April besiegt Fürst Alexander Newski die vereinigten deutschen Ritterorden auf dem Eis des Peipussees und setzt damit ihrem Vordringen in die russischen Länder für immer ein Ende.

Im April, dank der schnellen Kurierpost des Weltreichs nach nur viereinhalb Monaten, erreicht die Nachricht vom Tode des Großchans die Tataren in Ungarn. Die Jassa, das Erbfolgegesetz, das der große Tschingis Chan den Seinen hinterließ, befiehlt in solchem Falle allen seinen Nachkommen, das heißt sämtlichen Fürsten, Heerführern und Stammeshäuptlingen der Tataren, sich in Karakorum, der Hauptstadt jenseits des Altaigebirges, zu versammeln, um aus ihrer Mitte den neuen Großchan zu wählen. Es wäre unklug, diesem Aufruf nicht zu folgen.

Batu Chan ruft seine Scharen aus Europa zurück, wo sie auch stehen mögen. Neue Vernichtung hinter sich lassend, ziehen sie ab nach Innerasien.

Batu Chan selbst aber zieht es vor, sich erst einmal das Eroberte zu sichern. In Südrußland gründet er sein Reich der Goldenen Horde, das zweieinhalb Jahrhunderte lang die russischen Länder beherrschen und für immer das Gesicht Rußlands prägen wird.

1

Der letzte Widerstand an der Donau, tapfer, aber mit nur schwachen Kräften behauptet, brach zusammen, als der Winter auch diesen Strom zur festen Straße machte. Über krachendes Eis und brechendes Schilf jagten die Reiterheere ans westliche Ufer. Béla wich zurück nach Agram, die Seinen um sich zu sammeln und neue Entschlüsse zu fassen. Er hatte nicht die Absicht, hier lange zu verweilen, wollte nach kurzem Kriegsrat wieder nordwärts in den Kampf.

Am Vorabend des Aufbruchs aber kam wieder eine seltsame Warnung. Es wurde gemeldet, ein unbekannter Bauer habe sich am Burgtor vernehmen lassen, der König möge nicht nach Norden ziehen. Er sei von Feinden umstellt. Nur südwärts, zum Meere, sei der Weg noch offen.

Diesmal schüttelte Béla nicht den Kopf. Erinnerungen kamen ihm an frühere Warnungen, die ihm im letzten Jahr immer wieder aus dem einfachen Volk zugetragen worden waren. Er selbst hatte die Warner nie zu Gesicht bekommen. Sie hatten nur mit seinem Gefolge gesprochen, und es war immer gut gewesen, diese Winke zu befolgen. Noch dachte Béla voll Reue an die erste solche Warnung, die er nicht beachtet hatte, sehr zu seinem Schaden. Jetzt kam ihm zum erstenmal der Gedanke, diese warnenden Stimmen könnten vielleicht kein Zufall sein, sondern in einem geheimnisvollen Zusammenhang stehen. Diesen Warner wollte er endlich selbst sehen. Knappen und Knechte liefen. Weit konnte der Bursche, der am Tor abgefertigt worden war, ja noch nicht gekommen sein. Aber in der Dämmerung und aufkommendem Schneegestöber war er ohne Spur verschwunden. Schon bald kehrten die Suchenden erfolglos zurück.

Wie geplant, brach König Béla am nächsten Morgen in dunkler Frühe auf, aber nicht nordwärts, sondern nach Süden, der Küste zu. Sein Ziel war Spalato. Schon immer hatte die Hafenstadt als letzte, äußerste Zuflucht gegolten, wenn er das Land verlassen müßte. Nun war es soweit. Nichts als das nackte Leben durfte er zu retten hoffen. Nein, etwas mehr doch. Auf der festen Burg Klissa nahe bei Spalato hatte die Königin mit dem kleinen Thronfolger und den jüngsten Töchtern Zuflucht gefunden. Aber wie lange waren sie da noch sicher? Der König gab Befehl, sie zu ihm nach Spalato zu bringen, samt den Schätzen, die sie mit sich führten. Er war entschlossen, im schlimmsten Fall mit den Seinen über das Meer zu fliehen.

Endlich schien ihm auch das weitläufige, von Flüchtlingen überfüllte Spalato nicht sicher genug. Er wählte Trau als letzte Zuflucht, die kleine, der Küste vorgelagerte Inselstadt, die leichter zu verteidigen – und zu verlassen war. Sie war ihm immer treu ergeben gewesen, nahm ihn und die Seinen ohne viele Verhandlungen auf und rüstete sich zur Verteidigung. Doch lag an der landabgewandten Seite der Insel ein Schiff segelbereit für den Fall, daß es notwendig werden sollte.

Es war keinen Tag zu früh für solche Vorbereitungen. Die Tataren waren den Flüchtenden auf den Fersen. Schon berannten sie Klissa, setzten Spalato in Angst und zogen dann vor Trau, das nur durch eine schmale Meerenge vom Festland getrennt ist – damals wie heute. Sie riefen hinüber und forderten die Auslieferung des Königs. Als keine Antwort von den Wällen kam, begannen sie, den Sturm vorzubereiten. In der Stadt Trau wurde in dieser Nacht kein Auge zugetan.

König Béla, den man zur größeren Sicherheit mit den Seinen auf ein winziges Felseneiland jenseits der Stadt gebracht hatte, entschloß sich an diesem Abend, dem Sturmangriff zuvorzukommen und, um der Stadt willen, auf dem bereitgehaltenen Schiff zu fliehen. Schon waren alle Befehle gegeben. Um Mitternacht sollte die Ausfahrt geschehen.

Da wurde Béla, der aufs Meer hinausspähte, auf eine Bewegung unten am Fuß der Felsen aufmerksam. Jemand kletterte dort umher, anscheinend ein halbwüchsiger Bursche, wohl auf der Suche nach Muscheln oder angeschwemmten Meerestieren. Dabei sang er leise vor sich hin, ohne aufzublicken, eintönig immer die gleiche Weise, die gleichen Worte: »Bleib hier, König, bleibe hier! Alles wird gut. Bleibe hier!«

Was für ein Unsinn! Was sollte noch gut werden? »He, du da unten!« rief Béla. »Komm rauf! Es soll dich nicht gereuen.«

Der Singsang verstummte. Der Bursche richtete sich auf. Er war größer, als er dem König zuerst vorgekommen war, eher ein Mann als ein Junge. Sein emporgewandtes Gesicht war nicht zu erkennen – nur ein länglicher weißer Flecken unter schwarz hängendem Haar, die dunklen Höhlen der Augen. Ein Gesicht, das Béla kannte, wollte sich daraus bilden – aber nur einen Augenblick lang. Dann war alles verschwunden. Niemand stand dort unten, auch kein Boot war zu sehen. Nur die weiße Gischt stieg leuchtend an den schwarzen Felsen empor. Was war das gewesen? Der König bekreuzigte sich und nahm eilig seine Befehle zurück. Unter solchen Vorzeichen konnte die Ausfahrt in dieser Nacht nicht glücken.

Als am nächsten Morgen die Verteidiger von den Mauern nach dem Festland hinüberspähten, trauten sie ihren Augen nicht. Wo waren die Tataren geblieben? Menschenleer lag die Felsenküste in der Morgensonne. Sie glaubten an eine Kriegslist und warteten lange. Aber nichts regte sich weit und breit. Die Sonne stieg höher, die Felsen begannen zu glühen. Seevögel kreisten schreiend im Blau. Endlich kamen von weit her Stimmen, Gemurmel und Jubel vieler Menschen. Auf der Uferstraße von Spalato her kamen sie, Männer und Frauen in festlicher Kleidung, Tücher und grüne Zweige schwenkend. Was sie schrien, wurde nicht gleich verstanden und dann erst einmal kaum geglaubt: Fort seien die Tataren, schon seit vor Mitternacht, abgezogen für immer, in großer Eile.

Alle riefen nach dem König. Der stand schon längst unter den Männern auf der Mauer und begriff genausowenig wie alle andern die Wendung. Wie im Traum bestieg er mit seinem Gefolge ein Boot, setzte über und betrat wieder den Boden seines beraubten, verwüsteten Königreichs, umringt von weinenden Menschen.

Das Abendland begreift nur als ein Wunder, daß die Gefahr so plötzlich gebannt ist, trotz aller Ängste ohne Kenntnis davon, wie groß sie in Wirklichkeit gewesen ist, und ohne zur Abwehr viel getan zu haben. Das Kreuzheer darf heimziehen. Mit dem Geläut der Glocken aus allen Kirchen erheben sich Lobgesänge und Dankgebete in den Himmel.

Geflüchtete kehren zurück in ihre zerstörten Heimstätten. In den verwüsteten Ländern, in Litauen, Polen, Schlesien, in Mähren und Ungarn, beginnt der Wiederaufbau. Schöner als zuvor erstehen Klöster und Städte neu, Dörfer nach einer planvollen Ordnung, wie sie erst viel später wieder neu erdacht werden wird. Der Strom deutscher Siedler nach dem Osten hat kaum gestockt. Schon aus dem Jahre 1241 gibt es wieder Urkunden über neu ausgesetzte Städte und Dörfer.

Das Siedlungswerk der beiden großen Herzöge Heinrich I. und Heinrich II. überdauert seine Schöpfer aus eigener Kraft. Denn kein Nachfolger führt es fort. Hedwig, die heilige Herzogin, stirbt schon im Jahr nach dem Abzug der Tataren. Ihr Enkel Boleslaus, beim Tode des Vaters vierzehnjährig, ist ein unreifer Knabe und bleibt es sein Leben lang. Dennoch blüht Schlesien auf und wird zunehmend ein deutsches Land. Auch die ihm stammverwandten polnischen Herzogtümer gewinnen an Volkszahl und Wohlstand durch den deutschen Zuzug. In friedlichem Nebeneinander entwickeln beide, Polen wie Deutsche, ihr eigenes Wesen.

2

Das Land Ungarn erholte sich nur langsam. Für seine Vernichtung hatten sich die Tataren ein volles Jahr Zeit genommen und ihr Ziel fast erreicht. Als König Béla die Felsenküste bei Spalato betrat, tat er den ersten Schritt auf einem langen, unendlich mühevollen Weg, der noch nicht zu Ende gegangen war, als er achtundzwanzig Jahre später die Augen schloß. Ausgebrannt bis auf die Wurzeln waren nicht nur Felder und Gärten, Dörfer, Städte und Burgen, sondern auch die Menschen, so viele von ihnen noch lebten. Verarmt, verwildert bis zu Räubern und Mördern, brauchten sie mehr zur Aufrichtung und Heilung, als die Bemühungen eines kurzen Menschenlebens ihnen schaffen konnten. Da war kein Raum mehr für Träume vom Glanz eines großen Reichs – von einer Magna Hungaria.

Es blieb auch keine Zeit, nachzugrübeln über das eigene Schicksal, über die wunderbaren Fügungen, die ihn immer wieder gerettet hatten, damit er am Leben bleibe, um sein Land zu heilen – auch nicht über eine gewisse Erscheinung, ein Gesicht, das ihn aus Nacht und Wellengischt einen Atemzug lang angeblickt hatte. Es war nichts gewesen, Augentrug, vielleicht ein Gaukelspiel böser Geister, wenn es auch hilfreich gewesen war. Denn Bruder Julian, der Treulose oder ohne Schuld Verschollene, wenn er noch lebte, wie wäre er dorthin gekommen, wo Béla ihn zu sehen glaubte? Und warum hätte er sich weder vorher noch nachher vor seinem König gezeigt?

Im Sommer besuchte der König den östlichsten Teil seines Reichs, die obere Theißebene, ein friedlich fruchtbares Bauernland, abseits von den großen Heerstraßen. Das hatte es nicht davor bewahrt, verwüstet und ausgemordet zu werden wie kaum ein anderer Landstrich. Auf Meilen hin war kein lebender Mensch, kein Stück Vieh, kein bestellter Acker zu finden. Eines Abends, als Béla und sein Gefolge in den verkohlten Resten eines Gehöfts ihr Nachtlager aufschlugen, kam eine alte Bäuerin, von nur einem Knecht begleitet, von weit her geritten, verneigte sich vor dem König und fragte nach ihrem Sohn.

»Wer ist denn dein Sohn, Mütterchen?«

»Er heißt Julian und hat als ein Predigermönch viele weite Reisen in den Diensten des Herrn Königs getan.«

Der Mönch Julian! Zum erstenmal ging es Béla auf, daß sein williger Bote und Kundschafter auch noch etwas anderes war: Sohn einer Mutter und eines Vaters, vielleicht auch Bruder von Geschwistern, daheim irgendwo auf der ungarischen Erde, »an der oberen Theiß« hatte der Prior einmal gesagt. Hier herum war das also.

»Ich weiß nichts von ihm«, antwortete Béla dem unerbittlichen Fragen der tiefliegenden Augen. »Schon seit Jahren, schon vor dem Tatereinfall, hat niemand mehr etwas von ihm gehört. Sicher ist er umgekommen auf einer seiner weiten, gewagten Reisen.«

»Nein«, sagte die alte Frau fest, »tot ist er sicher nicht. Denn er ist noch auf meinem Hof eingekehrt, zwei oder drei Tage nach der großen Schlacht am Sajo, wo die Heiden gesiegt haben. Aber das wußte ich da noch nicht.«

Das Gefolge wunderte sich, wieviel Aufmerksamkeit der König dieser alten Bäuerin widmete. Er ließ ihr einen Becher Wein reichen und fragte freundlich: »Erzähle, Mütterchen, wie war das, als dein Sohn kam?«

»Ich habe ihn nicht selbst gesehen«, sagte die Frau, »nicht aus der Nähe, Herr König. Die Hirten kamen zum Haus gelaufen und sagten mir, er sei gekommen, er sitze auf der Bank vor der großen Scheune und habe einen Trunk Milch verlangt. Den hätten sie ihm schon gebracht. Ich lief, ihn hereinzuholen, und sah ihn von weitem sitzen, nicht in seinem Mönchskleid, sondern in einem Bauernkittel, was mich wunderte. Dennoch erkannte ich ihn gleich. Als ich aber herankam, war da niemand, die Bank war leer, nur der Becher, noch halb voll Milch, stand da. Ich rief seinen Namen, nicht nur einmal, immer wieder. Ich lief in die Scheune und draußen herum, immer rufend. Aber ich fand ihn nicht, er kam nicht wieder und gab auch keine Antwort.

Die Hirten hatten ihn aber genau erkannt und sagten mir, er habe ihnen befohlen, die Herden aus dem Flußtal hinauf in die Berge zu treiben, wenn wir sie behalten wollten. Ich befahl ihnen, sie sollten nach seinem Geheiß tun, und ich verlor nicht ein Stück. Die Tataren zogen auf der andern Seite des Flusses vorbei und zerstörten dort alles. Wenn sie die Herden gesehen hätten, wären sie sicher herübergekommen und hätten auch den Hof gefunden.«

Der König schwieg eine Weile, tief in Gedanken. Dann sagte er mit großem Ernst: »So hat dein Sohn als ein seliger Geist dich vor Unglück bewahren dürfen. Danke Gott dafür!«

Die Frau sah eher enttäuscht aus. »Glaubst du das, Herr König?« fragte sie. »Könnte er nicht doch noch leben und mich gewarnt haben, weil – weil er alles voraussah, aber doch nicht bleiben durfte – er, als ein Mönch . . .« Sie sprach immer leiser, mit sinkender Hoffnung. »Ich dachte, du wüßtest vielleicht von ihm und könntest ihn mir wiedergeben.« Ihre Stimme brach, sie verhüllte ihr Gesicht mit dem Ende ihres Kopftuchs.

»Ich wollte, ich könnte es«, erwiderte Béla mitleidig. »Aber nun ist es mir fast gewiß, daß er nicht mehr lebt. Denn auch mir ist er erschienen und hat mich vor Gefahr gewarnt, wieder und wieder im letzten Jahr, und auf eine Weise, die lebenden Menschen nicht eigen ist. Ich habe es nur vermutet, jetzt weiß ich's. Zu warnen war seine Aufgabe in dieser Welt, und er hat es wohl über den Tod hinaus nicht lassen können. Ich will Messen für ihn lesen lassen, sobald ich eine Kirche finde, die noch heil ist. Er soll endlich seine Ruhe finden nach all den weiten Wegen, die er für mich gewandert ist – für mich und Ungarn, für die Christenheit.«

Die Frau hatte inzwischen schneller ihre Fassung zurückgewonnen, als Béla geglaubt hatte. Sie trocknete ihre Augen, strich ihr Haar zurück, ordnete Kopftuch und Umhang und sagte leise, sie wolle jetzt aufbrechen, ja, trotz des hereinbrechenden Abends. Sie werde auf ihrem Hof gebraucht. Béla hatte nach Worten gesucht, mit denen er ihr Hilfe und Schutz hätte anbieten können. In diesem Augenblick begriff er, daß sie beides nicht brauchte, ja, mit Stolz ablehnen würde. Gegen seinen Willen entfuhr ihm die Frage: »Du bist doch nicht immer Bäuerin gewesen. Wer ist oder wer war dein Mann?«

Sie erstarrte mitten in ihrer sehr anmutigen Abschiedsverneigung und richtete sich steil auf. Aus dem Schatten des weit vorgezogenen, leinenen Kopftuchs blickte ein Augenpaar von überraschender Schönheit und Tiefe den König unerschrocken, aber auch ohne Anklage an. »Mein Mann war ein Ritter in den Diensten des Gespan Peter. Er war damals in den Pilisbergen dabei. Er starb dafür auf dem Rad, nach deinem zweiten Strafgericht, König Béla.« Das alles sagte sie mit klarer, leidenschaftloser Stimme und fügte hinzu: »Unser einziger Sohn war damals zwölf Jahre alt. Er wußte von nichts. Sein Vater bestimmte ihn zum Mönch, als Sühne für sein eigenes Verbrechen, das er zeit seines Lebens bitter bereut hat. Aber das half ihm nichts mehr.« Sie verstummte. Nur ihre Augen sprachen weiter. Béla las in ihnen: Den Mann hast du mir genommen und nun auch den Sohn.

Was sollte er darauf antworten! Es gab keine Rechtfertigung vor dieser Mutter und auch keinen Trost für sie. Er verneigte sich stumm und blickte ihr nach, als sie sich von ihrem Knecht in den Sattel heben ließ und, gefolgt von ihm, davonritt in den sinkenden Abend hinein, über die Pußta, auf der kniehoch das Unkraut stand und kein Vieh mehr weidete.

In dieser Nacht am Lagerfeuer inmitten der Brandruinen eines Gehöftes an der oberen Theiß schlief der König nicht. Er saß auf und betrachtete die Sterne, die hoch über die Pußta dahinzogen, über sein verwüstetes, ausgemordetes Land. Und aus ihrem stillen Reigen wehte ihm ein Gedanke zu, die zweite Einsicht dieses Abends demütiger Besinnung: Der Sohn eines solchen Vaters, ahnungslos oder nicht, hat sein Leben für deine vermessenen Pläne geopfert, zuletzt wohl nur noch, um die Christenheit zu warnen. Vielleicht lag darin, daß dies möglich geworden war, schon ein Zeichen von Vergebung für alles, was ein König, unter unglücklichen Sternen aufgewachsen, in falschem Stolz, Irrtum und angenommener Härte sündigen mochte. Wenn dieser Julian doch noch lebte! wünschte Béla plötzlich leidenschaftlich. Ich hätte viel an ihm gutzumachen. Vielleicht könnte er mir helfen, dieses verödete Land wieder mit Leben zu füllen, das Licht der Freude wieder anzuzünden in Menschenaugen, die so erloschen sind wie die seiner alten Mutter. Unendlich lang, niemals zu bezwingen, dünkte ihm der Weg, der noch vor ihm lag, von seiner wundergleichen Errettung zu Trau bis zur völligen Genesung seines Reiches.

Noch elf Jahre später bat König Béla den Papst, einen Kreuzzug wider die Tataren auszurufen. Immer noch war die Gefahr eines neuen Angriffs nahe genug. Batus Reich der Goldenen Horde grenzte an das Königreich Ungarn. Was war von solcher Nachbarschaft zu erwarten! Bitter hielt der König in seinem Brief dem Papst alle Versäumnisse vor, deren sich das Abendland schuldig gemacht hatte im Abwehrkampf gegen die Tatarengefahr. Fast allein hatte Ungarn ihn bestehen müssen, hatte immer nur trostreiche Worte, niemals tätige Hilfe empfangen. Noch seien die Wunden des Landes längst nicht geheilt, das Volk zu Tode erschöpft. Einen neuen Sturm aus Osten vermöchte es nicht mehr aufzuhalten. *Wir flehen also, denn die Gefahr ist groß.* Er flehte vergeblich, wie so oft. Immer noch waren der Christenheit Kreuzzüge ins Morgenland wichtiger, so hoffnungslos verloren das Heilige Grab auch war und blieb.

Zum Glück traf das Gefürchtete nicht ein. Der Feind an Ungarns

Ostgrenze ließ es bei Drohungen bewenden und war immer wieder durch kluge Verhandlungen aufzuhalten. Ungestört durch feindliche Einfälle durfte Béla den Wiederaufbau seines Landes fortsetzen. Aber die Angst blieb, nicht nur in Ungarn – in allen Ländern, über die je der Tatarensturm dahingebraust war. Noch ein Menschenalter später wurden nach dem schwer heimgesuchten Mähren deutsche Siedler berufen, um mit ihren Dörfern einen Schutzwall gegen die Tatarengefahr zu bilden. Ein Kirchengebet um Schutz »wider der Tataren Wut« erhielt sich noch lange im östlichen Mitteleuropa, auch als längst keiner mehr lebte, der sich der teuflischen Reiter erinnerte, als ihr Reich in Rußland zerfallen und sie schon lange keine Gefahr mehr für das Abendland waren. Die Sage war es, die die Angst wachhielt. Sie bewahrte die vergangenen Schrecken vor dem Vergessen und malte mit ihren Farben einen Weltuntergang ohne Gnade und Hoffnung als letzte Zukunftserwartung der Menschen. Da kam alles noch einmal wieder, was seit Urzeiten die Völker geängstigt hatte: Die Schlacht des Endes – am Birkenbäumchen, am Goldbrünnel, auf dem Walserfeld –, die vier Reiter, die mit Krieg, Pest, Hunger und Brand die Erde leerfegen.

An so etwas glauben wir heute nicht mehr, nicht an Sagen und Prophezeiungen, kaum noch an unsere eigene Vergangenheit, die man Geschichte nennt. Schwer vorzustellen, daß diese abenteuerlichen Begebenheiten einmal hautnahe Wirklichkeit gewesen sein sollen für die, die vor uns gelebt haben. Eins aber haben wir noch gemeinsam mit ihnen, eins ist geblieben: die Angst. Nicht mehr vor einem unbekannten Feind, der aus unerforschten Teilen der Erde plötzlich in Horden über uns hereinbrechen könnte. Nein, den Feind kennen wir gut. Wir sind ja mit ihm aufgewachsen und gelehrt worden, ihn zu bewundern: den menschlichen Geist, den Schöpfer unaufhaltsamen Fortschritts. Heute sehen wir auch seine Gefahren. Unsere Welt, so viel größer, so viel besser bekannt und wohnlicher als das engbegrenzte christliche Abendland von damals, ist nicht weniger von den Schrecken des Untergangs umgeben. Und unsere Waffen dagegen sind immer noch die gleichen: Erkenntnis und Wachsamkeit, vor allem aber Mut, woher wir ihn auch nehmen mögen.